MAISON BLANCHE

CHARLES-EDOUARD JEANNERET LE CORBUSIER

Edité par
Klaus Spechtenhauser et Arthur Rüegg

MAISON BLANCHE

CHARLES-EDOUARD JEANNERET LE CORBUSIER

HISTOIRE ET RESTAURATION DE LA VILLA JEANNERET-PERRET 1912–2005

Association Maison blanche

Birkhäuser

Traduction de l'allemand en français:
Laurent Auberson, Moudon (pp. 9–25, 129–163)

Mise en page: Muriel Comby, Bâle
Couverture: Pascal Bourquin et Eveline Perroud,
La Chaux-de-Fonds, Heike Strempel, Berlin

Information bibliographique de la Deutsche Nationalbibliothek
La Deutsche Nationalbibliothek a répertorié cette publication dans la Deutsche Nationalbibliografie; les données bibliographiques détaillées peuvent être consultées sur Internet à l'adresse http://dnb.ddb.de.

Deuxième édition corrigée

Case postale 44, CH-4009 Bâle, Suisse
www.birkhauser.com
Membre du groupe d'éditeurs spécialisés
Walter de Gruyter GmbH, Berlin/Boston

Egalement disponible en version allemande (ISBN 978-3-0356-2088-7) et anglaise (ISBN 978-3-0356-2087-0).

Imprimé sur papier sans acide, composé de tissus cellulaires blanchis sans chlore. TCF ∞
Imprimé en Allemagne

ISBN: 978-3-0356-2086-3

9 8 7 6 5 4 3 2 1

Sommaire

Avant-propos

Il y a sept ans à peine, la villa Jeanneret-Perret, dite Maison blanche, était à l'agonie. Inoccupée pendant une décennie, elle se révélait au promeneur sous les traits d'une épave chancelante, comme échouée sur les flancs de la colline de Pouillerel, à La Chaux-de-Fonds. Cet abandon, a priori surprenant pour la toute première œuvre signée du futur Le Corbusier, n'était pourtant pas – loin s'en faut – accidentel. Comment ne pas y déceler en effet la défiance de sa ville natale, peu encline à rendre hommage au grand architecte, animée qu'elle était de vieilles rancœurs, nées au moment de son départ pour Paris, et qui tardaient à se dissiper ? Comment ne pas y lire ensuite l'incertitude qui semble devoir entourer toute entreprise de conservation du patrimoine ? Reconnaître à un édifice une valeur patrimoniale, c'est une chose, mais garantir à ce même édifice une survie matérielle en est une autre. Qui en effet osera se lancer dans une aventure aussi hasardeuse et dispendieuse ? La question se pose chaque fois, lancinante. Enfin, comment ne pas y voir l'empreinte de Le Corbusier en personne ? Soucieux de forger sa propre légende, celle d'un prodige de l'architecture, pratiquement né de rien, il avait, au moment d'orchestrer la publication des sept volumes de son *Œuvre complète*, soigneusement passé sous silence ses réalisations de jeunesse. Et cette omission devait conditionner pendant des années notre regard sur la période de formation de Le Corbusier : décidément, ses maisons chaux-de-fonnières étaient négligeables !

Ainsi l'affaire semblait entendue et la Maison blanche condamnée à poursuivre, dans l'indifférence générale, sa lente détérioration. Cependant, au bout du compte, l'histoire fut autre, infléchie par un groupe de citoyens qui décidèrent de se mobiliser bénévolement en créant, en janvier 2000, l'Association Maison blanche dont les objectifs étaient clairs : racheter, restaurer et mettre en valeur la première œuvre de Le Corbusier. Cette impulsion donnée, les choses s'enchaînèrent à un rythme soutenu. Désormais épaulée par les pouvoirs publics, les spécialistes de l'œuvre de Le Corbusier, ainsi que par de nombreux donateurs, l'association put célébrer l'acquisition de la Maison blanche en juin 2000 déjà. Dans la foulée, elle confia à une commission d'experts interdisciplinaire, dirigée par l'architecte Robert Monnier, le mandat de réaliser une étude approfondie du bâtiment, afin de définir les conditions d'une restauration scrupuleuse. Les travaux, entamés en 2004, se sont achevés en octobre 2005. Depuis lors, la Maison blanche, qui a retrouvé tout son éclat originel, est ouverte au public.

Cette aventure, conduite à son terme, aura été fructueuse à plus d'un titre. C'est tout d'abord, sans conteste, notre connaissance de l'œuvre de Le Corbusier, et en particulier de sa période de formation, qui en est sortie enrichie. La Maison blanche, longtemps regardée comme une réalisation mineure, apparaît désor-

Charles-Edouard Jeanneret, villa Jeanneret-Perret, La Chaux-de-Fonds, 1912. Banc encastré à l'étage.
Photo Eveline Perroud, 2006

mais comme un moment charnière dans le parcours de l'architecte, le premier témoignage d'une émancipation qui permettra à Charles-Edouard Jeanneret de devenir quelques années plus tard Le Corbusier. Un deuxième objet de satisfaction réside dans la restauration en tant que telle. Reposant sur des investigations poussées, tout entière vouée à la redécouverte de l'œuvre telle que nous l'avait léguée son auteur, elle constitue indéniablement une œuvre en soi et surtout, dès à présent, un modèle pour toute entreprise de conservation et restauration analogue. Enfin, l'ouverture de la Maison blanche a permis de réparer une forme d'injustice : après des années de purgatoire, Le Corbusier a réintégré sa ville natale et sa première œuvre est devenue le lieu de référence où spécialistes et amateurs peuvent désormais appréhender de manière documentée sa période de formation.

Toutefois la réhabilitation de la Maison blanche aurait été incomplète si elle n'avait été couronnée par la publication d'un ouvrage scientifique rendant compte aussi bien de nos connaissances renouvelées de l'œuvre que du processus de sa restauration. Aussi ce livre marque-t-il l'heureux aboutissement de notre démarche. Rassemblant les contributions d'auteurs qui, pour avoir pris une part décisive à la renaissance de la Maison blanche, étaient les plus à même de l'évoquer, il constituera assurément un ouvrage de référence pour quiconque veut remonter aux sources de la création corbuséenne.

Nous tenons à exprimer notre profonde reconnaissance à Arthur Rüegg et Klaus Spechtenhauser pour leur remarquable travail d'édition. Notre gratitude va également à tous les auteurs et traducteurs qui ont mis leurs savoirs et leurs compétences au service de cette publication. Nous remercions aussi sincèrement tous les donateurs, institutions publiques et instances privées, qui ont accepté d'y apporter leur soutien, ainsi que la Fondation Le Corbusier et la Bibliothèque de la Ville de La Chaux-de-Fonds qui ont généreusement mis à notre disposition leurs fonds d'archives. Enfin, notre reconnaissance s'adresse aux éditions Birkhäuser qui, en accueillant cet ouvrage dans leurs collections, lui assurent dès à présent la large diffusion auquel il pouvait légitimement prétendre.

Christophe Stawarz
Président de l'Association Maison blanche, 2000–2006

Introduction

Construite en 1912 pour les parents d'un jeune architecte débutant qui s'appelait encore Charles-Edouard Jeanneret, la villa Jeanneret-Perret, plus connue sous le nom de Maison blanche, est imprégnée, voire surchargée de traces autobiographiques. Cette villa de banlieue implantée sur une hauteur dominant La Chaux-de-Fonds a des accents néo-Biedermeier et témoigne des impressions recueillies par l'architecte durant ses stages et ses voyages d'étude. La Maison blanche nous renseigne ainsi sur le bagage architectural de Le Corbusier, sur ses passions, ses doutes et ses premières expériences. Et pourtant, le résultat est une demeure fort plaisante que l'on pourrait associer à la villa Schwob, de 1916–1917, principale réalisation des années de jeunesse, conçue pour être l'expression d'un certain rang social, de la même manière peut-être que l'on pourrait associer l'appartement parisien de Le Corbusier à la rue Nungesser-et-Coli au manifeste que fut la villa Savoye.

Que la Maison blanche n'ait cessé de faire l'objet d'un intérêt croissant au cours des dernières années n'a donc rien qui doive étonner. Dans la contribution qui ouvre la publication, Klaus Spechtenhauser, historien de l'architecture, explique cependant que l'engouement des scientifiques pour le jeune Le Corbusier n'est pas tout à fait récent. A la suite de l'ouvrage de Paul Venable Turner, *The Education of Le Corbusier* (1977), une longue série de publications importantes est venue nourrir le débat sur les racines qui ont donné naissance à l'« architecte du siècle ». Récemment, une thèse récompensée par le Prix Ackermann d'histoire de l'architecture a non seulement fait une analyse magistrale de la place de la Maison blanche dans l'évolution de Jeanneret, mais en étudie aussi, en s'étayant sur des comparaisons précises, l'importance dans le discours architectural de l'époque de sa conception (Leo Schubert, *La villa Jeanneret-Perret di Le Corbusier 1912. La prima opera autonoma*, Vicenza – Venezia, 2006). Dès lors – au plus tard –, la première réalisation, naguère encore objet d'une médiocre attention, est devenue une œuvre clef dans l'ensemble de la création du grand architecte.

Cette appréciation n'est toutefois pas sans rapport non plus avec la restauration effectuée de 2003 à 2005. Après le recouvrement de ses revêtements d'origine, la Maison blanche était longtemps restée à l'abandon. La restauration a été l'occasion d'une étude approfondie sur la conception de la villa et sur ses matériaux, et d'une recherche des traces laissées par les divers essais tentés sur cette villa expérimentale, où, de 1912 à 1919, on a ouvert puis condamné des portes, modifié des enduits intérieurs et extérieurs, appliqué des papiers peints, longuement conçu l'aménagement du jardin et peu à peu constitué le mobilier avec des objets spécialement façonnés et des meubles achetés chez des antiquaires.

La présente monographie offre un aperçu des résultats de ces investigations. La contribution de Catherine Courtiau, historienne de l'art, a pour objet l'histoire détaillée de la construction et de la succession des propriétaires de la villa. Edmond Charrière quant à lui, conservateur au Musée des beaux-arts de La Chaux-de-Fonds, évoque un contexte culturel dont l'empreinte sur la personnalité de Charles-Edouard Jeanneret a été décisive. Ancien élève de l'Ecole d'Art, il n'était pas lié seulement au programme du charismatique Charles L'Eplattenier, tout imprégné d'Art nouveau version régionale, mais aussi à un collectif d'artistes locaux issus de la même école. Par la construction des villas Jeanneret-Perret et Favre-Jacot en 1912, il a affirmé son autonomie d'architecte d'observance néo-classique ; la même année encore, il a mis fin aux échanges avec son ancien mentor, bien qu'il ait fait partie jusqu'en 1914 du corps enseignant de la Nouvelle Section de l'Ecole d'Art, fondée par L'Eplattenier.

Le livre contient une partie importante sur la restauration de la maison, qui a pris un caractère aussi exemplaire que la construction elle-même. En 2000, des personnes passionnées de La Chaux-de-Fonds ont fondé une association privée dans le but d'acheter la maison, qui était alors vide, et de la remettre en état. Une fois l'acquisition effectuée, l'Association Maison blanche (AMB) a constitué un réseau et chargé un groupe d'experts de proposer les architectes et de suivre les études préliminaires, puis l'ensemble des travaux. Dans un premier temps, une étude de faisabilité – exemplaire dans son genre – a préparé toutes les décisions essentielles et permis d'établir si elles étaient réalisables. Le document contient aussi une histoire de la maison, des relevés précis, des études techniques sur l'état de la construction, un constat des installations, un rapport sur les sondages effectués sur les couleurs des enduits et les papiers peints, et les résultats de l'étude à la fois historique et archéologique du jardin. Les principaux auteurs du projet de restauration (Pierre Minder, architecte, Elisabeth et Michel Muttner, restaurateurs d'art, et Jacques Bujard, conservateur cantonal des Monuments et Sites, Neuchâtel) y présentent les observations faites puis les mesures architecturales envisagées. Arthur Rüegg, membre de la commission d'experts, avec la collaboration de Martine Voumard, alors vice-présidente de l'AMB, s'est penché sur la question de l'aménagement intérieur et montre comment la lente conception du mobilier témoigne de l'affinement du vocabulaire formel de Charles-Edouard Jeanneret, jusqu'alors marqué par ses modèles allemands. Peter Wullschleger, architecte paysagiste, reconstitue l'histoire détaillée du jardin et de sa conception très progressive, en la situant dans le contexte des idées d'alors, puis expose les choix de reconstitution.

La mise en contexte est d'autant plus importante que dès le début – et précisément à propos du mobilier et du jardin – la question s'est posée du sens et des limites des reconstitutions partielles. Cependant, au cours de l'étude de faisabilité, il est rapidement apparu que l'état de conservation d'une part, et d'autre part les matériaux et les techniques actuellement disponibles permettaient une reconstitution crédible des parties perdues. C'était d'ailleurs le seul moyen de rendre visibles et perceptibles par les sens les expériences parfois audacieuses du jeune « architecte-conseil pour toutes questions de décoration intérieure, de transformations, d'aménagements mobiliers, d'arrangements de jardins ». Il s'agissait en l'occurrence surtout de la reconstitution de la terrasse supérieure du jardin, de la couverture en Eternit du toit en croupe (avec la reconstitution de la lucarne), de la reconstitution du papier peint à motif de roses du salon, de l'ameublement de l'étage d'habitation et de questions sur le traitement des sols en linoléum et des carrelages. Mais tout nouveau coup de pinceau n'est-il pas aussi un essai de reconstitution ? Car on peut bien étudier les pigments, les liants et les techniques d'application, mais la copie ou la reconstitution ne peut se faire qu'avec les moyens actuels. Un exemple : le blanc de céruse (carbonate de plomb), d'une douceur incomparable mais toxique, a depuis longtemps disparu du marché. Le blanc de titane généralement utilisé de nos jours pour éclaircir les couleurs donne un autre caractère et nécessite donc une correction. Nous sommes reconnaissants à Katrin Trautwein, chimiste spécialiste des couleurs (kt.COLOR, Uster), qui produit les couleurs des gammes de Le Corbusier de 1931 et 1959, d'avoir restitué toute la subtilité des teintes utilisées dans la Maison blanche.

Dans toute la maison, qui est désormais un lieu de présentation muséographique et de manifestations culturelles, des témoins du travail de restauration ont été laissés apparents. Les visiteurs peuvent ainsi s'associer à l'aventure de la reconstitution et se faire une idée de l'état de conservation fragmentaire. Un petit guide donnera encore des informations sur des faits dont les relations n'apparaissent pas au premier regard. Une photographe, Eveline Perroud, a réalisé des prises de vue avant et après la restauration selon les mêmes angles que Jeanneret entre 1912 et 1919. Les photographies anciennes et récentes sont mises face-à-face dans le dossier d'illustrations. La présente monographie n'est donc pas seulement une compilation des observations faites durant la restauration ou un rapport justificatif sur les décisions prises, mais aussi et surtout une invitation à la compréhension d'une œuvre clef parmi les réalisations de Le Corbusier.

Nous tenons à remercier en premier lieu l'Association Maison blanche, et tout particulièrement son actuelle présidente, Martine Voumard, pour la confiance sans réserve qu'elle nous a accordée, puis tous les auteurs et les traductrices et traducteurs. Notre reconnaissance s'adresse aussi à toutes les personnes qui nous ont aidés en mettant à notre disposition du matériel précieux ou en nous communiquant des renseignements ; leurs noms sont indiqués dans le crédit des illustrations ou dans les notes. Nous avons pu bénéficier de l'appui de la Bibliothèque de la Ville de La Chaux-de-Fonds (Jacques-André Humair, Sylvie Béguelin) et bien sûr de la Fondation Le Corbusier à Paris (Michel Richard, Isabelle Godineau), que nous remercions de nous avoir aidés pour la constitution de l'iconographie. Il ne saurait être question enfin d'oublier l'équipe des éditions Birkhäuser, qui a mis une fois de plus sa compétence au service de la réalisation d'un de nos ouvrages.

Klaus Spechtenhauser, Arthur Rüegg
mars 2007

Klaus Spechtenhauser

LA MAISON BLANCHE, UN CHEF D'ŒUVRE REDECOUVERT TARDIVEMENT ?

CONSIDERATIONS SUR LA FORTUNE CRITIQUE DE LA VILLA JEANNERET-PERRET

Lorsqu'en 1917, Charles-Edouard Jeanneret quitta définitivement La Chaux-de-Fonds pour s'établir à Paris et y commencer une nouvelle carrière qui le mena à la célébrité sous le pseudonyme de Le Corbusier, il paraît avoir voulu, vis-à-vis d'autrui, tirer un trait sous son activité passée. Plus tard, le maître a largement évincé de ses nombreux livres et catalogues d'œuvres ses réalisations de jeunesse. Alors que les esquisses et dessins de voyages, en particulier en Orient en 1911, sont régulièrement repris dans ses publications afin d'étayer la continuité de ses idées et de ses argumentations, le lecteur intéressé aux réalisations architecturales, aux projets, aux dessins de meubles, aux tableaux et aux aquarelles de jeunesse est laissé dans l'ignorance. Seule la villa Schwob à La Chaux-de-Fonds (1916–1917) fut publiée du vivant de Jeanneret/Le Corbusier, en 1921, dans les numéros 5 et 6 de *L'Esprit nouveau*, puis en 1923 dans *Vers une architecture*. Mais elle disparaît ensuite de l'*Œuvre complète* éditée dès 1930, de sorte que la villa Besnus à Vaucresson (1922–1923) et le studio pour son ami le peintre Amédée Ozenfant (1922–1924) y figurent au titre de réalisations premières de l'architecte. Ainsi se trouvent occultés seize ans d'activité professionnelle de celui qui depuis 1912 offrait à une clientèle éclairée et fort aisée ses services d'« architecte-conseil pour toutes questions de décoration intérieure ». De même, Le Corbusier désigna l'huile de 1918 intitulée *La cheminée* comme « ma première peinture », tant elle convenait pour illustrer sa conversion au purisme, dont le rôle était si important dans l'« esprit nouveau » dont il venait de faire la découverte.

Dans de telles conditions, il n'est guère étonnant que des constructions comme le Pavillon de l'Esprit Nouveau (1925), la villa Savoye à Poissy (1928–1931), l'Unité d'habitation de Marseille (1945–1952) ou l'église Notre-Dame-du-Haut à Ronchamp (1950–1955) eussent été rapidement admises au Panthéon de l'architecture du XXe siècle, tandis que les constructions et les ameublements du grand architecte à La Chaux-de-Fonds et aux environs étaient, pour longtemps encore, très mal connus du grand public. Il n'en va pas de même cependant des

Charles-Edouard Jeanneret, villa Jeanneret-Perret, La Chaux-de-Fonds, 1912. Vue depuis la terrasse inférieure.
Photo vers 1916–1919, BV

Charles-Edouard Jeanneret, villa Jeanneret-Perret, La Chaux-de-Fonds, 1912. Vue et esquisse de projet de Charles-Edouard Jeanneret, vers janvier 1912.
Photo vers 1916–1919, FLC/BV

milieux spécialisés. Les travaux de Paul Venable Turner et Patricia May Sekler, des années 1970, furent suivis de publications fouillées et de contributions d'auteurs réputés qui se penchèrent sur la période Jeanneret de Le Corbusier, selon une évolution qui s'explique notamment par un intérêt croissant pour les racines et les antécédents, sans la connaissance desquels la compréhension du « projet moderniste » reste imparfaite. La première construction complètement personnelle de Jeanneret, la villa Jeanneret-Perret construite pour ses parents en 1912 et mieux connue sous le nom de Maison blanche, devait donc finir par attirer l'attention des chercheurs : ce n'était plus qu'une question de temps.

Une première piste

En 1960 furent publiées pour la première fois des photos des villas Jeanneret-Perret et Favre-Jacot, dans *Perspecta. The Yale Architectural Journal* 6, 1960, avec la légende « villa Cornu » et « villa Fauvre » [sic], et du cinéma La Scala. Il manquait encore les villas Fallet, Stotzer et Jaquemet. Henry-Russel Hitchcock avait proposé à des étudiants de se mettre sur la piste[1]. Etienne Chavanne et Michel Laville, tous deux étudiants d'Alfred Roth à l'EPF de Zurich, eurent plus de succès : ils publièrent en 1963 dans *Werk* des photos et des plans de toutes les constructions de Jeanneret à La Chaux-de-Fonds et au Locle, à l'exception de La Scala[2]. Une brève description de la « villa Jeanneret Père » évoque « cette coquette villa » et aborde déjà des thèmes essentiels qui seront approfondis dans des études ultérieures et qui leur paraissent compter parmi les facteurs ayant déterminé le caractère « synthétique » de l'œuvre : les impressions des voyages des années 1907–1911, les contacts avec les figures dominantes de l'architecture de son temps (Auguste Perret, « l'influence de l'architecte Behrens »), la rupture avec le Style sapin, variante régionale de l'Art nouveau, l'ordonnance harmonieuse des façades, qui « satisfait le regard », et la remarquable « clarté du plan », l'extension de la maison dans son environnement immédiat, avec la « chambre dont la formulation ne se fit que plus tard (variations dans le dessin des fenêtres,

« plan libre », « promenade architecturale »), mais aussi la nature transitoire de la Maison blanche, perceptible par exemple à la forme « balkanisante » de la cheminée : « Nous voilà encore bien loin du cubisme de Le Corbusier ! » De toute évidence, l'œuvre de Jeanneret/Le Corbusier est jugée à l'aune des réalisations nées après son établissement à Paris et fortement ancrées dans la mémoire visuelle collective.

La première monographie substantielle consacrée à Le Corbusier, publiée par Stanislaus von Moos peu après la mort de l'architecte[3], n'accorde encore qu'une place discrète à la villa Jeanneret-Perret, probablement parce que l'auteur voulait présenter une vue d'ensemble : « Jeanneret dessine pour eux [ses parents] une maison dans le style soigné de 1910. Rien de sensationnel. »[4] Von Moos évoque le « style soigné » et le souci du détail qui caractérise les villas construites alors par Peter Behrens, Josef Hoffmann ou Curjel & Moser pour la bourgeoisie aisée et dont Jeanneret avait une connaissance précise par ses voyages et son travail à l'étranger et par les publications disponibles dans l'excellente bibliothèque de l'Ecole d'Art. Certes, dans l'édition anglaise du livre, revue et complétée, le jugement sur la prétendue médiocrité de la villa est quelque peu atténué (« une résidence de classe moyenne avec passablement de prétention à l'élégance »[5]), mais la villa Favre-Jacot, au Locle, n'en est pas moins qualifiée de « plus intéressante » en raison des références complexes qu'elle contient.

Les premières études consacrées à l'œuvre de jeunesse mirent en lumière des aspects importants de l'évolution artistique et intellectuelle de Le Corbusier, mais toujours quelque peu indépendamment du façonnement complexe qui fit de Jeanneret un architecte[6]. Le mouvement lancé, de nombreuses autres publications suivirent, parmi lesquelles on rappellera le numéro à thème de la revue *Archithese* en 1983 et les ouvrages de Luisa Martina Colli, Jacques Gubler, Geoffrey H. Baker, Giuliano Gresleri ou Rosario De Simone[7].

Une des premières recherches sur la villa Jeanneret-Perret : Etienne Chavanne, Michel Laville, « Les premières constructions de Le Corbusier », in : *Werk*, 50e année, cahier 12, 1963, p. 483–488.

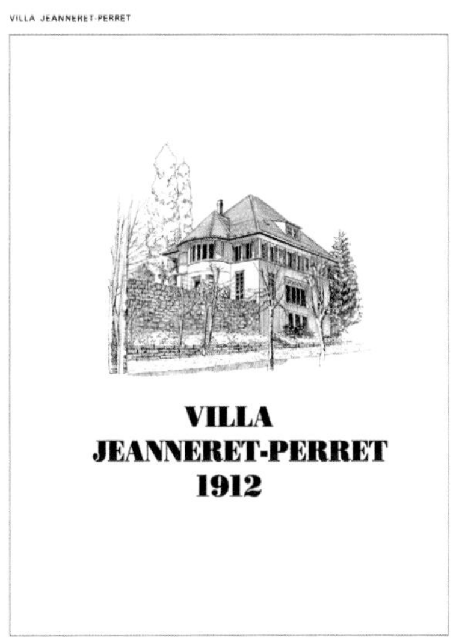

Une approche résolument graphique : Geoffrey H. Baker, Jacques Gubler, *Le Corbusier. Early Works by Charles-Edouard Jeanneret-Gris*, London – New York : Academy Editions – St.Martin's Press, 1987 (*Architectural Monographs* 12).

Charles-Edouard Jeanneret, Villa Jeanneret-Perret, La Chaux-de-Fonds, 1912. Perspective, mai/juin 1912. Les fenêtres de l'étage n'étaient pas encore continues. La façade nord-est montre une grande fenêtre qui finalement n'a pas été réalisée. Dans ce projet, la chambre d'été avait un accès de plus.

Voyages et découvertes

En 1997, H. Allen Brooks, après des années de recherches, publia enfin son étude sur l'œuvre de jeunesse de Jeanneret/Le Corbusier, qui reste la plus détaillée et la plus complète du genre[8]. S'agissant de la villa Jeanneret-Perret, l'auteur s'efforce avant tout de faire ressortir la qualité de cette construction en tant que produit de la *synthèse* de nombreuses expériences visuelles du jeune artiste-architecte, en rappelant qu'en réduisant les influences à *une* source dominante, on ne rend pas justice, précisément, à l'« extraordinaire pouvoir de synthèse de Jeanneret/Le Corbusier »[9]. A l'appui de son argumentation, Brooks fournit des références puisées aussi bien dans le voyage d'Orient que chez Josef Hoffmann et dans la nouvelle architecture allemande du début du XXe siècle. L'auteur nous apprend aussi que Jeanneret caressait depuis longtemps déjà le rêve de construire une « petite maison » pour ses parents, bien avant son stage chez Peter Behrens (d'octobre 1910 à mars 1911), avant ses travaux sur *La Construction des villes* et l'*Etude sur le mouvement d'art décoratif en Allemagne*, et surtout avant le voyage en Orient. Il apparaît aussi que la « petite maison » devint rapidement un projet ambitieux et considérable – selon Brooks l'« expression des idées d'Edouard

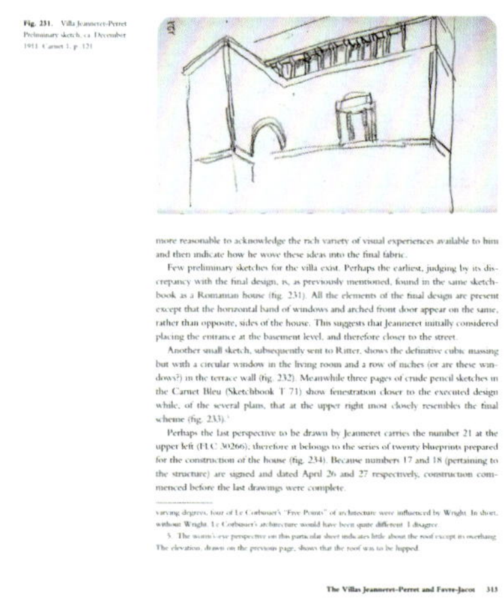

Fig. 231. Villa Jeanneret-Perret Preliminary sketch, ca. December 1911. Carnet 1, p. 121

more reasonable to acknowledge the rich variety of visual experiences available to him and then indicate how he wove these ideas into the final fabric.

Few preliminary sketches for the villa exist. Perhaps the earliest, judging by its discrepancy with the final design, is, as previously mentioned, found in the same sketchbook as a Romanian house (fig. 231). All the elements of the final design are present except that the horizontal band of windows and arched front door appear on the same, rather than opposite, sides of the house. This suggests that Jeanneret initially considered placing the entrance at the basement level, and therefore closer to the street.

Another small sketch, subsequently sent to Ritter, shows the definitive cubic massing but with a circular window in the living room and a row of niches (or are these windows?) in the terrace wall (fig. 232). Meanwhile three pages of crude pencil sketches in the Carnet Bleu (Sketchbook T 71) show fenestration closer to the executed design while, of the several plans, that at the upper right most closely resembles the final scheme (fig. 233).[5]

Perhaps the last perspective to be drawn by Jeanneret carries the number 21 at the upper left (FLC 30266); therefore it belongs to the series of twenty blueprints prepared for the construction of the house (fig. 234). Because numbers 17 and 18 (pertaining to the structure) are signed and dated April 26 and 27 respectively, construction commenced before the last drawings were complete.

varying degrees, four of Le Corbusier's "Five Points" of architecture were influenced by Wright. In short, without Wright, Le Corbusier's architecture would have been quite different. I disagree.

5. The worm's-eye perspective on this particular sheet indicates little about the roof except its overhang. The elevation, drawn on the previous page, shows that the roof was to be hipped.

The Villas Jeanneret-Perret and Favre-Jacot 313

Une référence audacieuse : selon H. Allen Brooks, il s'agirait peut-être de la première esquisse de Charles-Edouard Jeanneret pour la Maison blanche (*Carnet 1*, Orient, p. 121). FLC (H. Allen Brooks, *Le Corbusier's Formative Years. Charles-Edouard Jeanneret at La Chaux-de-Fonds*, Chicago – London : The University of Chicago Press, 1997, p. 313).

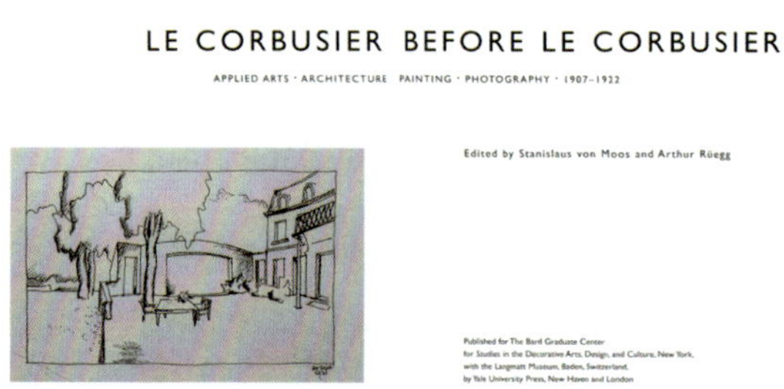

LE CORBUSIER BEFORE LE CORBUSIER

APPLIED ARTS · ARCHITECTURE PAINTING · PHOTOGRAPHY · 1907–1922

Edited by Stanislaus von Moos and Arthur Rüegg

Published for The Bard Graduate Center
for Studies in the Decorative Arts, Design, and Culture, New York,
with the Langmatt Museum, Baden, Switzerland,
by Yale University Press, New Haven and London

Une publication importante sur l'œuvre de jeunesse de Charles-Edouard Jeanneret : le catalogue de l'exposition « Le Corbusier before Le Corbusier », présentée au Bard Graduate Center à New York en 2002. Le frontispice montre un dessin de Le Corbusier pour la villa Berque à Paris (1921).

Modèles dont Charles-Edouard a pu s'inspirer pour la Maison blanche, en partie mentionnés dans *Le Corbusier's Formative Years*, de H. Allen Brooks :

Josef Hoffmann, maison Helene Hochstetter, Vienne XIX-Hohe Warte, 1906–1907.
Tiré de : Eduard F. Sekler, *Josef Hoffmann. Das architektonische Werk*, Salzburg – Wien : Residenz, 1982.

Theodor Fischer, maison Dohrn, Dresde-Hellerau, 1910.
Tiré de : *Die Kunst*, vol. 24, 1911 = *Dekorative Kunst*, 14ᵉ année, vol. 19

Peter Behrens, maison Schroeder, Hagen-Eppenhausen, 1908–1909. Vue et plan du rez-de-chaussée.
Tiré de : Fritz Hoeber, *Peter Behrens*, München : Georg Müller et Eugen Rentsch, 1913

Albin Müller, maison de l'architecte construite près de la colonie d'artistes de Mathildenhöhe, Darmstadt, 1909–1910. Vue et pergola.
Tiré de : *Die Kunst*, vol. 26, 1912 = *Dekorative Kunst*, 15ᵉ année, vol. 20

libres de la contrainte des désirs contradictoires d'un client » – excédant largement les capacités financières des parents Jeanneret.

En 2002, Stanislaus von Moos et Arthur Rüegg présentaient l'œuvre de jeunesse de Jeanneret/Le Corbusier en une vaste exposition à Baden et à New York, sous le titre significatif de « Le Corbusier before Le Corbusier »[10]. Un domaine jusqu'alors réservé à des cercles fermés devenait ainsi accessible à un large public. Dans le catalogue[11], la villa des parents a droit à une description certes brève mais qui du moins attire l'attention sur le rôle primordial de la première réalisation architecturale du seul Jeanneret/Le Corbusier : « une œuvre clef, effectivement », marquant la rupture définitive avec le Style sapin régional et l'orientation nouvelle vers l'architecture de tradition rationaliste.

Un bagage imposant

Enfin, la thèse de Leo Schubert sur la villa Jeanneret-Perret, soutenue en 2002 et publiée en 2006 chez Marsilio, présente, dans la lignée de Brooks, quantité de références, intentions ou ambitions possibles, associées à un relevé précis du bâtiment et clairement intégrées dans la biographie intellectuelle et dans l'œuvre de Jeanneret/Le Corbusier[12]. L'étude est conçue selon deux axes principaux : la classification de la villa en fonction de critères thématiques et architecturaux et son analyse dans le contexte des intérêts et des expériences de Jeanneret. L'auteur procède à des associations plausibles entre divers motifs, idées et sources, en étayant son propos par des images. Il peut ainsi confirmer que la Maison blanche reflète, parmi d'autres références, principalement deux domaines d'influence et d'inspiration : la nouvelle architecture allemande et les impressions du voyage en Orient.

Jeanneret séjourna en Allemagne d'avril 1910 à fin mars 1911, avec quelques brèves interruptions. Il y travailla à *La Construction des villes*, précis d'urbanisme conçu sur le modèle de *Der Städtebau nach seinen künstlerischen Grundsätzen* de Camillo Sitte[13], fit de longs voyages afin de récolter les matériaux qui

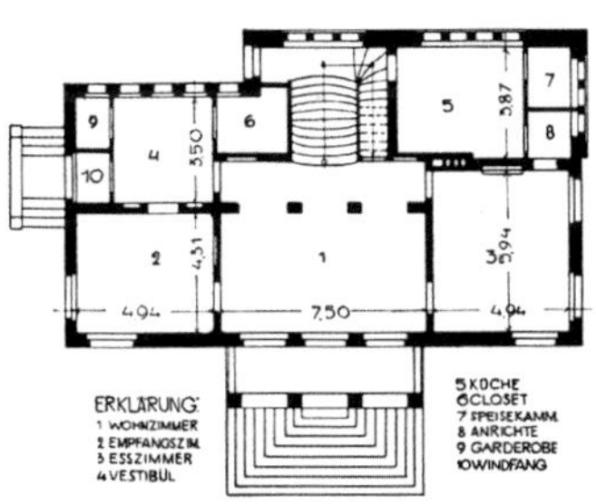

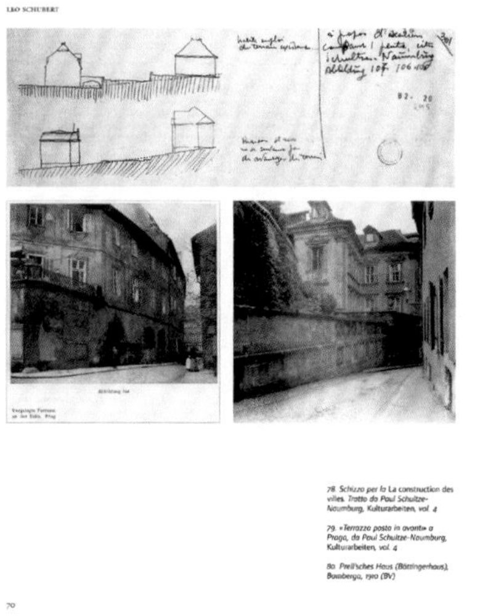

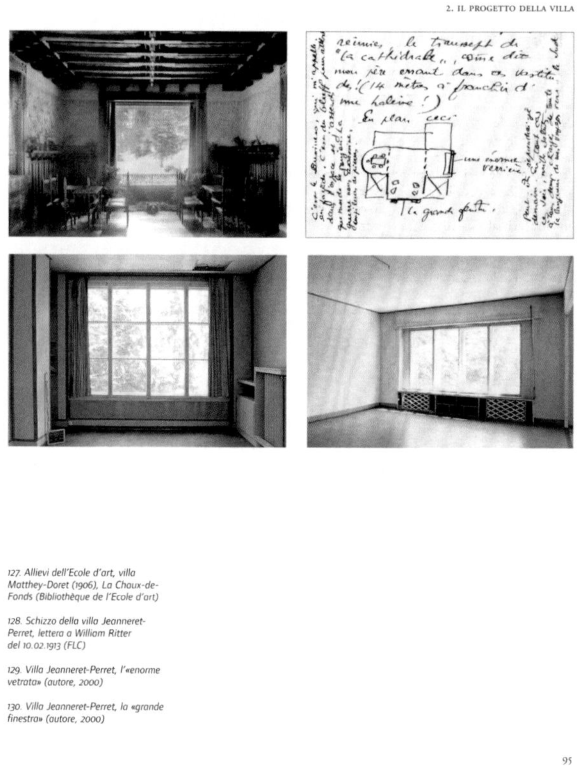

Sources d'inspiration et références croisées, tirées de l'ouvrage *La villa Jeanneret-Perret di Le Corbusier 1912. La prima opera autonoma*, de Leo Schubert :

Esquisse de Charles-Edouard Jeanneret pour *La Construction des villes*, inspirée de Paul Schultze-Naumburg ; illustration « terrasse à l'angle », tirée de Paul Schultze-Naumburg, *Kulturarbeiten*, vol. 4, *Städtebau*, 1906 ; maison Prell, Bamberg, photo Charles-Edouard Jeanneret, 1910.

Leo Schubert, *La villa Jeanneret-Perret di Le Corbusier 1912. La prima opera autonoma*, Vicenza: Centro Internazionale di Studi di Architettura Andrea Palladio – Venezia : Marsilio, 2006, p. 70

Charles-Edouard Jeanneret et d'autres étudiants de l'Ecole d'Art, chambre de musique de la villa Matthey-Doret, La Chaux-de-Fonds, 1906 ; esquisse du plan de la villa Jeanneret-Perret dans une lettre de Charles-Edouard Jeanneret à William Ritter, du 10 février 1913 ; antichambre et salon de la villa Jeanneret-Perret, photos Leo Schubert, 2000.

Schubert, *La villa Jeanneret-Perret di Le Corbusier 1912*, p. 95

allaient lui servir pour l'*Etude sur le mouvement d'art décoratif en Allemagne* et se mit en rapport avec diverses personnalités, tels Theodor Fischer, Hermann Muthesius, Heinrich Tessenow et Karl Ernst Osthaus. Il séjourna régulièrement à Dresde-Hellerau, où son frère Albert étudiait à l'Institut Jaques-Dalcroze, fit la connaissance d'August Klipstein, le futur compagnon de voyage, et de William Ritter, qui succéda à Charles L'Eplattenier dans le rôle de mentor. Et finalement, Jeanneret travailla cinq mois dans le bureau de Peter Behrens à Berlin-Neubabelsberg, d'où il partit en compagnie d'August Klipstein pour un voyage de six mois en Orient, qui les mena à Prague, Vienne, Budapest, en Serbie, Roumanie, Turquie (Constantinople), Grèce (Mont Athos, Athènes) et Italie (Naples, Pompéi, Rome, Florence, Pise).

Leo Schubert puise les références pour le projet de la villa Jeanneret-Perret dans le volumineux répertoire que constituent les nombreux dessins, esquisses et photographies de cette époque, auxquels s'ajoutent des lettres et des notes. Ainsi est mis en lumière le rôle clef de cette construction. De même qu'avec les maisons Fallet, Stotzer et Jaquemet, le jeune architecte a voulu avec la Maison blanche faire un exemple : exemple d'une nouvelle expression architecturale portant les fruits de ses propres études, expériences et idées.

Les références fournies par Schubert sont en quantité impressionnante : de nombreux repères qu'offrent, depuis les détails jusqu'à la conception du plan, les architectures de Peter Behrens, Hermann Muthesius, Heinrich Tessenow, Theodor Fischer, Richard Riemerschmid, Emanuel von Seidl, Bruno Paul ou Albin Müller ; les premières villas de Curjel & Moser ou de Josef Hoffmann à

Hermann Muthesius, villa Neuhaus, Berlin-Dahlem, 1906–1907. Vue et plans ; maison en Bulgarie et villa d'Este, Tivoli, photos Charles-Edouard Jeanneret, 1911 ; propylées, Athènes, dessin de Charles-Edouard Jeanneret, 1911 (*Carnet 3*, Orient).
Schubert, *La villa Jeanneret-Perret di Le Corbusier 1912*, p. 98

Prague, terrasses à la rue Úvoz, photo Charles-Edouard Jeanneret, 1911 ; Paul Schultze-Naumburg, villa Kehrl, Brandenburg, 1906 ; Bridler et Völki, villa Waldkirch, Neuhausen, 1911.
Schubert, *La villa Jeanneret-Perret di Le Corbusier 1912*, p. 72

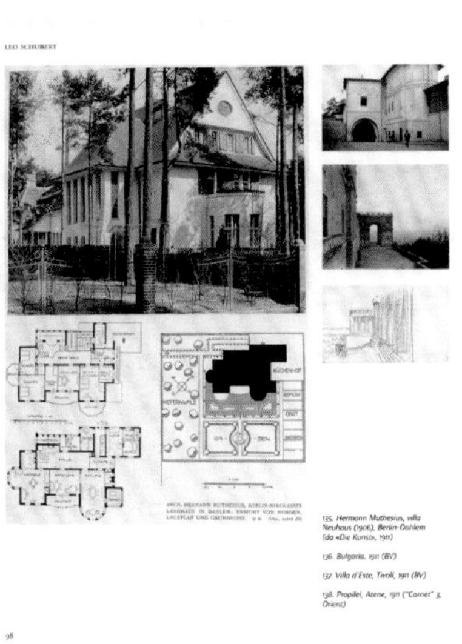

Vienne ; puis bien sûr les *Kulturarbeiten* de Paul Schultze-Naumburg, sorte de vade-mecum sur l'architecture, l'urbanisme, l'aménagement des jardins et des paysages. Les exemples donnés dans le volume 4 (*Städtebau*) pourraient très bien avoir inspiré la conception générale de la Maison blanche, avec sa terrasse avancée et la montée vers la chambre d'été. Les autres apparentements nous sont donnés par Jeanneret lui-même, lorsque, plus tard, dans une lettre au futur acquéreur de la villa Jeanneret-Perret, il évoque son voyage en Orient : « à un moment où rentré d'un long voyage en GRECE, en ASIE, en TURQUIE et en ITALIE, j'étais encore plein de grande architecture claire et formelle des pays méditerranéens, les seules architectures que je reconnaisse. »[14] Soucieux de conserver la mémoire de ses impressions, Jeanneret avait pris des notes, fait des dessins, des esquisses et des photographies de tout ce qui l'intéressait. Il paraît avoir été particulièrement fasciné par les jardins en terrasse, leurs murs, les clôtures, les garde-corps, les balustrades, les pergolas et les pavillons en treillage, omniprésents dans ses esquisses, ses photographies et ses commentaires, que ce soit à Prague, en Serbie, en Roumanie, à Constantinople, sur le Mont Athos ou à Pompéi. Il en va de même du motif du solitaire « trônant », thème central qu'illustrent de nombreux exemples à Constantinople, l'Acropole à Athènes bien sûr, mais aussi la villa Lante à Rome. Il note toujours les proportions, les axes, les harmonies et les contrastes, qu'il s'agisse de mosquées à Constantinople, de l'Acropole, du temple d'Apollon, de la Maison des noces d'argent ou de la Maison de Salluste à Pompéi.

Ce qui fait de la monographie de Leo Schubert un ouvrage de référence en matière d'histoire de l'architecture, c'est avant tout la qualité des recherches, l'étendue des liens qu'il établit et la clarté convaincante de ses interprétations. Mais le chapitre final, intitulé « Jeanneret e il 1912 : passato, presente, futuro », ouvre également des pistes fécondes[15]. L'auteur tente de démontrer que la Maison blanche n'est pas remarquable seulement parce qu'elle opère une synthèse des découvertes et des expériences de Jeanneret, mais aussi parce qu'à maints égards, elle pose un premier jalon pour l'évolution des constructions de Le Corbusier et plus généralement pour sa conception particulière de l'architecture, de l'art et de la plastique.

Entre synthèse féconde et esprit du temps

Vu la richesse des impressions recueillies par Jeanneret pendant son voyage, il eût été presque absurde pour le génie de l'architecte en devenir de ne pas les intégrer dans la période créatrice qui suivit. Mais il ne serait pas juste pour autant de réduire la villa Jeanneret-Perret à une simple compilation d'impressions et d'influences. Des travaux comme celui de Leo Schubert constituent à cet égard une exception notable dans la jungle des interprétations excessives ou erronées qui liquident le problème en faisant du traitement synthétique de sources d'inspiration diverses une simple copie de modèles formels sans réflexion propre, négligeant ainsi de prendre en considération le contexte de l'ensemble de l'œuvre d'un architecte. Or dans ce domaine précisément, Jeanneret/Le Corbusier fait partie des grands maîtres, lui qui s'est toujours intéressé davantage à un certain *principe* plastique qu'à sa *forme* réalisée. Envisagées sous ce point de vue, les

Belvédère, Vatican, Rome, dessin de Charles-Edouard Jeanneret, 1911 (*Carnet 4*, Orient) ; Saint-Pierre de Rome, photo Charles-Edouard Jeanneret, 1911 ; villa Jeanneret-Perret, photos prises avant 1919.
Schubert, *La villa Jeanneret-Perret di Le Corbusier 1912*, p. 75

Pompéi, maison de Salluste, photo Charles-Edouard Jeanneret, 1911 ; Karl Friedrich Schinkel, bains romains, Potsdam, photo Leo Schubert ; axe salle à manger – salon – antichambre dans la villa Jeanneret-Perret, photo Leo Schubert, 2000.
Schubert, *La villa Jeanneret-Perret di Le Corbusier 1912*, p. 93

notes de Jeanneret lui-même sur la Maison blanche, aussi éparses qu'elles puissent être, voire parfois vagues, revêtent une importance toute particulière.

Les premières esquisses pour la maison de ses parents se trouvent dans le *Carnet 4* des voyages d'Allemagne et peuvent être datées d'avril/mai 1911[16]. Avant son voyage en Orient déjà – et cela est essentiel –, plus de six mois avant le début des travaux sur la Maison blanche, Jeanneret avait en tête la conception fondamentale du volume bâti et du jardin en terrasse, même si le projet diffère considérablement des deux premières esquisses. Presque plus encore que par la référence à Schultze-Naumburg, on est étonné du flair du jeune Jeanneret dans sa recherche de maisons et de situations de ce genre, qu'il cherche comme pour les conforter dans leur validité et la diversité de leurs variantes et pour finalement réaliser à la Maison blanche une solution qui lui est propre.

A peine rentré d'Orient, Jeanneret écrivit de La Chaux-de-Fonds à son compagnon de voyage August Klipstein : « Envoyez-moi au plus vite soit les clichés, soit les copies au bromure [...] des Balkans, Knajewatz, Radejevatz, couvents Bucarest, Kasanlik et surtout terrasse du Skite Sainte-Anna. J'en ai besoin pour une villa dont je fais les projets actuellement. »[17] Aurions-nous ici la filiation directe établie par Jeanneret lui-même avec les motifs qui lui ont servi de modèles, d'autant plus que la villa en question ne peut guère être que la Maison blanche ? L'examen des photographies conservées de Jeanneret déçoit au premier abord[18]. Ou les motifs qu'il réclamait de manière si pressante ont disparu, ou bien il s'agit là encore de témoignages iconographiques de situations « typiques » ou « standardisées », pour utiliser des notions clef de ce qui deviendra l'édifice intellectuel de Le Corbusier : la combinaison du volume bâti, des murs, du jardin, des pergolas et des cours fermées, théâtre traditionnel de la vie domestique en Europe centrale, l'accent mis sur le volume bâti par les loggias en retrait et les zones d'entrée latérales, ou encore les larges avant-toits caractéristiques de toute la région balkanique, tous ces éléments jouent un rôle important dans la Maison blanche et témoignent d'un certain orientalisme[19], mais seulement dans l'interprétation évidente et l'application judicieuse qu'en fait l'architecte.

La passion de Jeanneret pour les vues et les longues perspectives : les fenêtres généreuses du salon et de l'antichambre de la Maison blanche dirigent le regard vers l'extérieur. Le chalet des Châbles à Blonay, où les parents Jeanneret habitèrent de 1919 à 1924, après la vente de la Maison blanche, et la Petite maison, elle aussi construite par leur fils, offrent une vue superbe sur le Léman. Dans la Petite maison, les fenêtres en longueur sont complétées par une ouverture dans le mur du jardin, qui laisse voir le paysage avec le Léman comme un tableau.

Charles-Edouard Jeanneret, villa Jeanneret-Perret, La Chaux-de-Fonds, 1912. Antichambre.
Photo avant 1919, BV

Vue sur le Léman depuis le chalet des Châbles, Blonay VD.
Photo Arthur Rüegg, 2004

Le Corbusier, villa Le Lac (Petite maison), Corseaux, près de Vevey, 1923–1924. Vue depuis le jardin sur le lac Léman.
Tiré de : Le Corbusier, *Une petite maison*, Zurich : Girsberger, 1954

Le balcon du chalet des Châbles, photographié en 2004...
Photo Arthur Rüegg, 2004

... et en 1919, avec des visiteurs de renom : de gauche à droite, Georges-Edouard Jeanneret, Marie-Charlotte-Amélie Jeanneret-Perret, Albert Jeanneret, Amédée Ozenfant.
Photo Charles-Edouard Jeanneret, probablement fin août 1919, BV

Jardin en terrasses, avant-corps en hémicycle, avant-toit, volumes cubiques : par bien des caractères, la Maison blanche est un témoin de l'architecture nouvelle, principalement allemande.

Charles-Edouard Jeanneret, villa Jeanneret-Perret, La Chaux-de-Fonds, 1912. Vue depuis la chambre d'été.
Photo mai 1913, BV

Les proportions des pièces et des façades de la Maison blanche, Leo Schubert l'a très bien démontré, ne s'écartent que très peu de celles de l'architecture classique que Jeanneret a pu voir en Grèce et en Italie. Il n'y a là rien qui soit l'effet du hasard, et l'on se rappelle qu'après son retour à La Chaux-de-Fonds, il appliqua les proportions antiques, soigneusement notées, à l'appartement qu'il habita de décembre 1911 à l'été 1912 dans la ferme Le Couvent. Sa fierté à ce propos s'exprime en 1919 dans la lettre à Fritz-Ernst Jeker, lors du projet de vente de la maison : « toutes les pièces ont été étudiées de très près et certaines pièces obéissent même, par leur proportion, à certaines lois de l'architecture complètement perdues aujourd'hui et qui ont été employées autrefois dans les grandes époques d'art de l'antiquité (rapport numérique, largeur, profondeur, hauteur). » [20] Si l'on veut bien faire abstraction du fait qu'à cette époque, les règles de composition universelles de l'Antiquité étaient tout sauf oubliées [21], on retiendra que l'exigence formelle de Jeanneret témoigne ici aussi de sa recherche de règles et de principes universels, indépendamment de l'expression formelle qu'ils ont pu prendre dans un temple sur l'Acropole à Athènes ou dans une maison de Pompéi. Dans la Maison blanche, la synthèse féconde des impressions recueillies se manifeste par un système de pièces bien proportionnées disposées le long d'axes, aussi bien au rez-de-chaussée qu'à l'étage, et dans lequel la variété des fenêtres donne à chaque pièce une touche particulière : « Et j'ai cherché que chaque chambre ait sa signification et son âme données par son cube d'air et la percée de ses ou de sa fenêtre. » [22] Dans l'antichambre et le salon, les grandes baies panoramiques laissent entrer une lumière généreuse et offrent des vues intéressantes, dans la bibliothèque et le petit salon, les fenêtres verticales donnent une touche complémentaire, la chambre à coucher des parents est ouverte sur les environs par une galerie de fenêtres, enfin l'atelier de l'étage reçoit d'en haut un jour homogène. Le caractère particulier de la Maison blanche, qui fait d'elle une

Rudolf Kolbe, maison de campagne, jardin en terrasses, par J. P. Grossmann.
Tiré de : *Die Kunst*, vol. 18, 1908 = *Dekorative Kunst*, 11e année, vol. 16

expérience spatiale unique et typique, tient à cette association suggestive de système rigide et d'expression individuelle.

Les standards, les règles et les principes s'y reflètent encore à un tout autre niveau. Si par rapport à son environnement architectural local, la villa Jeanneret-Perret a pu paraître exotique, elle figure pleinement parmi les standards dès lors qu'on élargit l'horizon. Il suffit de feuilleter les publications de l'époque, ou des revues comme *Moderne Bauformen*, *Innendekoration* ou *Deutsche Kunst* pour s'apercevoir que la Maison blanche a emprunté bon nombre de ses solutions et de ses détails au répertoire plastique de l'architecture nouvelle, allemande principalement. L'admiration que Jeanneret éprouvait alors pour les pères fondateurs du Werkbund – Theodor Fischer, Heinrich Tessenow, Hermann Muthesius ou Peter Behrens – et pour l'ensemble du mouvement de réforme des arts en Allemagne semble avoir laissé ici des traces concrètes. A la fin de l'année 1911, il écrivit à William Ritter : « J'ai besoin d'aimer ce que je fais, alors ce sont les Allemands qui bénéficient cette fois-ci de mes tendresses. Je verse des larmes sur Münich [sic] et presque sur Behrens. On a l'architecture qu'on mérite ? Parfaitement ! et tout le reste aussi. »[23] On sait que cette admiration pour l'Allemagne ne tarda pas à s'effacer de la mémoire de Jeanneret. En fin de compte, après son installation à Paris sous le nom de Le Corbusier, l'enjeu était peut-être pour lui l'histoire de l'émancipation professionnelle de l'architecte Charles-Edouard Jeanneret[24].

Hermann Muthesius, le jardin de la maison von Velsen, Berlin-Zehlendorf, 1907–1908.
Tiré de : *Die Kunst*, vol. 22, 1910 = *Dekorative Kunst*, 13ᵉ année, vol. 18

Il est finalement légitime de reprocher au jeune Jeanneret certains excès de zèle dans la traduction formelle, en une œuvre unique, d'autant d'impressions et de suggestions que possible. On a pu dire ainsi des photographies de la maison prises par Jeanneret lui-même : « Tout bien considéré, les photographies de la villa Jeanneret-Perret suggèrent fortement que la réalisation prévue d'une

Edmund Körner, villa Eugen von Waldthausen, Essen, 1911–1912. Façade latérale.
Tiré de : *Moderne Bauformen*, 13ᵉ année, 1914

profusion de buts artistiques a été étouffée par la pure masse des références formelles d'architecture, ancienne et nouvelle, que Jeanneret avait vues en Allemagne et en Orient. »[25] Mais d'un autre côté, il ne faut pas négliger que nous sommes en présence de la première réalisation signée du seul nom de Jeanneret, qui quelques années plus tôt décorait encore des intérieurs et des façades dans l'esprit de l'Art nouveau local[26]. De même, il semble permis de voir dans la Maison blanche les premiers essais de formulation de thèmes qui deviendront des caractéristiques essentielles de l'architecture de Le Corbusier, comme le plan libre ou la promenade architecturale tant admirée.

Mais la villa Jeanneret-Perret reste avant tout le produit réussi de la puissance de synthèse du jeune Charles-Edouard Jeanneret et de son goût fécond pour l'expérimentation. Avec pour préoccupation première non pas tellement la quête de perfection, mais plutôt la réinterprétation et l'association inattendue de règles usuelles de conception formelle.

1 Cf. H. Allen Brooks, *Le Corbusier's Formative Years. Charles-Edouard Jeanneret at La Chaux-de-Fonds*, Chicago – London : The University of Chicago Press, 1997, pp. 416–417.

2 Etienne Chavanne, Michel Laville, « Les premières constructions de Le Corbusier », *Werk*, 50ᵉ année, cahier 12, 1963, pp. 483–488. Ainsi qu'ils l'écrivent dans leur travail de diplôme déposé en 1962, René Chapallaz avait insisté, dans une interview, sur ses droits d'auteur sur le cinéma La Scala, à l'exception de la façade arrière.

3 Stanislaus von Moos, *Le Corbusier. Elemente einer Synthese*, Frauenfeld – Stuttgart : Huber, 1968 (version française : Stanislaus von Moos, *Le Corbusier, l'architecte et son mythe*, trad. Pierre-A. Emery, Paris : Horizons de France, 1971).

4 Von Moos, *Le Corbusier, l'architecte et son mythe*, op.cit., p. 34.

5 « It is a middle-class residence, with sizable pretentions of elegance », Stanislaus von Moos, *Le Corbusier. Elements of a Synthesis*, Cambridge MA – London : The MIT Press, 1979, p. 17.

6 Paul Venable Turner, *The Education of Le Corbusier*, New York – London : Garland, 1977 (version française : *La Formation de Le Corbusier. Idéalisme et Mouvement moderne*, trad. Pauline Choay, Paris, 1987) ; Patricia May Sekler, *The Early Drawings of Charles-Edouard Jeanneret (Le Corbusier) 1902–1908*, New York – London : Garland, 1977.

7 Luisa Martina Colli, *Arte artigianato e tecnica nella poetica di Le Corbusier*, Roma – Bari : Laterza, 1982 ; *Archithese*, 13ᵉ année, nº 2, mars/avril 1983 : La Chaux-de-Fonds und/et Jeanneret (Le Corbusier) ; Giuliano Gresleri, *Le Corbusier. Viaggio in Oriente. Gli inediti di Charles Edouard Jeanneret fotografo e scrittore*, Venezia : Marsilio, 1984 ; Geoffrey H. Baker, Jacques Gubler, *Le Corbusier. Early Works by Charles-Edouard Jeanneret-Gris*, London – New York : Academy Editions – St.Martin's Press, 1987 (*Architectural Monographs* 12) ; Rosario De Simone, Ch.E. Jeanneret-Le Corbusier. Viaggio in Germania 1910–1911, Roma : Officina, 1989.

8 H. Allen Brooks, *Le Corbusier's Formative Years. Charles-Edouard Jeanneret at La Chaux-de-Fonds*, Chicago – London : The University of Chicago Press, 1997.

9 « ... extraordinary power of synthesis ». Il est fait allusion par exemple à l'influence de F.L. Wright, que Paul V. Turner tient pour dominante, et pas seulement dans la villa Jeanneret-Perret (cf. Paul Venable Turner, « Frank Lloyd Wright and the Young Le Corbusier », *Journal of the Society of Architectural Historians*, vol. 42, nº 4, déc. 1983, pp. 350–359).

10 Cf. le catalogue : Stanislaus von Moos, Arthur Rüegg (éds.), *Le Corbusier before Le Corbusier. Applied Arts, Architecture, Painting, Photography, 1907–1922*, New Haven – London : Yale University Press, 2002.

11 A.R. [= Arthur Rüegg], « 19. Villa Jeanneret-Perret », dans : Ibid., pp. 208–211.

12 Leo Schubert, *La villa Jeanneret-Perret di Le Corbusier 1912. La prima opera autonoma*, Vicenza : Centro Internazionale di Studi di Architettura Andrea Palladio – Venezia: Marsilio, 2006.

13 Une traduction française, de Camille Martin, parut en 1902 sous le titre : *L'art de bâtir les villes. Notes et réflexions d'un architecte.*

14 Lettre de Charles-Edouard Jeanneret à Fritz-Ernst Jeker, du 11.9.1919, BV. Reproduite dans cette publication, pp. 177–179.

15 Schubert, *La villa Jeanneret-Perret di Le Corbusier 1912*, op.cit., p. 137–167.

16 Giuliano Gresleri (éd.), *Ch.-E.Jeanneret - Le Corbusier. Les voyages d'Allemagne. Carnets*, Milano : Electa – Paris : Fondation Le Corbusier, 1994, *Carnet 4*, p. 3, 73.

17 Lettre de Ch.-Ed. Jeanneret à August Klipstein, du 18.12.1911, archives Regula Bandi-Klipstein, Berne. Knjaževac et Radujevac se trouvent en Serbie, Kazanlăk en Bulgarie, le Skite Sainte-Anna sur le Mont Athos.

18 BV, en bonne partie publiés dans : Giuliano Gresleri, *Le Corbusier. Viaggio in Oriente*, op.cit.

19 Voir par exemple cette citation : « Le béton armé et l'orientalisme dominent, et l'amour du neuf impliquant la très forte compréhension des ancêtres, voilà où retournent mes pensées. », lettre de Ch.-Ed. Jeanneret à William Ritter, s.d. [1912], FLC.

20 « Vente de l'immeuble », 21.1.1919, BV.

21 Des architectes dont Jeanneret était familier, comme Behrens, Fischer ou Perret, utilisaient pour leurs constructions des schémas de proportions très soigneusement étudiés.

22 Lettre de Ch.-Ed. Jeanneret à Auguste Perret, du 10.3.1913, FLC.

23 Lettre de Ch.-Ed. Jeanneret à William Ritter, environ mi-novembre 1911, FLC.

24 Cf. par exemple : Stanislaus von Moos, « Der Fall Le Corbusier. Kreuzbestäubungen, Allergien, Infektionen », dans : Vittorio Magnago Lampugnani, Romana Schneider (éds.), *Moderne Architektur in Deutschland 1900–1950. Expressionismus und Neue Sachlichkeit*, catalogue d'exposition, Deutsches Architekturmuseum Frankfurt am Main, Stuttgart : Hatje, 1994, pp. 161–184.

25 « On the whole, the photographs of Villa Jeanneret-Perret strongly suggest that in the architecture the intended fulfillment of a wealth of artistic goals has been smothered by the sheer mass of formal references of the architecture, old and new, seen by Jeanneret in Germany and on the Voyage d'Orient. », Leo Schubert, « Jeanneret, the City, and Photography », dans : Von Moos, Rüegg, *Le Corbusier before Le Corbusier*, op.cit., pp. 55–67 ; 66.

26 Cf. en dernier lieu : Arthur Rüegg, « La fin de l'Art nouveau. Perspectives nouvelles : Charles-Edouard Jeanneret », dans : Helen Bieri Thomson (éd.), *Une expérience Art nouveau. Le Style sapin à La Chaux-de-Fonds*, catalogue d'exposition, La Chaux-de-Fonds, Paris : Somogy, 2006, pp. 155–167.

Catherine Courtiau

LE ROMAN D'UNE ŒUVRE DE TRANSITION

Les indices et prémices d'une création

La villa Jeanneret-Perret, dite aussi la Maison blanche, construite en 1912 par Charles-Edouard Jeanneret (1887–1965) sur le versant sud de la colline de Pouillerel à La Chaux-de-Fonds, est la première création que le futur Le Corbusier réalisa seul à l'âge de 25 ans [1]. Il la conçut dans un esprit rationnel, rompant avec le *Style sapin*, expression régionale de l'Art nouveau, qui caractérisait, sous l'influence de son maître Charles L'Eplattenier (1874–1946), ses premières constructions, signées conjointement avec René Chapallaz (1881–1976) [2].

Charles-Edouard Jeanneret l'édifia au retour de son voyage d'« Orient » pour sa mère Marie-Charlotte-Amélie Perret (1860–1960), pianiste, et pour son père Georges-Edouard Jeanneret-Perret (1855–1926), modeste émailleur, qui venait de perdre son atelier. En effet, dans la nuit du 4 au 5 octobre 1911, un incendie ravagea la maison de sa sœur Pauline, où se trouvait son atelier, à la rue de la Loge 6 à La Chaux-de-Fonds, non loin de son appartement situé à la rue Jacob-Brandt 8. L'époque de la construction de la Maison blanche correspond au déclin de la jadis florissante industrie horlogère dans les montagnes neuchâteloises.

Marie-Charlotte-Amélie semble avoir été à l'origine de ce projet, trop audacieux aux yeux de Georges-Edouard, puisqu'elle y mit ses économies, désireuse, avant même l'incendie de l'atelier, « d'une petite bicoque où nous serons seuls » [3].

Le père, qui n'avait pas compris le parcours de Charles-Edouard ni son projet de maison bien plus ambitieux que celui de créer une « petite bicoque », s'inquiétait – peut-être à juste titre – de la situation. Au premier coup de pioche, en avril 1912, il exprimait sa résignation dans son journal, précieux document qui nous révèle tous les détails de la construction et de l'entretien de la maison et du jardin [4].

Pour comprendre cette œuvre de jeunesse de Charles-Edouard Jeanneret, il importe de remonter à ses années de formation et de voyages, sources d'inspiration et de découvertes significatives, fertiles en rencontres avec d'éminents architectes et artistes du début du XXe siècle. En effet, après ses études de composition ornementale commencées en avril 1902 à l'Ecole d'Art de La Chaux-de-Fonds chez Charles L'Eplattenier, Jeanneret effectua, dès 1907, durant quatre ans, des voyages d'études à l'étranger, en Italie, en Autriche, à Paris, en Allemagne et

Charles-Edouard Jeanneret et son père Georges-Edouard devant l'escalier menant de la petite esplanade devant la façade sud-est à la chambre d'été de la villa Jeanneret-Perret.
Photo Albert Jeanneret (?), vers 1915, BV

enfin en « Orient ». Il fit des stages dans deux des plus importants bureaux d'architectes de l'époque : d'abord chez les frères Perret[5] à Paris en 1908/09, puis chez Peter Behrens (1868–1940) à Neubabelsberg près de Berlin en 1910/11.

Son sens aigu de l'observation lui permit, à son retour « dans ses sapins », d'ériger cette construction de transition, unique en son genre dans les montagnes neuchâteloises, se démarquant ainsi de L'Eplattenier. La Maison blanche devint une sorte de laboratoire expérimental, réunissant déjà les thèmes ténors qu'il développa ultérieurement en théories et doctrines.

Georges-Edouard et Marie-Charlotte-Amélie Jeanneret avec leurs fils Albert et Charles-Edouard dans l'appartement de la rue Jacob-Brand 8 à La Chaux-de-Fonds.
Photo vers 1910, BV

Les voyages initiatiques et les premières réalisations de Charles-Edouard Jeanneret

Voyage en Italie (septembre à novembre 1907) Peu avant son départ, en 1906/07, Charles-Edouard Jeanneret avait déjà construit, dans sa ville natale, une sorte de première « synthèse des arts », avec l'architecte René Chapallaz, le sculpteur Léon Perrin (1886–1978) et le peintre André Evard (1876–1972) : une villa pour le joaillier Louis Fallet (1879–1956). Puis, sur le conseil de Charles L'Eplattenier à l'Ecole d'Art, il entama en septembre 1907, à l'âge de 20 ans, un voyage en Italie du Nord. A Florence, il rejoignit Léon Perrin, son ami et camarade d'études. Ensemble, ils parcoururent la Toscane, la Lombardie, la Vénétie. Jeanneret découvrit alors la Chartreuse d'Ema près de Florence, construite au XVe siècle, révélation et importante source d'inspiration pour ses futures « cellules à échelle humaine », ses immeubles-villas.

Séjour à Vienne (novembre 1907 à mars 1908) Début novembre 1907, Jeanneret et Perrin poursuivirent leur voyage en passant par la Dalmatie, la Croatie et la Hongrie pour se rendre à Budapest, où L'Eplattenier avait séjourné. Quelques jours plus tard, ils arrivèrent à Vienne en Autriche, dans une ville alors en pleine « révolution » artistique, pour y étudier les arts décoratifs. Ils y suivirent des cours de sculpture et de dessin chez Karl Stemolak[6], futur président de la Wiener Secession. Jeanneret rencontra l'architecte Josef Hoffmann de la Wiener Werkstätte, dont il se souvenait avec révérence dans un texte rédigé en 1929[7].

Durant son long séjour à Vienne, Jeanneret projeta deux villas pour La Chaux-de-Fonds, dont les plans définitifs furent signés en 1908 par lui-même et René Chapallaz : l'une au chemin de Pouillerel 6 pour un enseignant à l'Ecole d'horlogerie, Albert Stotzer-Fallet (1872–1939), et l'autre, au chemin de Pouillerel 8 pour un employé de l'industrie horlogère, Jules Jaquemet-Fallet (1873–1942).

Malgré tout assez déçu par son séjour à Vienne, handicapé par son manque de connaissances approfondies de la langue allemande, Jeanneret découvrit, avec peu d'enthousiasme, les réalisations de la Sécession. Il fit part à L'Eplattenier de ses préoccupations quant à son avenir et de ses intentions d'apprendre avant tout son métier, les techniques de construction, les matériaux et donc de se rendre plutôt à Paris qu'en Allemagne ou à Zurich[8].

La villa Fallet, réalisée en 1906–1907 à La Chaux- de-Fonds par Charles-Edouard Jeanneret, Léon Perrin et André Evard, étudiants au Cours supérieur de l'Ecole d'Art, et l'architecte René Chapallaz.
Photo 1907, BV

Paris (mars 1908 à décembre 1909) et stage chez les frères Perret (juillet 1908 à novembre 1909) C'est ainsi que le 15 mars 1908, Jeanneret et Perrin quittèrent Vienne pour Paris. Perrin fut engagé chez Hector Guimard et Jeanneret contacta, grâce à Eugène Grasset, l'agence d'architecture des frères Perret en avril 1908,

La villa Stotzer, réalisée en 1907–1908 à La Chaux-de-Fonds par Charles-Edouard Jeanneret et René Chapallaz.
Photo BV

où il fut employé de juillet 1908 à novembre 1909. Dès lors, Jeanneret recourut sans cesse aux conseils de ces architectes parisiens, en particulier pour se familiariser avec l'utilisation du béton armé. Il les interrogeait sur le mouvement moderne en art comme en architecture, sur les matériaux et les techniques. A la fois confidents, consultants, symboles d'autorité, les frères Perret supplantèrent rapidement l'influence de Charles L'Eplattenier. En mars 1910, à la veille de son voyage en Allemagne, Jeanneret reçut de ses employeurs parisiens un certificat fort élogieux sur sa collaboration à de nombreux travaux de l'agence en France et en Afrique du Nord[9].

Création des Ateliers d'art réunis en 1910, lors de son bref séjour à La Chaux-de-Fonds De retour à La Chaux-de-Fonds pour Noël 1909, Charles-Edouard Jeanneret créa au début de l'année suivante, avec L'Eplattenier et ses deux camarades de l'Ecole d'Art, Léon Perrin et Georges Aubert (1886–1961), l'association indépendante appelée les Ateliers d'art réunis, sur le modèle du Werkbund allemand et de la Wiener Werkstätte. Il conçut un projet de bâtiment, dont les ateliers-cellules, de composition géométrique, étaient rythmés par des espaces verts. Il s'était inspiré notamment de la Chartreuse d'Ema, mais aussi des pavillons d'art que Peter Behrens avait érigés pour l'exposition à Oldenburg en 1905.

Voyage en Allemagne (avril 1910 à mai 1911) et stage chez Peter Behrens (novembre 1910 à avril 1911) A la demande de L'Eplattenier et muni du certificat des frères Perret, Jeanneret entreprit en avril 1910 un long voyage en Allemagne. Il était chargé par l'Ecole d'Art d'y étudier le mouvement de l'art décoratif, qui fit l'objet de sa première importante publication en janvier 1912[10]. L'Eplattenier lui avait donné l'adresse de l'écrivain, peintre et critique d'art William Ritter (1867–1955) à Munich. Profondément impressionné par cette personnalité, Jeanneret se lia d'amitié avec lui et entretint une relation épistolaire féconde. Toujours à Munich, il rencontra l'architecte Theodor Fischer (1862–1938), président fondateur en 1907 du Werkbund allemand et disciple de l'urbaniste autrichien Camillo Sitte (1843–1903), dont Fischer avait adopté la pensée qu'il élargit et développa pour la diffuser ensuite en Allemagne. Fischer offrit à Jeanneret l'occasion de participer à la 3e assemblée annuelle du Werkbund allemand qui eut lieu en juin 1910 à Berlin. Après avoir visité les grandes expositions de l'année – la *Ton-, Zement- und Kalkindustrie-Ausstellung* et la *Allgemeine Städtebau-Ausstellung* –, Jeanneret se lança, poussé notamment par L'Eplattenier, dans l'écriture d'un livre sur « La Construction des villes », dans lequel il citait Fischer et Sitte. Il ne le publia cependant pas, non satisfait de sa formulation et de ses conclusions[11].

Durant son séjour en Allemagne, Jeanneret fit la connaissance du baron Günther von Pechmann, directeur de la *Vermittlungsstelle für angewandte Kunst*, de Wolf Dohrn, directeur effectif du Werkbund, et de Heinrich Tessenow (1876–1950), architecte de la cité de Hellerau près de Dresde et des bâtiments de l'institut Jaques-Dalcroze[12]. Charles-Edouard s'y rendit souvent pour voir son frère Albert (1886–1973), violoniste, qui y suivait des cours et y croisa le metteur en scène avant-gardiste genevois Adolphe Appia (1862–1928). A Berlin, Jeanneret rencontra entre autres Hermann Muthesius (1861–1927), puis il travailla du 1er

Peter Behrens, « Bootshaus » Elektra, Berlin, 1910. Charles-Edouard Jeanneret avait travaillé sur ce projet lors de son séjour dans le bureau de Behrens (1910–1911).
Tiré de : Fritz Hoeber, *Peter Behrens*, München : Georg Müller et Eugen Rentsch, 1913

novembre 1910 au 1er avril 1911 comme dessinateur dans le bureau de Peter Behrens à Neubabelsberg, où avaient aussi travaillé Walter Gropius (1883–1969) et Ludwig Mies van der Rohe (1886–1969). Il participa activement à la conception du « Bootshaus » ou « Yachtclub » Elektra à Berlin-Oberschöneweide, construit par Behrens en 1911 pour les employés de la *Allgemeine Elektrizitäts-Gesellschaft* (AEG).

Jeanneret entreprit ensuite un voyage d'études à travers l'Allemagne pour compléter ses recherches sur l'art décoratif. Bien que profondément influencé par ce pays, il n'en garda pas un bon souvenir, ni de Berlin ni de son stage chez Behrens, chichement payé dans l'agence située à 45 minutes en train de la capitale. Il s'en confiait amèrement aux frères Perret tout en leur exprimant la nostalgie de son séjour parisien[13].

Mais depuis février 1911 déjà, Jeanneret se préparait à une plus grande expédition : le voyage d'Orient, qu'il projetait d'effectuer en compagnie de l'historien de l'art suisse, puis marchand et expert en gravures, August Klipstein (1885–1951). Leurs premiers contacts remontaient à Munich en 1910, où Jeanneret lui donnait des cours de français. Leurs relations s'étaient rapidement muées en une fidèle et longue amitié[14].

Voyage d'Orient (juin à novembre 1911) Muni de son « appareil photographique perfectionné », un Cupido 80, et de l'inséparable *Baedecker*, Jeanneret effectua donc depuis Dresde une partie de son voyage d'Orient avec August Klipstein, du

Maison de campagne en Serbie, avec loggia et cour intérieure. Photographie de Charles-Edouard Jeanneret pendant son voyage d'Orient, 1911.
Photo Charles-Edouard Jeanneret, juin 1911, BV

La villa d'Este, Tivoli. Photographie de Charles-Edouard Jeanneret pendant son voyage d'Orient, 1911.
Photo Charles-Edouard Jeanneret, oct. 1911, BV

Abside de la basilique Saint-Pierre de Rome. Photographie de Charles-Edouard Jeanneret pendant son voyage d'Orient, 1911.
Photo Charles-Edouard Jeanneret, oct. 1911, BV

Charles-Edouard Jeanneret devant son « couvent » à La Chaux-de-Fonds, où il vécut de décembre 1911 à novembre 1912.
Photo 1912, BV

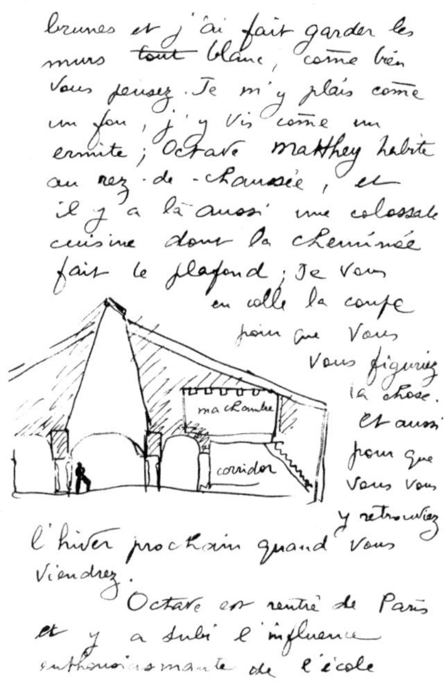

brunes et j'ai fait garder les murs ~~tout~~ blanc, come bien vous pensez. Je m'y plais come un fou, j'y vis come un ermite ; Octave Matthey habite au rez-de-chaussée, et il y a là aussi une colossale cuisine dont la cheminée fait le plafond ; Je vous en colle la coupe pour que vous vous figuriez la chose. Et aussi pour que vous vous y retrouviez l'hiver prochain quand vous viendrez.
Octave est rentré de Paris et y a subi l'influence enthousiasmante de l'école

Lettre de Charles-Edouard Jeanneret à August Klipstein du 18 décembre 1911, avec description et croquis de son « couvent ».
Archives Regula Bandi-Klipstein

27 mai au 27 septembre 1911, en passant par Prague et Vienne, traversant les Balkans pour aller à Istanbul puis à Athènes. Il poursuivit seul cette expédition en parcourant l'Italie, de Brindisi à Milan en passant par Naples, Rome, Pise et Gênes.

Ce voyage devait profondément et durablement le marquer. L'architecture vernaculaire orientale l'influença dans sa perception de l'habitat, de la nature, de la végétation, avec leurs couleurs, teintes et luminosités, composantes désormais indissociables dans sa pensée de constructeur, de « metteur en scène » du logis. Durant son voyage, Charles-Edouard avait en outre développé un amour particulier pour l'artisanat, cet « art décoratif local ». Entre Budapest et Belgrade il avait acheté plusieurs vases en céramique, qui seraient plus tard entre les objets les plus précieux de sa collection.

Retour à La Chaux-de-Fonds et sédentarisation contrainte De retour à La Chaux-de-Fonds le 1er novembre 1911, Jeanneret logea pendant un mois chez L'Eplattenier qui venait de créer la Nouvelle Section de l'Ecole d'Art, le chargeant, en son absence, d'un enseignement aux côtés de Léon Perrin et Georges Aubert[15]. Alors qu'il avait prévu de repartir au plus vite à Paris, il se trouva contraint à rester « dans ses sapins », pour donner douze heures de cours et également en raison de la santé physique et morale déclinante de ses parents. C'est ainsi qu'il se résolut à louer, début décembre, une chambre dans une vieille bâtisse, appelée le « couvent », dans laquelle il s'était fait aménager son espace. Il y retrouva son ancien camarade de l'Ecole d'Art, le peintre et verrier neuchâtelois Octave Matthey (1888–1969), admirateur de Cézanne, qui logeait au rez-de-chaussée. Dans une lettre à son « vieux Klip », il décrivait brièvement ce bâtiment avec une esquisse de sa coupe, tout en exprimant, une fois de plus, sa nostalgie de Paris : « Les premiers jours, les horizons si rapprochés me causaient une souffrance physique ; alors je montais sur Pouillerel, et de là, je voyais la plaine immense de la France, et je me montrais du doigt la direction de Paris. »[16]

C'est à cette époque que Charles-Edouard élabora les premiers plans de la maison qu'il envisageait d'édifier pour ses parents, sur cette même colline de Pouillerel, située au nord-ouest de la ville.

1912, année d'émancipation de Charles-Edouard Jeanneret, architecte et peintre Charles-Edouard réalisa cette construction en 1912, presque en même temps que la villa Favre-Jacot au Locle[17] et l'aménagement du foyer du Théâtre à La Chaux-de-Fonds.

En février 1912, Jeanneret ouvrit son propre bureau après s'être distancié de son ancien maître L'Eplattenier. Les divergences s'étaient aggravées progressivement au cours de ses voyages déjà, jusqu'à la rupture quelques mois après son retour, comme il l'expliquait dans une lettre à Klipstein en août de la même année : « C'en est fini entre L'Eplattenier et moi ! [...] Des concepts d'art trop divers, trop opposés ont peu à peu congelé toute sympathie. »[18]

L'admiration de Jeanneret allait infailliblement aux frères Perret, auxquels il demandait conseil, même pour ses compositions picturales architecturées. Car, parallèlement à son activité d'architecte, Jeanneret était peintre et dessinateur de formation. Il peignait beaucoup et sa façon d'appréhender l'archi-

La villa Favre-Jacot, réalisée en 1912–1913 au Locle par Charles-Edouard Jeanneret. Albert Jeanneret sur la terrasse du jardin.
Photo Charles-Edouard Jeanneret, BV

tecture procédait de son élan pour l'art pictural. Il participa à la IVe Exposition de la Section neuchâteloise de la Société des peintres, sculpteurs et architectes suisses qui eut lieu du 13 avril au 20 mai 1912 à Neuchâtel. Il y présenta quinze aquarelles de son « Langage de pierres » qu'il avait réalisées essentiellement sur l'Acropole, et une aquarelle intitulée « Intérieur ». Cinq de ces aquarelles, dont « Intérieur », furent exposées, du 1er octobre au 8 novembre de la même année, au Salon d'Automne à Paris, grâce à l'entremise des frères Perret.

Cette année prolifique était cependant assombrie par une grande déception : son projet d'Hôtel de Ville pour Le Locle ne fut pas retenu : « Fièrement j'avais affirmé le béton armé, dressé des murs civiques, des murs contemporains de la lutte acharnée du socialisme et du capitalisme. [...] Ils ne m'ont pas même pris en considération, les jurés ! Ils ont primé du ‹ Vieux Suisse › ! Oui, un avant-toit de métairie, saillant de ses poutres de bois, deux mètres en avant de petites fenêtres à meneaux bourguignon-bernois. Salade ! »[19]

Enfin, en novembre 1912, Jeanneret quitta son « couvent » pour emménager dans la nouvelle demeure, la Maison blanche, qu'il venait d'achever et où ses parents s'étaient déjà installés.

La débâcle et le départ définitif de Charles-Edouard Jeanneret à Paris en 1917 En 1913, Jeanneret se vit à nouveau refuser un mandat de grande envergure : la construction, au boulevard Léopold-Robert 102 à La Chaux-de-Fonds, d'un grand bâtiment, comprenant fabrique et bureaux pour Paul Ditisheim, un important fabricant de montres et de chronomètres. Il s'était inspiré du concept constructif du Théâtre des Champs-Elysées que les frères Perret venaient d'édifier à Paris.

L'année suivante, il eut l'opportunité de projeter une cité-jardin de cent vingt maisons à implanter à La Chaux-de-Fonds pour le promoteur immobilier suisse Arnold Beck, qu'il avait rencontré à Athènes. Ce projet, conçu dans l'esprit de la cité de Hellerau, resta également sans suite, avant tout en raison de la guerre[20].

Durant les années de conflit mondial, marquées notamment par la crise dans le secteur immobilier, Jeanneret développa son nouveau concept de construction qu'il appela, dès 1915, la maison « Dom-ino », un système d'ossature standard indépendant des fonctions du plan et qu'il envisageait de produire en série à grande échelle pour parer aux démolitions dues à la guerre. En 1915, on lui proposa deux constructions à Worms sur le Rhin qu'il rejeta cependant caté-

La villa Schwob, ou Turque, réalisée en 1916–1917 à La Chaux-de-Fonds par Charles-Edouard Jeanneret. Vue de l'est.
Photo 1920, FLC

goriquement pour des raisons politiques[21]. La même année, il participa encore au concours pour l'édification du pont Butin à Genève, mais, à son grand dam, l'exécution ne lui fut pas confiée. Ainsi fut-il contraint de s'intéresser essentiellement au mobilier.

En 1916, il réalisa dans sa ville natale, non sans graves problèmes financiers suivis de procès, le cinéma de variétés de mille places, La Scala, et la maison Schwob, communément appelée la villa turque, pour un entrepreneur de l'industrie horlogère, Anatole Schwob (1874–1932). L'enchantement de la cousine de Schwob lors de sa visite de la Maison blanche n'est peut-être pas étranger à cette commande.

Finalement, son projet caressé de longue date se concrétisa et Charles-Edouard Jeanneret s'établit définitivement à Paris, fin septembre 1917.

Amédée Ozenfant, Albert et Charles-Edouard Jeanneret dans le studio de ce dernier au 1er étage de la villa Jeanneret-Perret. Photo fin août 1919, BV

Le déménagement des parents aux Châbles en 1919 Jeanneret – qui avait désormais opté pour le pseudonyme Le Corbusier – rendit plusieurs fois visite à ses parents, jusqu'à leur déménagement aux Châbles, au-dessus de Vevey, en octobre 1919. Le 24 août 1919, il vint de Paris avec son ami peintre, Amédée Ozenfant (1886–1966)[22], qui y resta jusqu'au 4 septembre et dont ce fut le premier séjour à la Maison blanche. Le 26 août, ils visitèrent le chalet aux Châbles pour se faire une idée du futur logement des parents de Le Corbusier.

Le déménagement, qui eut lieu entre le 25 et le 29 octobre, ne se fit pas sans problèmes, incidents et accidents, dus à la quantité de meubles (malgré le fait que les parents en eussent vendu à Jeker, acquéreur de leur maison), aux chutes de neige et à la longueur du trajet[23]. Au départ, un des piliers du portail et une balustrade de la demeure située en face de la Maison blanche furent emboutis. Il s'agissait de la propriété du peintre William Aubert (1856–1942), père de Georges, peintre, sculpteur, dessinateur et ami d'enfance de Le Corbusier. En outre, le célèbre piano à six pieds de Marie-Charlotte-Amélie Jeanneret fut endommagé lors du transport.

Aux Châbles, les parents de Le Corbusier, désormais simples locataires, subirent des inconvénients semblables à ceux qu'ils avaient connus à la Maison blanche. Le chalet était trop grand et présentait de récurrents problèmes d'alimentation en eau. Le Corbusier décida donc, en 1923, de leur construire une seconde maison, à Corseaux près de Vevey[24]. Ils y emménagèrent le 23 décembre 1924 ; le père y décéda le 13 janvier 1926 et la mère y vécut jusqu'à sa mort dans sa centième année, le 15 février 1960, avec Albert, le frère aîné de Le Corbusier.

La villa Jeanneret-Perret surplombant la villa du peintre William Aubert, père de Georges, dessinateur, peintre, sculpteur et ami d'enfance de Charles-Edouard Jeanneret.
Photo avant 1919, BV

Les propriétaires successifs de la Maison blanche et l'usage qu'ils en firent

En près de cent ans d'existence, la Maison blanche a peu changé de propriétaires [25], mais elle a subi de nombreux dégâts, ayant été laissée à l'abandon à plusieurs reprises.

Les parents de Le Corbusier, premiers propriétaires de la Maison blanche Le 29 octobre 1912, les parents de Charles-Edouard emménagèrent dans la maison que ce dernier venait de terminer à la rue de la Montagne 30b, à l'actuel chemin de Pouillerel 12. Selon le journal du père, ils furent toutefois obligés, à cause de travaux divers ou « congés donnés à la bonne », de séjourner à plusieurs reprises chez les Stotzer [26].

Malgré les problèmes d'ordre technique, la demeure foisonna de visiteurs. En effet, la disposition en enfilade des pièces du rez-de-chaussée permettait de recevoir beaucoup de monde. Le Corbusier prétendait même pouvoir réunir facilement cent trente personnes pour les auditions musicales de sa mère et de son frère, ce dernier logeant au 1er étage, dans la pièce centrale mansardée ajourée de la lucarne au sud-est. Les Jeanneret organisèrent des concerts et reçurent notamment Emile Jaques-Dalcroze. Charles-Edouard y fit venir de nombreux collègues artistes et architectes qui se retrouvaient surtout dans son

L'atelier de Georges-Edouard Jeanneret, père de Charles-Edouard, dans le soubassement de la villa Jeanneret-Perret.
Photo avant 1919, BV

atelier au 1er étage côté nord-ouest, sous la verrière zénithale carrée ouvrante et dont l'apport de lumière était assuré par une baie vitrée ménagée dans le pan de la toiture. Au centre du soubassement, dont les fenêtres donnaient sur la ville, le père avait son atelier de dorure et de gravure qui pouvait réunir jusqu'à trois ouvriers.

Les parents demeurèrent ainsi dans la Maison blanche jusqu'à la fin d'octobre 1919. Ils étaient alors âgés de 64 et de 59 ans. Usés par les soucis financiers – le père se plaignant dans son journal de ne pas pouvoir suffisamment s'approvisionner en coke –, ils étaient exténués par l'entretien de cette trop grande maison et du jardin continuellement dévasté par les intempéries et des conditions climatiques particulièrement rudes sur cette colline de la ville la plus haute d'Europe, située à 1000 mètres d'altitude.

L'éphémère propriétaire Fritz-Ernst Jeker entre 1919 et 1922 Ce fut donc avec soulagement que Georges-Edouard Jeanneret quitta La Chaux-de-Fonds, d'autant qu'il avait signé le 21 juillet 1919 la promesse de vente à Fritz-Ernst Jeker, industriel associé de la Record Dreagnouth Watch Co S.A., que l'avocat Tell Perrin lui avait trouvé comme acquéreur[27]. Dans son journal, il exprimait son enthousiasme quelque peu excessif, leurré par l'affabilité de Jeker[28]. En fait, Jeker ne paya pas, sinon au compte-gouttes, et ne s'acquitta pas du règlement des meubles qui lui avaient été vendus. Ce litige dura de nombreux mois. Alors qu'il devait encore 34'000 francs environ et que les traites étaient refusées par les banques, une poursuite juridique fut entamée en septembre 1921. Mais Jeker avait quitté La Chaux-de-Fonds et la maison fut laissée à l'abandon. Finalement, Jeker et sa famille furent arrêtés pour contrebande en Allemagne. Cet événement entraîna la suspension du procès, puis son annulation en décembre. La vente des actions de la Record rapporta 23'000 francs à Georges-Edouard Jeanneret, mais divers créanciers de Jeker exigèrent des saisies sur l'immeuble.

Quatre actrices de la troupe de théâtre les Tréteaux d'Arlequin créés par Jacques Cornu en 1941 posant dans le salon, la «matrice» de la maison, sous la tapisserie « L'Arlequin » de Claude Loewer.
Photo Fernand Perret, 1960, archives Catherine Courtiau

La famille Welti/Cornu, propriétaires de 1922 à 1988 Ce triste épisode se solda par la vente aux enchères de la maison, le 15 mai 1922, au prix de 38'000 francs, à Jean-Ernest Welti de Neuchâtel, directeur du Bureau fédéral des assurances accidents. Edmée, la fille de Jean-Ernest et d'Elisabeth[29], épousa le 8 septembre 1932 Jacques Cornu, docteur en droit, avocat et notaire[30], et le couple y logea pendant plusieurs décennies.

Les Welti, approchant alors respectivement de leurs 64 et 58 ans, transférèrent le domaine à leur fille Edmée, le 21 janvier 1944. Cette dernière consentit, en faveur de ses parents jusqu'au décès du dernier survivant, un droit d'habitation dans une partie du bâtiment. Ils pouvaient ainsi occuper l'étage inférieur, comprenant une grande pièce, cuisine et toutes les dépendances du bâtiment[31]. Dans la notice de vente à Jeker en 1919, il était en effet précisé que le soubassement était affecté à un atelier de trois pièces, pouvant être éventuellement transformé en appartement de concierge ou de jardinier, « étant donné que les trois pièces sont excavées »[32].

Les parents d'Edmée quittèrent La Chaux-de-Fonds, le 20 septembre 1946 déjà, pour Corseaux, non loin de la Petite maison construite par Le Corbusier pour ses parents et où vivaient sa mère et son frère. Les Welti et les Cornu ne

La baie vitrée du Salon sur la façade sud-est, le « nombril » de la maison, avec son encadrement en mosaïque de l'artiste hongroise Mati Val, 1964–1965.
Photo FLC (détail)

rencontrèrent jamais Le Corbusier et ne connurent sa notoriété que dès les années 1930[33].

Jacques Cornu avait fondé, en 1941, la troupe de théâtre les Tréteaux d'Arlequin, pour réunir de l'argent en faveur de la Croix-Rouge. Les acteurs étaient tous amateurs, issus de la bonne bourgeoisie locale. Les répétitions avaient lieu dans la Maison blanche. Avant la création du Théâtre Saint-Louis, la pergola du jardin supérieur servait en été de scène aux représentations. Celles-ci furent données, en hiver, dans le salon du rez-de-chaussée[34]. Edmée Cornu, elle aussi comédienne, confectionnait les costumes de la troupe dans l'ancien atelier de Georges-Edouard Jeanneret. Les décors étaient réalisés par Léon Perrin, ami de Charles-Edouard, puis par Paul Seylaz et enfin par Claude Loewer[35].

Jacques Cornu, ami du peintre Georges Aubert, camarade d'études de Le Corbusier et voisin de la Maison blanche, avait été en outre très actif lors de la construction du Musée de La Chaux-de-Fonds et recevait dans sa demeure ses protagonistes et des artistes de tout genre. Il avait aménagé sa bibliothèque dans l'ancien atelier de Le Corbusier au 1er étage sous la grande verrière zénithale.

En 1964/65, une amie d'Edmée Cornu, l'artisane et artiste Mati Val[36], orna d'une mosaïque l'encadrement de la grande baie vitrée à quatre pans du salon au rez-de-chaussée côté sud-est[37].

Triste intermède et rachat en l'an 2000 par l'Association Maison blanche Au décès de l'avocat Jacques Cornu en 1985, le théâtre des Tréteaux d'Arlequin baissa définitivement son rideau et la propriété fut vendue par sa veuve Edmée, le 13 décembre 1988, aux frères Reinhard et Joseph Borer, de Bâle. Dès lors, la maison, victime de la spéculation immobilière, resta partiellement inoccupée, bien qu'un certain Michel Jacot en était le locataire jusqu'à fin 1995. Après avoir été abandonnée pendant cinq ans, elle fut achetée par l'Association Maison blanche[38] à la société simple Borer & Borer, le 7 juillet 2000, dans le but de la restaurer et de la réhabiliter.

Inauguration en 2005 de la Maison blanche restaurée Après d'importants et savants travaux de rénovation, la maison et ses jardins furent inaugurés en octobre 2005. La Maison blanche, classée monument historique en 1979, a été placée sous le patronage de la Commission suisse pour l'Unesco. Elle est à présent inscrite sur la liste des œuvres de Le Corbusier retenues par la Suisse pour figurer au patrimoine mondial.

Aujourd'hui, perpétuant une de ses fonctions récurrentes, celle de maison de la culture – musicale et théâtrale – et de rencontres, elle s'ouvre au public et aux institutions les plus diverses.

La pergola de la chambre d'été, envahie par la végétation avant les travaux de restauration.
Photo Peter Wullschleger, 2002

La villa Jeanneret-Perret vue du sud-est, avec le jardin inférieur en terrasses et la chambre d'été.
Photo mai/juin 1913, BV

La villa Jeanneret-Perret vue du nord-est.
Photo avant 1919, BV

La Maison blanche, son site et sa configuration

Le site La Maison blanche[39] domine la ville de La Chaux-de-Fonds et jouit d'une remarquable vue panoramique. Elle se trouve au chemin de Pouillerel 12, à proximité des villas L'Eplattenier (nº 2), Fallet (nº 1), Stotzer (nº 6) et Jaquemet (nº 8). Elle fut édifiée sur un fonds que les Jeanneret avaient acheté en 1909 à un prix très bas, inhérent à la proximité d'une ancienne carrière, au terrain accidenté et à son éloignement de la ville.

La maison et ses jardins vinrent s'insérer entre le chemin de Pouillerel et l'orée de la forêt qui les couronne, sur un terrain en forte déclivité. La propriété est accessible depuis le chemin de Pouillerel par un petit portail qui donne, après quelques marches, sur un sentier assez pentu[40] qui sillonne le jardin inférieur. Ce sentier mène à une petite esplanade située devant la façade sud-est et à l'ouverture pratiquée dans la partie convexe du mur qui délimite le jardin supérieur, permettant d'accéder à l'entrée située dans le soubassement au sud-ouest de la maison et, par l'escalier adossé à la courbe intérieure du mur, au jardin supérieur. De là, on atteint l'entrée située sur la partie avancée de la façade arrière, ou nord-ouest.

D'après le journal de Georges-Edouard, le premier coup de pioche fut donné le 17 avril 1912. Les plans d'exécution n'étaient pas encore prêts et ne furent du reste jamais établis, puisque le jeu de plans déposés le 2 mai 1912 à la Police des constructions de La Chaux-de-Fonds, datés de mars/avril de la même année et signés par Charles-Edouard Jeanneret, ne correspondent pas exactement à la réalisation. Les changements apportés eurent lieu en cours de construction. Toujours grâce au journal du père, nous savons que le 30 avril 1912, la maison sortait de terre, que les fondations étaient avancées et que le difficile emménagement eut lieu le 29 octobre, celui de l'atelier le 1er novembre 1912.

La petite esplanade en contrebas de la façade sud-est, avant la pose de la balustrade métallique de la chambre d'été.
Photo mai 1913, BV

Les escaliers menant à la chambre d'été ou jardin supérieur.
Photo avant 1919, BV

La villa Jeanneret-Perret vue du sud-est, avec le pavillon d'angle encore dépourvu de sa toiture.
Photo mai/juin 1913, BV

La porte de cette entrée supérieure – dotée d'une belle poignée en forme de lézard – est accessible par le passage à ciel ouvert qui longe une partie de la façade nord-ouest. Ce passage était à l'origine clôturé par une barrière métallique posée parallèlement au mur de la maison. La porte d'entrée fait face à une ouverture en plein cintre qui donne sur la pergola du jardin supérieur, abritée par un « auvent » horizontal presque carré. Cette ouverture était jadis fermée par un portail en bois à deux battants. Pour faciliter l'accès à la maison et à la porte d'entrée supérieure, un chemin carrossable, prévu par les servitudes, fut créé en 1912 au nord-ouest du domaine, longeant la forêt.

Une nouvelle parcelle de forêt de 750 m^2 fut acquise le 6 octobre 1917 pour mettre le bâtiment à l'abri des vents du nord, mais aussi d'éventuelles explosions d'une carrière[41]. Cette dernière, exploitée par la Société des Armes Réunies et qui avait permis d'acquérir le terrain à bon compte, suscita en effet le mécontentement de Georges-Edouard qui déposa une plainte en octobre 1913 au Conseil communal. Le litige dura jusqu'en septembre 1915 en tous les cas, mais aucun dégât réel ne fut constaté sur la maison et l'exploitation de la carrière s'éloigna progressivement vers le nord-est.

Vue depuis la chambre d'été, avant l'aménagement de la pergola, en direction du passage à ciel ouvert longeant la façade nord-ouest et l'entrée supérieure.
Photo hiver 1912/1913, BV

L'ouverture en plein cintre avec son portail en bois à deux battants, vus depuis le passage longeant la façade nord-ouest en direction de la chambre d'été.
Photo avant 1919, BV

La poignée en forme de lézard de la porte d'entrée supérieure.
Photo FLC

La chambre d'été, avant la pose de la toiture sur le pavillon d'angle.
Photo 1913–1914, BV

La chambre d'été ou jardin supérieur avec la pergola et le jardin en terrasses Le plan central de la maison fut agrémenté, côté sud-ouest, du jardin supérieur formant un carré, ponctué en son extrémité de deux pavillons. Cette chambre d'été fut partiellement entourée d'un treillis en bois et la pergola adossée aux pans ajourés surmontant le mur la séparant du sentier d'accès au nord-ouest.

Les divers documents nous permettent de déduire que la balustrade côté sud-est, la pergola en bois, le dallage de brique rouge formant une croix, créant quatre parterres carrés, et les treillis du jardin supérieur furent aménagés en avril 1913. Quant à la pose de la toiture surmontant le pavillon sud de la chambre d'été et la plantation des arbres dans ce même jardin, ils ont été effectués en août ou septembre 1914, probablement avec l'aide d'éléphants « allemands » appartenant à un cirque qui était resté bloqué à La Chaux-de-Fonds en raison de la déclaration de la Grande Guerre[42].

Les éléphants « allemands », bloqués à La Chaux-de-Fonds en raison de la déclaration de guerre, servant à charrier des matériaux.
Photos août/septembre 1914, BV

Charles-Edouard Jeanneret, ses parents et son frère Albert au pavillon d'angle de la chambre d'été.
Photo vers 1915–1916, BV

La façade sud-est, le jardin inférieur et le pavillon d'angle de la chambre d'été.
Photo après août/septembre 1914, avant 1919, FLC

Le pavillon d'angle de la chambre d'été avec sa toiture.
Photo après août/septembre 1914, avant 1919, BV

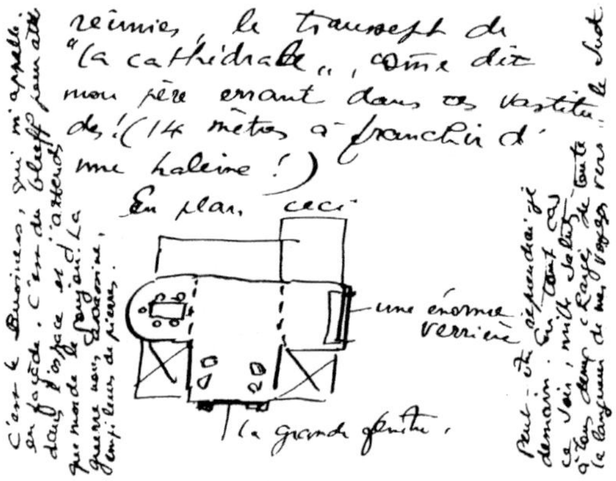

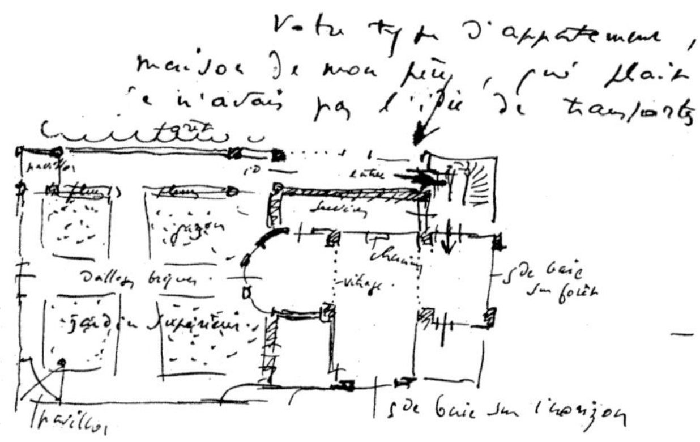

Croquis du plan de la villa Jeanneret-Perret figurant dans la lettre de Charles-Edouard Jeanneret à William Ritter du 10 février 1913.
BN, Archives littéraires suisses (ALS), Fonds William Ritter

Croquis du plan de la villa Jeanneret-Perret figurant dans la lettre de Charles-Edouard Jeanneret à Auguste Perret du 20 juin 1916.
IFA, Fonds Perret

Cette chambre d'été fut transformée par la suite, alors que la propriété appartenait à la famille Cornu. Le pavillon au sud, les treillis en bois et la pergola, également en bois, furent démolis et remplacés par des éléments en ciment et en pierre. La disposition des plantations fut supplantée par une sorte de jardin à l'anglaise. Ces interventions trahirent l'objectif de l'architecte qui avait aspiré à la création d'un enclos à la fois ajouré et circonscrit, un atrium.

Quant au jardin en terrasses sur le versant sud-est de la colline, il a subi de nombreuses interventions, réaménagé au gré des envies, des possibilités et des besoins. Pendant les deux guerres mondiales, une grande partie de ce jardin fut transformée en potager.

Lors de la dernière restauration, l'état d'origine du jardin supérieur a été reconstitué et le jardin inférieur réaménagé.

Le volume, le plan, la distribution, un laboratoire de concepts architecturaux La maison, de plan rectangulaire, est supportée par les murs extérieurs et quatre piliers centraux de 50 × 60 cm. Elle comprend sous-sol, rez-de-chaussée, un étage et des combles aménagés en mansardes. Le bâtiment forme en plan un T qui rythme l'ensemble de la distribution et dont l'axe ou le « transept de la cathédrale », comme dit Jeanneret, est doublé au nord-ouest par une travée parallèle, séparant ainsi les pièces de réception et les locaux de services en deux secteurs bien distincts.

La maison se présente comme un cube compact, du moins du côté sud-est, avec un décrochement au nord-ouest réservé à l'entrée et aux escaliers intérieurs, dont la moitié du volume empiète sur le ravin. Le soubassement est relié au rez-de-chaussée par des escaliers en granit à une volée, les niveaux supérieurs par des escaliers en bois.

Le tout est surmonté d'une toiture largement débordante, sauf au nord-est et au nord-ouest, épousant ces diverses articulations.

La souplesse du plan avec la double axialité et la structure ouverte de l'aménagement intérieur annonçait déjà le concept de construction que Jeanneret développa dès 1915 dans ses maisons « Dom-ino ». Au rez-de-chaussée, l'antichambre, le salon et la salle à manger, séparés par des portes vitrées, permettent de créer une belle enfilade axiale donnant sur le jardin supérieur ou chambre d'été, par les portes-fenêtres disposées en hémicycle. Pour reprendre les termes de Jeanneret et son emprunt à la terminologie de l'architecture religieuse ainsi réinterprétée, le « transept » se terminait au sud-ouest par une sorte d'« abside » ou « cul-de-four » s'ouvrant sur le « cloître ».

A la Maison blanche, il avait ainsi introduit la notion d'une architecture-paysagiste préfigurant la « promenade architecturale », conceptualisée en 1923–1925 dans l'ouvrage *Vers une architecture* et concrétisée la même année à la villa La Roche/Jeanneret à Paris. Le concept de la nature devenant partie intégrante de la maison, de « faire du dehors un dedans », y fut déjà expérimenté par l'assujettissement du paysage environnant à la composition architecturale en créant une « acoustique plastique ».

Dans son courrier à Auguste Perret de mars 1913, Jeanneret explicitait ses intentions, tant du point de vue du concept de « promenade architecturale » que des couleurs, en précisant l'attribution des divers espaces : « Du moins avons-nous le matin le réveil des oiseaux et à travers le linon blanc [les voilages] des nombreuses et grandes fenêtres, des horizons rapprochés ou éloignés forment tapis de feuillage ou vaste champs de nuages, suivant qu'on regarde à l'est, au sud ou à l'ouest. [...] Les murs ont la sérénité de leur crépi blanc et l'on mange bien dans le blanc et l'on y dort tranquille avec le bleu d'un plancher. La pièce où l'on cause [au rez-de-chaussée côté sud-est, le salon] et se tient a sa grande baie placée comme le nombril de la maison. [...] Des parois vitrées tombent à l'occasion, donnant quatorze mètres de parcours [le « transept de la cathédrale »], dont l'extrémité est, à l'est, un immense vitrage situé sur l'à-pic d'une carrière,

La façade sud-ouest et la chambre d'été avant la pose de la pergola.
Photo avant mai 1913, BV

Croquis des façades, de détails et de plans de la villa Jeanneret-Perret, 1912 (*Carnet bleu*, *T-71*, p. 3).
FLC

dans lequel s'encadre, vis-à-vis, la majestueuse forêt de sapins qui nous abrite des vents. Cézanne peindrait, de là, l'étrange stratification de la carrière abandonnée, au fond. A l'autre bout, trois portes fenêtres d'un cul-de-four s'ouvrent sur un jardin carré, juché sur une haute terrasse [...]. De la chambre de mon père et de ma mère, à l'étage [côté sud-est, au-dessus du salon], sur ce flanc élevé de montagne, on voit toute la chaîne des monts par les quatre fenêtres qui se touchent, formant galerie sous un long avant-toit plat de plâtre qui limite le ciel et semble diriger la vue plus loin. Dans ma chambre [l'atelier situé au 1er étage, au nord-ouest], la lumière est au plafond : un grand carré de verre mat qui empêche de voir le bout du grand sapin qui s'agitait cet été alors qu'on bâtissait. Ça a, chez moi, le nu austère d'une clinique ou d'un cloître. »[43]

La cheminée du salon, l'âtre de la maison.
Photo Etienne Chavanne, 1962

Charles-Edouard Jeanneret avait en outre aspiré à une « disposition utile du plan » et cherché à appliquer la traditionnelle Règle d'or qu'il développa à la fin des années 1940 pour créer son « Modulor », publié en 1950 et en 1955. Il s'agissait d'élaborer les principes de la « mesure harmonique à l'échelle humaine applicable universellement à l'architecture et à la mécanique ». En vue de la vente de la maison à Jeker en 1919, Le Corbusier conseillait donc « de laisser les choses en l'état, étant donné que les proportions de toutes les pièces ont été étudiées de très près et que certaines des pièces obéissent, même par leur proportion, à certaines lois de l'architecture complètement perdues aujourd'hui et qui ont été employées autrefois dans les grandes époques d'art de l'antiquité (rapport numérique, largeur, profondeur, hauteur) »[44].

Le linteau ornemental de la cheminée du salon, dessiné par Charles-Edouard Jeanneret en 1913 (déposé vers 1992).
Photo Françoise Rapin

L'âtre de la maison Le noyau de ces tracés est ponctué par la belle cheminée en faïence blanche que Charles-Edouard avait dessinée. Située dans le salon, elle est entourée, au sol, de carrelages, dont le jeu des couleurs met avantageusement en valeur le contraste avec sa blancheur. Chaque piédroit forme une niche en céramique verte. Rappelons cependant que, malheureusement, son linteau ornemental polychrome a disparu vers 1992 déjà, suite à sa dépose par le locataire de l'époque, Michel Jacot[45], dans l'intention de le réparer, mais qui renonça finalement à le remettre en place pour des « raisons techniques ». Malgré des recherches, il n'a toujours pas été retrouvé.

Le linteau disparu, signé « Ch.E. Jt » et daté « 1913 », représentait une corne d'abondance, symbole de richesses inépuisables offertes à l'homme, d'où s'échappent des fleurs, jouxtée à gauche d'un oiseau mort et à droite d'un oiseau volant, les oiseaux représentant dans l'iconographie le plus souvent un pouvoir de communication entre terre et ciel. La corne d'abondance, symbolisant aussi la vertu de l'Espérance, est l'attribut de Flore, patronne des fleurs dans la Rome antique, et de Fortuna, déesse de la Chance.

Les façades Toutes les façades sont parfaitement distinctes les unes des autres et rythmées par des ouvertures très variées qui répondent aux fonctions des espaces intérieurs. La façade nord-ouest avec son décrochement est dépourvue d'un niveau qui est enfoui dans la colline. Sur la façade nord-est, le corps en porte-à-faux largement vitré au rez-de-chaussée supporte le seul balcon de la maison au 1er étage. La façade sud-ouest, également dépourvue de soubassement, forme en son centre un hémicycle vitré. Enfin, la façade sud-est, en quelque sorte la façade d'apparat donnant sur le jardin inférieur et la ville, est percée dans le soubassement de trois fenêtres verticales flanquées à gauche d'un oculus. Au rez-de-chaussée, la grande baie vitrée à quatre pans du salon est jouxtée de deux piliers et surmontée d'une sorte d'entablement. Le 1er étage est ajouré, sur toute la largeur, d'une rangée de huit fenêtres, prémices des fameuses fenêtres en longueur de Le Corbusier, un des cinq points d'une architecture nouvelle énoncés en 1927. Ces fenêtres, dont la structure se poursuit sur une partie de la façade sud-ouest, sont placées en retrait de la façade et rythmées par des colonnes extérieures en béton, dont le coffrage vertical semble avoir été effectué dans le jardin. Les niveaux sont surmontés d'un cordon qui court sur les façades sud-ouest et sud-est, soulignant le 1er étage. Certains angles de la maison sont accentués par des colonnes engagées ne couvrant pas toute la hauteur, comme par exemple sur le décrochement du corps de bâtiment au nord-ouest, mais soulignant plutôt à la verticale certains corps précis du l'édifice.

La chambre à coucher des parents Georges-Edouard et Marie-Charlotte-Amélie au 1er étage côté sud-est.
Photo avant 1919, BV

Au sujet du blanc des façades Les façades de la maison étaient à l'origine entièrement blanches puis les encadrements de fenêtres à l'étage et celui de la baie vitrée centrale du rez-de-chaussée furent recouverts, peu après la construction en 1912, d'une peinture de tonalité plus foncée. Fort mécontent de l'effet que cela provoquait, rompant avec le cube auquel il aspirait, Jeanneret les fit repeindre en blanc au printemps ou été 1913, comme en témoignent les textes de l'époque. Albert Jeanneret en fit poétiquement l'éloge dans une lettre à ses parents datée du 19 novembre 1913 : « et j'ai pensé à notre maison, toute blanche, sous la lune, et j'ai béni Edouard de ce qu'il ait voulu cette blancheur. Et je le bénirai de vouloir un jour une maison noire dans des falaises de chaux, ou petite et rose dans des frondaisons de feuillets. »[46]

La villa Jeanneret-Perret vue du sud.
Photo hiver 1912/1913 (détail), BV

Vue de la façade sud-ouest après la pose de la pergola.
Photo avant 1919, BV

Croquis d'une maison de campagne en Roumanie réalisé par Charles-Edouard Jeanneret lors de son voyage d'Orient en 1911 (*Carnet 1*, Orient, f° 64).
FLC

Le toit A l'origine, le toit était recouvert de plaques en Eternit. Charles-Edouard Jeanneret témoignait d'un grand intérêt pour ce matériau. L'Eternit avait été commercialisé en 1903 et Charles L'Eplattenier l'avait déjà utilisé pour couvrir le crématoire de La Chaux-de-Fonds qu'il avait construit en 1909.

Lors de son voyage à Istanbul en été 1911, Jeanneret avait noté dans son carnet : « Ce qui fait le grand charme de la pointe du Sérail c'est l'unique couleur grise dans le vert des arbres due aux toitures de plomb (on ferait quelque chose avec de l'Eternit). »[47] De retour en Suisse, il visita en mai 1912 la fabrique d'Eternit dans le canton de Glaris, à Niederurnen. Dans son Etude sur le mouvement d'art décoratif en Allemagne, il relatait notamment les controverses entre Heimatschutz et Werkbund, entre les fabricants de tuiles et ceux d'Eternit[48].

Ce toit en Eternit fut cependant entièrement refait en tuiles dans les années 1940 par le couvreur Costé. L'arrondi épousant l'hémicycle de la façade sud-ouest fut remplacé par des arêtiers en tuiles. La lucarne en trapèze côté sud-est céda la place à une plus grande lucarne rampante. Le Corbusier fut scandalisé par cette intervention massive et en fit part dans une lettre qu'il adressa le 25 juillet 1960 à l'architecte Angelo Mangiarotti, à Milan, à propos d'une photo que ce dernier venait de publier dans la revue *Domus*.

Inspirations et influences

Charles-Edouard Jeanneret avait puisé dans diverses sources, croisé et mélangé des éléments ou concepts qui ne devaient pas nécessairement s'harmoniser, mais qui ont pourtant engendré des structures équilibrées et un ensemble hors du commun.

Il ne fait aucun doute que Jeanneret inscrivit dans la Maison blanche ses impressions ramenées de son voyage d'Orient – des Balkans, de Grèce et d'Istanbul, puis d'Italie. Il avait surtout été marqué par les jardins suspendus, par les pergolas, les atriums qu'il avait tant admirés. Il les photographia et en fit de nombreux croquis dans ses carnets[49]. En décembre 1911, Jeanneret demanda à Klipstein de lui envoyer « au plus vite soit les clichés, soit les copies au bromure [...] des Balkans, Knajewatz, Radejevatz, couvents Bucarest, Kasanlik et surtout terrasse du Skite Sainte-Anne [couvent du Mont-Athos]. J'en ai besoin pour une villa dont je fais les projets actuellement »[50].

Dans le jardin supérieur de la Maison blanche, la disposition de la muraille latérale peut rappeler le dessin et le commentaire que Jeanneret fit au sujet du grand mur du jardin d'Adrien à Tivoli[51]. La chambre d'été de la Maison blanche fut partiellement entourée d'un treillis en bois, tel qu'il en avait vu par exemple à Pompéi, à l'*Albergo del Sole*[52], ou à la maison de Salluste avec son atrium et ses pavillons[53]. Avec le dallage en brique rouge séparant les quatre parterres, le jardin devenait à Pouillerel une sorte d'« atrium » ou de « cloître ». En fait, Charles-Edouard avait vu le sentier dallé de briques, entre haie de buis, dans le cloître de la Chartreuse d'Ema[54].

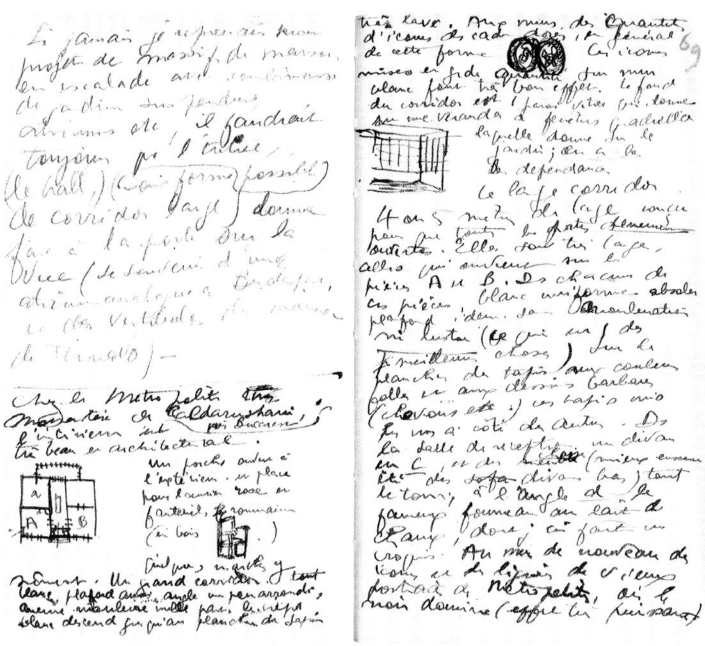

Notices et croquis réalisés par Charles-Edouard Jeanneret durant son voyage d'Orient en 1911, notamment lors de sa visite du monastère de Căldăruşani près de Bucarest en Roumanie (*Carnet 1*, Orient, f°s 68–69). FLC

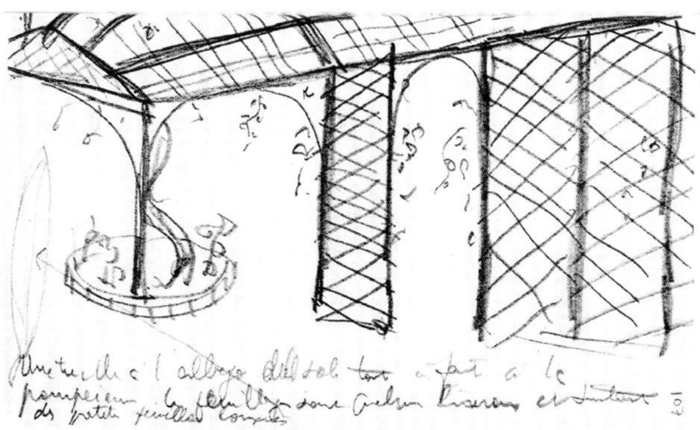

Croquis de la pergola de l'Albergo del Sole à Pompéi, auberge dans laquelle Jeanneret logea lors de son voyage d'Orient en octobre 1911 (*Carnet 4*, Orient, f° 107). FLC

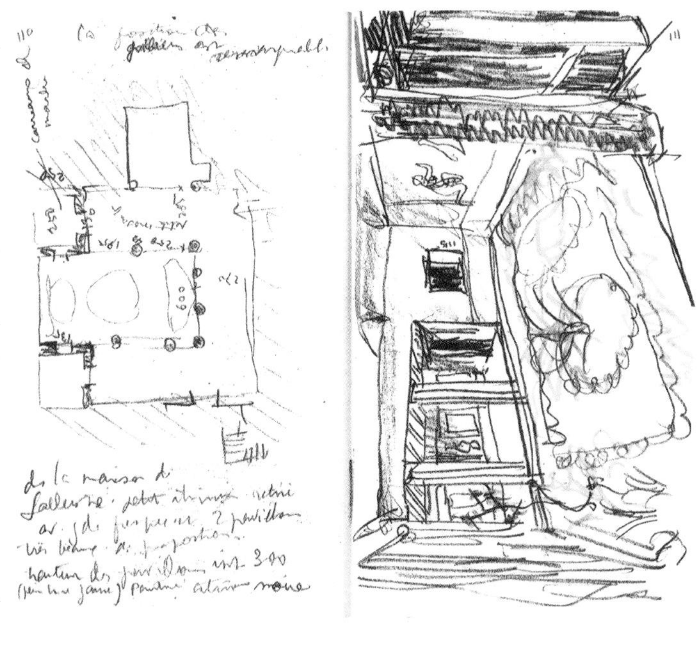

Plan, notice et croquis du petit atrium de la maison de Salluste à Pompéi, réalisés par Charles-Edouard Jeanneret durant son voyage d'Orient en 1911 (*Carnet 4*, Orient, f°s 110–111). FLC

Ses précédents voyages ne l'avaient pas pour autant laissé indifférent. Les colonnes engagées en façades, motif architectural utilisé ici en guise d'agencement des surfaces du bâtiment, la salle à manger en hémicycle, la pergola, sont autant d'éléments présents dans l'œuvre du Viennois Josef Hoffmann que Charles-Edouard tenait en haute estime. Citons pour exemples les maisons que Hoffmann avait construites à la *Hohe Warte* à Vienne, pour Hugo Henneberg en 1900–1901, pour Alexander Brauner en 1905–1906, pour Helene Hochstetter en 1906–1907 ou pour Eduard Ast en 1909–1911. A l'image des colonnes engagées de Jeanneret, Hoffmann avait utilisé des profilés métalliques comme cadres décoratifs au Palais Stoclet à Bruxelles en 1905–1911. Le plan de ce palais, également à deux axes, présente des pièces en enfilades, des avancées côté jardin et une loggia polygonale, composantes qui se retrouvent, à petite échelle, à la Maison blanche.

Josef Hoffmann, maison Helene Hochstetter, Vienne XIX-Hohe Warte, 1906–1907.
Tiré de : Eduard F. Sekler, *Josef Hoffmann. Das architektonische Werk*, Salzburg – Wien : Residenz, 1982

Tout en exprimant son antipathie à l'égard de l'Allemagne, Jeanneret en subit des influences, en particulier celles de Peter Behrens ou de Heinrich Tessenow. La modénature de la façade nord-ouest de la Maison blanche, côté forêt, en atteste par son aspect épuré. La disposition des fenêtres du 1er étage au sud-ouest rappelle la rangée de vitres située au-dessus de l'entrée, formant un avant-corps bombé, de la maison de Behrens à Darmstadt de 1901. Quant au traitement de la lucarne en trapèze, il était courant en Allemagne, comme à la maison de campagne de Theodor Fischer à Hellerau près de Dresde, pour ne citer qu'un exemple que Jeanneret avait sans doute eu loisir de voir.

D'autre part, les façades sud-est et sud-ouest de la Maison blanche ne sont pas sans rappeler certaines constructions de Frank Lloyd Wright. Jeanneret prétendait cependant ne pas avoir connu son œuvre à cette époque[55]. Il était pourtant à Berlin lorsque l'éditeur Wasmuth publia successivement en 1910 et 1911 deux ouvrages sur l'œuvre de Wright. Il semble donc étonnant qu'il n'ait pas eu l'occasion de voir des plans ou reproductions de ces constructions lors de son stage dans l'agence de Behrens. Toujours est-il que le traitement différencié du 1er étage, puis l'accentuation (provisoire) de ses ouvertures par un badigeon plus foncé, rappelle certaines maisons de Wright. Il s'agit notamment de la Winslow House à River Forest de 1893 ou de la petite Martin House (appelée aussi Barton House) à Buffalo de 1903–1904, dont le plan, le traitement en façades et le toit largement débordant présentent de surprenantes similitudes.

Peter Behrens, maison Schroeder, Hagen-Eppenhausen, 1908–1909.
Tiré de : Fritz Hoeber, *Peter Behrens*, München : Georg Müller et Eugen Rentsch, 1913

Frank Lloyd Wright, George Barton Residence, Buffalo, NY, 1903–1904.
Tiré de : Grant Carpenter Manson, *Frank Lloyd Wright to 1910. The First Golden Age*, New York : Reinhold Publishing, 1958

L'autocritique de l'architecte

En guise de conclusion, laissons la plume au concepteur de la Maison blanche qui la considéra comme point de rupture avec le passé, la quête d'une identité propre.

L'autocritique de Charles-Edouard Jeanneret est notoire à l'égard de cette œuvre de jeunesse, dont le résultat le révolta et l'attendrit à la fois. Il est significatif que cette construction ne figure pas dans son *Œuvre complète*. L'ayant d'abord condamnée pour y avoir commis des tares de jeunesse, Le Corbusier y perçut ensuite beaucoup de tendresse et de poésie, voire de la nostalgie.

Dans sa lettre du 24 août 1912 à William Ritter, Charles-Edouard s'en blâmait avec véhémence : « J'ai commis sur les maisons que je bâtis cette année des anachronismes. J'ai été vieux, désuet. J'ai écouté d'une oreille poltronne des on-dit et des aphorismes douteux. J'ai été scandaleusement inconvenant. L'absence de convenance qui m'a jeté dans un gouffre cette année m'a révélé tout à coup le noir de cet état. Et je vois blanc ! »[56]

Puis, en novembre de la même année, il sut porter un jugement moins négatif, faisant référence à un site qui l'avait marqué : « On a l'impression d'être très haut, de dominer, et ça rappelle un peu l'Athos – moins la mer ! [...] La maison blanche de mon père, contre le bois de hêtres, la dernière de la ville contre le coteau de Pouillerel, me donna la première fois satisfaction. J'y reconnus des lignes et y redécouvris mes intentions. Car de tout ce qu'on rêve hélas, la grande part ne se réalise pas. Quelle différence entre œuvrer et juger ! »[57]

Enfin, dans sa lettre du 19 mai 1916 aux Perret, il décrivait avec beaucoup d'indulgence son premier geste architectural : « Bien cher Monsieur, Sous l'immense clair de lune, la maison de mon père prend tout de même certaines qualités. En ai-je eu honte, l'ai-je détestée ! Les ans passent ; à côté du rêve échappé, vous laissant tout pantelant et déchiré, passés ces heures, ces mois qui suivent, vient la cicatrice, et réapparaît le vrai qu'on y a mis, la poésie, le petit peu de poésie, le beaucoup d'amour. Au pied du bois, dans la hêtraie, et face à la longue chaîne jurassique étendue non point mollement, les murs blancs, poursuivis en terrasses, son prisme, son rythme, son esprit, sont d'Orient. Et cela, pour moi, chaque an davantage, plus s'effondrent les souvenirs de là-bas. Et j'en suis ravi. Et je mesure que plus jamais je ne referai de ça, le temps est passé. Et je suis reconnaissant envers mon père, de ce que ce soit chez lui – chez nous – que vive ce sourire d'Orient. »[58]

1 Le présent article est un condensé du rapport historique et architectural réalisé par la soussignée en 2002 à la demande de l'Association Maison blanche en vue de la restauration et réaffectation de ce domaine. Le rapport et les diverses annexes (transcription de la correspondance avec Auguste Perret, William Ritter, August Klipstein et de nombreux passages du journal manuscrit de Georges-Edouard Jeanneret, chronologie fine, etc.) sont déposés à la Bibliothèque de la Ville et au Musée des beaux-arts, La Chaux-de-Fonds.

2 Cf. à ce sujet H. Allen Brooks, *Le Corbusier's Formative Years. Charles-Edouard Jeanneret at La Chaux-de-Fonds*, Chicago – London : The University of Chicago Press, 1997 ; Stanislaus von Moos, Arthur Rüegg (éds.), *Le Corbusier before Le Corbusier. Applied Arts, Architecture, Painting, Photography, 1907–1922*, New Haven – London : Yale University Press, 2002.

3 Lettre de Marie-Charlotte-Amélie à son fils Charles-Edouard du 14 septembre 1911, BV, Fonds Albert Jeanneret.

4 « Journal de Georges-Edouard Jeanneret-Perret », BV.

5 Auguste (1874–1954), Gustave (1876–1952) et Claude (1880–1962).

6 Karl Stemolak (1875–1954), président du Hagenbund de 1912 à 1938, puis président de la Wiener Secession en 1946 et 1947. – Le Hagenbund fut fondé en 1900 notamment par l'architecte Josef Urban (1872–1933) qui érigea à Vienne, en 1902, la Zedlitzhalle, la halle d'exposition de cette association d'artistes.

7 Josef Hoffmann (1870–1956) avait créé la Wiener Werkstätte en 1903. – Le Corbusier, « Die Wiener Werkstätte 1903–1928 », Vienne, 1929, publié in : Eduard F. Sekler, *Josef Hoffmann. L'œuvre architectural*, Bruxelles – Liège : Pierre Mardaga, 1986, p. 495.

8 Correspondance entre fin février et début mars 1908.

9 Certificat des frères Perret daté du 27 mars 1910. IFA, Fonds Perret 535 AP (n° d'entrée 175 IFA). – Cf. transcription du certificat dans le présent ouvrage p. 171.

10 Charles-Edouard Jeanneret, *Etude sur le mouvement d'art décoratif en Allemagne*, La Chaux-de-Fonds : Editions Haefeli, 1912.

11 Lettre du 29 août 1910 aux frères Perret, IFA, Fonds Perret 535 AP. – Texte édité depuis lors par Marc-Albert Emery, *Charles-Edouard Jeanneret. La Construction des villes. Genèse et devenir d'un ouvrage écrit de 1910 à 1915 et laissé inachevé par Charles-Edouard Jeanneret-Gris dit Le Corbusier*, Lausanne : L'Age d'Homme, 1992. – Cf. l'analyse comparative du texte de Jeanneret avec diverses publications dans : Brooks, *Le Corbusier's Formative Years*, op.cit., pp. 200–208 ; et récemment : Christoph Schnoor, *La Construction des Villes. Charles-Edouard-Jeannerets erstes städtebauliches Traktat von 1910/11*, thèse de doctorat, Technische Universität Berlin, 2002.

12 La cité de Hellerau fut construite en 1910–1911 et les bâtiments de l'institut créé par le pédagogue et compositeur genevois Emile Jaques-Dalcroze (1865–1950) furent érigés entre 1910 et 1912.

13 Lettre s.d. (entre le 1er novembre 1910 et fin mars 1911), IFA, Fonds Perret 535 AP.

14 Lettre du 13 février 1911, Archives privées de Regula Bandi-Klipstein, Berne, doc. 4.

15 Les divergences d'opinion incitèrent L'Eplattenier à démissionner trois ans plus tard, soit en 1914, de cette Nouvelle Section qui avait été fondée dans le but « de compléter l'enseignement de l'ancienne Ecole d'Art [...] en vue d'étendre les effets du cours supérieur de décoration en cherchant à répondre toujours davantage aux exigences du commerce et de l'industrie » (in : Charles-Edouard Jeanneret, Léon Perrin, Georges Aubert, *Un mouvement d'Art à La Chaux-de-Fonds à propos de la Nouvelle Section de l'Ecole d'Art*, La Chaux-de-Fonds, 1914). Dans le cadre de l'enseignement et de la promotion des disciplines artistiques, Perrin et Jeanneret devinrent en 1913 membres fondateurs de l'Association suisse romande de l'art et de l'industrie, l'Œuvre. Jeanneret exposa ses idées dans un article intitulé « Le renouveau dans l'architecture » publié dans le deuxième numéro de la revue de cette association : *L'Œuvre*, n° 2, 1914, pp. 33–37. Organe officiel de la Fédération des architectes suisses et de l'Œuvre; six numéros parurent entre février 1914 et février 1915.

16 Lettre du 18 décembre 1911, Archives privées de Regula Bandi-Klipstein, Berne, doc. 8.

17 Cette villa, construite pour Georges Favre, industriel de la fabrique Zénith, fut achevée en juin 1913.

18 Lettre du 20 août 1912, Archives privées de Regula Bandi-Klipstein, Berne, doc. 10.

19 Lettre aux frères Perret du 2 août 1912, IFA, Fonds Perret 535 AP.

20 Jeanneret avait gardé le plus mauvais souvenir de Beck, le traitant avec un profond mépris dans ses lettres d'Italie à Klipstein en 1911 déjà, raison supplémentaire pour laquelle le projet échoua.

21 Il s'en expliqua dans sa lettre à Auguste Perret du 22 mai 1915, IFA, Paris, Fonds Perret 535 AP.

22 Amédée Ozenfant, fondateur avec Le Corbusier et le peintre Paul Dermée de *L'Esprit nouveau* en 1920.

23 Cf. la description dans le « Journal de Georges-Edouard Jeanneret-Perret », 2 décembre 1919, BV, résumée dans le présent ouvrage p. 179.

24 La Petite maison, ou villa Le Lac, qui contraste en volume avec la Maison blanche, fut classée monument historique le 22 juin 1962.

25 « Journal de Georges-Edouard Jeanneret-Perret », 6 octobre 1917, BV. – Extrait du registre des testaments de l'Office de paix du Cercle de Corsier, 29 juin 1921. – Office du registre foncier de l'arrondissement des Montagnes et du Val-de-Ruz, Le Locle, 21 janvier 1944. – Relation de mutation au cadastre, La Chaux-de-Fonds, vente immobilière, République et canton de Neuchâtel, acte notarié, visite des lieux du 2 mai 1985. – Extrait du registre foncier, La Chaux-de-Fonds, 13 décembre 1988. – Service de la protection des monuments et des sites du canton de Neuchâtel. – Cadastre de La Chaux-de-Fonds, Registre foncier cantonal, 22 octobre 2001.

26 Cinq semaines en mai 1913, cinq semaines en février 1919, plusieurs jours en juin 1919.

27 Notice dactylographiée « Vente de l'immeuble », par Charles-Edouard Jeanneret du 21 janvier 1919, BV LCms 114.

28 « Journal de Georges-Edouard Jeanneret-Perret », 21 juillet 1919, BV.

29 Jean-Ernest Welti, né le 28 mai 1880, et Elisabeth Hirt, née le 4 avril 1886, tous deux à Neuchâtel. Leurs dates de décès ne sont pas connues (information du Contrôle des habitants de La Chaux-de-Fonds).

30 Jacques Cornu (1907–1985) et son épouse Edmée (1909–1997) eurent une fille, Lucienne, née en 1938.

31 Office du registre foncier de l'arrondissement des Montagnes et du Val-de-Ruz, Le Locle, transfert immobilier de la maison, parcelle 7218.

32 Notice dactylographiée « Vente de l'immeuble », par Charles-Edouard Jeanneret du 21 janvier 1919, BV.

33 BV DAV (audio-visuel), Ba 51 : Bande sonore, 25 minutes, « Vivre dans une maison construite par Le Corbusier », interview d'Edmée Cornu par le journaliste Jean-Pierre Brossard, le 9 septembre 1987.

34 Photographies gracieusement mises à disposition en 2002 par Huguette Nydegger, ancienne comédienne de la troupe.

35 Peintre né en 1917 à La Chaux-de-Fonds, décédé en 2006 à Montmollin.

36 Hongroise, active avant et après-guerre, décédée à Paris vers 1985, première femme du peintre Kolos-Vary. – Information orale de Mariette Seylaz le 15 décembre 2001, confirmée par Gilbert Huguenin de la Galerie Numaga à Colombier (NE), le 3 janvier 2002.

37 Cette mosaïque fut déposée lors des dernières restaurations.

38 Association créée le 31 janvier 2000.

39 Pour la description détaillée de la maison et des jardins et pour les diverses transformations ou modifications, nous renvoyons aux chapitres consacrés dans le présent ouvrage à la restauration (p. 70–89, 100–111) et à l'aménagement des jardins (p. 146–163) ainsi qu'au rapport de la soussignée datant de 2002 contenant en outre les transcriptions de documents manuscrits y relatifs.

40 Jacques Cornu précisait qu'il y avait 40 marches dans le jardin pour accéder à la terrasse supérieure et 20 marches à l'intérieur de la maison. Cf. film vidéo VHS, « Hommage à Jacques Cornu », 22 minutes, Archives pour demain, 1987, Studio du Bois-Noir, La Chaux-de-Fonds, film tourné par Alain Tissot avant le décès de Jacques Cornu en 1985, BV DAV (audio-visuel, Fv 449).

41 « Journal de Georges-Edouard Jeanneret-Perret », 6 octobre 1917, BV.

42 Cf. les photographies conservées à la Bibliothèque de La Chaux-de-Fonds et le journal du père, le 13 septembre 1914 (chapitre « chronologie »).

43 Lettre du 10 mars 1913, IFA, Fonds Perret 535 AP.

44 Notice dactylographiée « Vente de l'immeuble », par Charles-Edouard Jeanneret du 21 janvier 1919, BV.

45 Michel Jacot resta locataire jusqu'à fin 1995, alors que la maison était propriété des frères Borer.

46 BV, Fonds Albert Jeanneret, XI/150-153.

47 Cf. *Carnet 3*, f° 5, in : Giuliano Gresleri (éd.), *Ch.-E. Jeanneret – Le Corbusier. Voyage d'Orient. Carnets*, Milano : Electa – Paris : Fondation Le Corbusier, 1987 (publication en fac-similé).

48 Controverses soulevées lors d'une conférence accompagnant l'exposition *Ton-, Zement- und Kalkindustrie-Ausstellung* à Berlin en juin 1910.

49 Cf. *Carnet 1*, f°s 68–69, in : Gresleri (éd.), *Ch.-E. Jeanneret – Le Corbusier. Voyage d'Orient. Carnets*, op.cit.

50 Archives privées de Regula Bandi-Klipstein, Berne, doc. 8 : lettre du 18 décembre 1911.

51 Cf. *Carnet 3*, f° 34, in : Gresleri (éd.), *Ch.-E. Jeanneret – Le Corbusier. Voyage d'Orient. Carnets*, op. cit.

52 Cf. *Carnet 4*, f° 107, in : Gresleri (éd.), *Ch.-E. Jeanneret – Le Corbusier. Voyage d'Orient. Carnets*, op. cit.

53 Cf. *Carnet 4*, f°s 110–113, in : Gresleri (éd.), *Ch.-E. Jeanneret – Le Corbusier. Voyage d'Orient. Carnets*, op. cit.

54 Cf. *Carnet 6*, f° 7, in : Gresleri (éd.), *Ch.-E. Jeanneret – Le Corbusier. Voyage d'Orient. Carnets*, op. cit.

55 Lettre de Le Corbusier à H. T. Wijdeveld du 5 août 1925 : « C'est vers 1914 ou 1915 (?) [sic] que j'ai vu pour la première fois des reproductions de Wright et d'une maison de bureaux. Depuis je n'ai jamais vu autre chose. Toutefois des amis de Prague m'avaient promis un jour un album de l'œuvre de Wright ; et cet album ne m'est pas parvenu. » Cf. Paul Venable Turner, « Frank Lloyd Wright and the Young Le Corbusier », *Journal of the Society of Architectural Historians*, vol. 42, n°. 4, déc. 1983, pp. 350–359.

56 FLC R3-18.

57 Lettre du 17 novembre 1912 à William Ritter, FLC R3-18.

58 IFA, Fonds Perret 535 AP.

PLANS DU PROJET DE CONSTRUCTION DE LA VILLA JEANNERET-PERRET EN 1912 ET PLANS DE LA RECONSTITUTION DE L'ETAT DE 1919

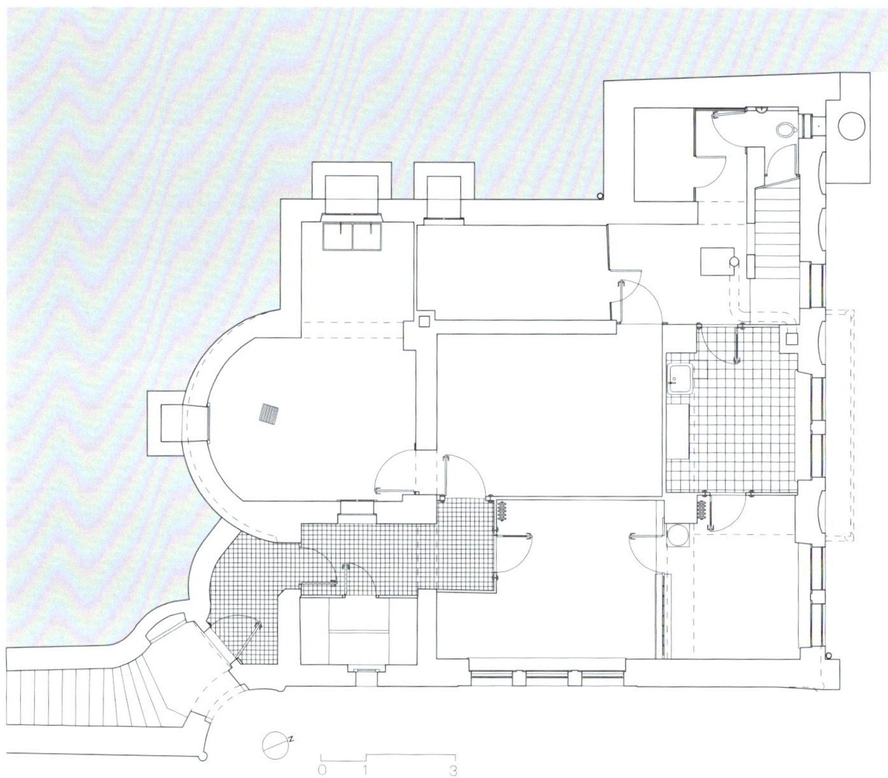

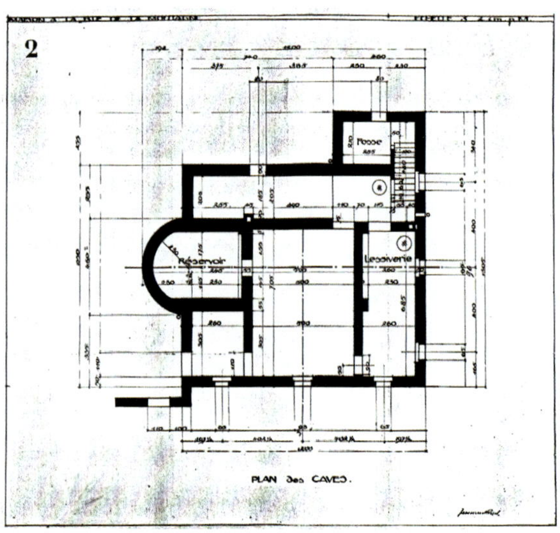

Sous-sol

Plan de reconstitution de l'état de 1919 : MSBR nouvelle Génération SA, La Chaux-de-Fonds, 2006

Plan du projet de construction par Charles-Edouard Jeanneret, 1912, BV

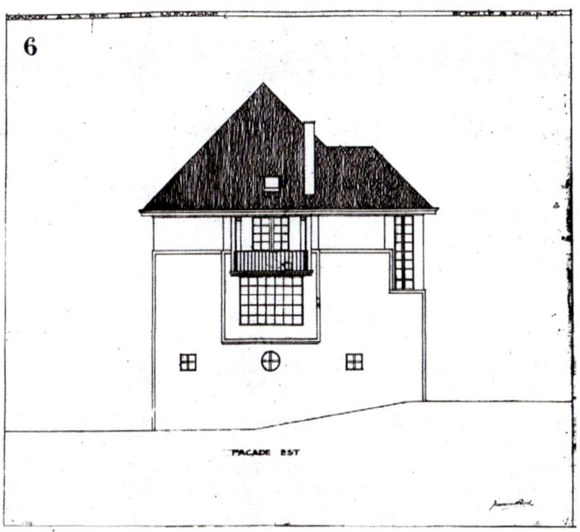

« Façade Est » (nord-est)

Plan de reconstitution de l'état de 1919 : MSBR nouvelle Génération SA, La Chaux-de-Fonds, 2006

Plan du projet de construction par Charles-Edouard Jeanneret, 1912, BV

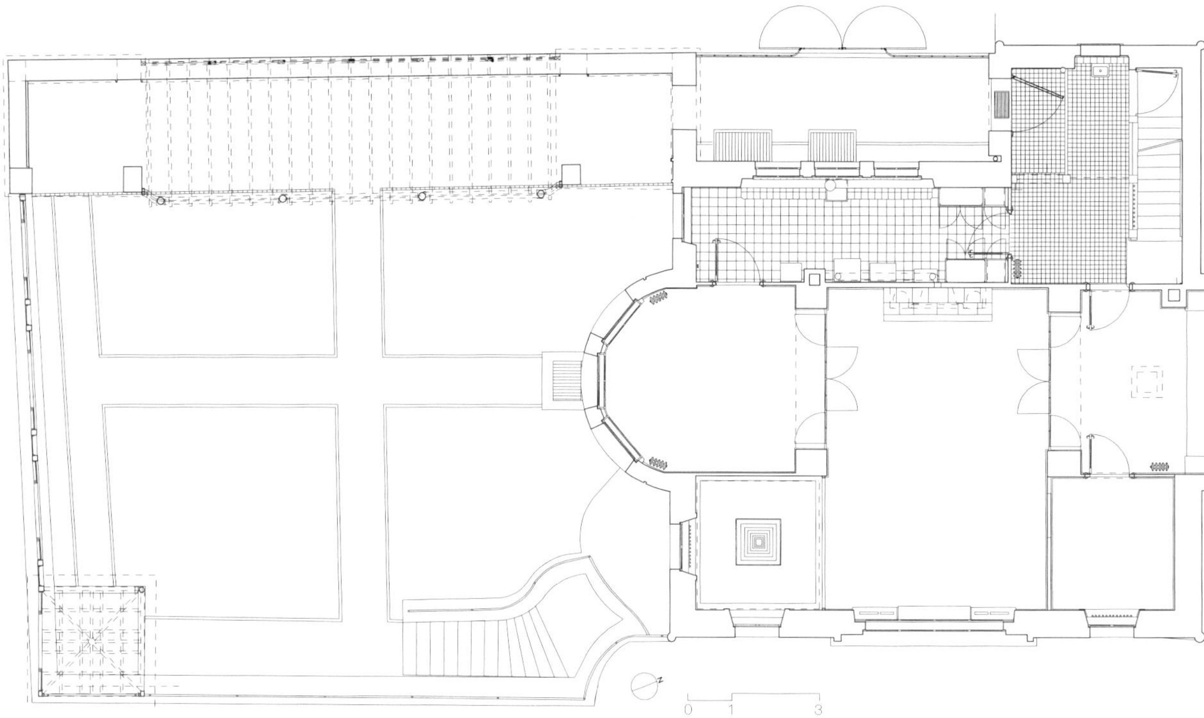

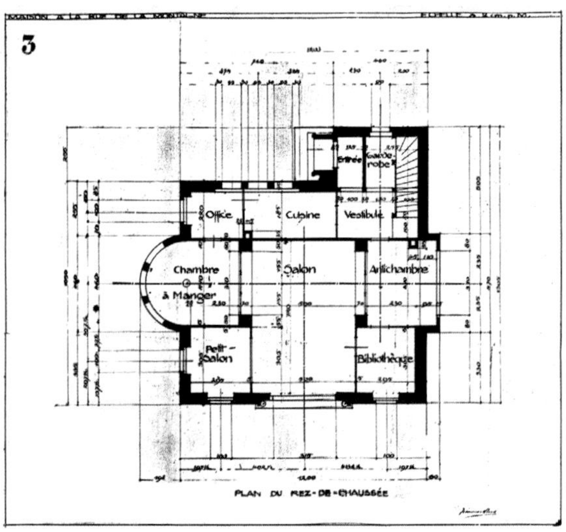

Rez-de-chaussée

Plan de reconstitution de l'état de 1919 : MSBR nouvelle Génération SA, La Chaux-de-Fonds, 2006

Plan du projet de construction par Charles-Edouard Jeanneret, 1912, BV

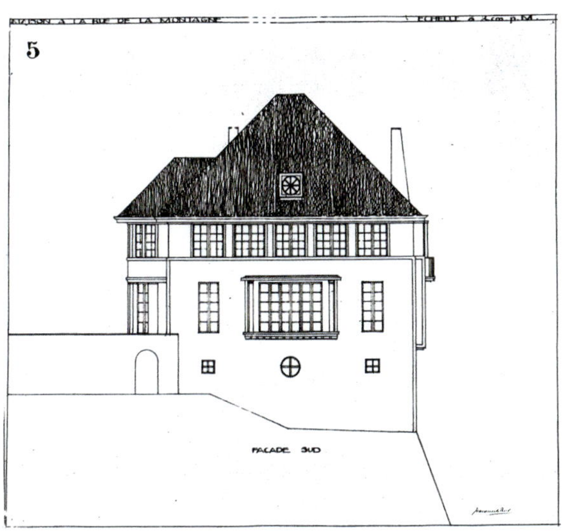

« Façade Sud » (sud-est)

Plan de reconstitution de l'état de 1919 : MSBR nouvelle Génération SA, La Chaux-de-Fonds, 2006

Plan du projet de construction par Charles-Edouard Jeanneret, 1912, BV

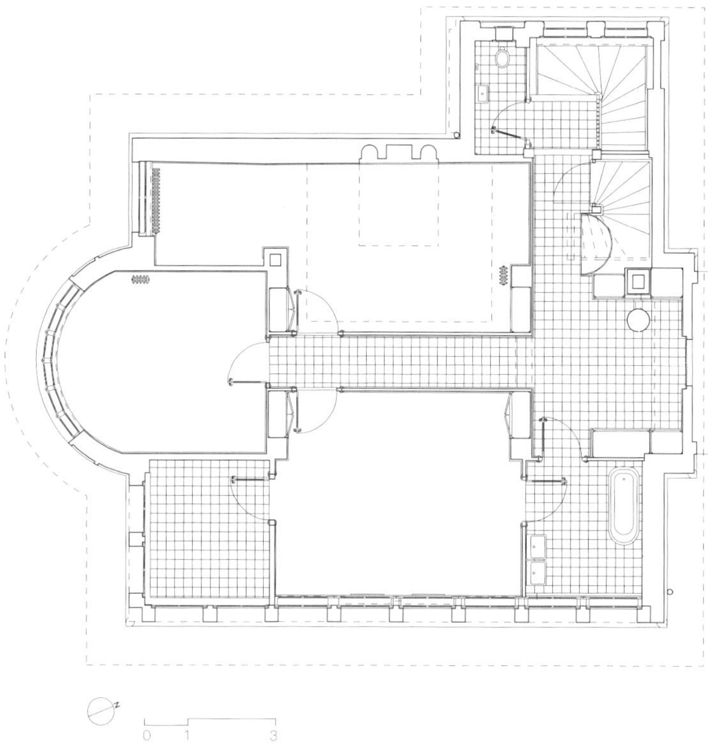

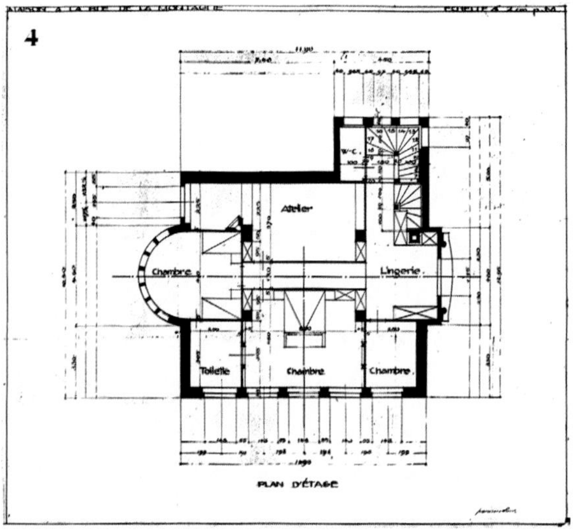

Etage

Plan de reconstitution de l'état de 1919 : MSBR nouvelle Génération SA, La Chaux-de-Fonds, 2006
Plan du projet de construction par Charles-Edouard Jeanneret, 1912, BV

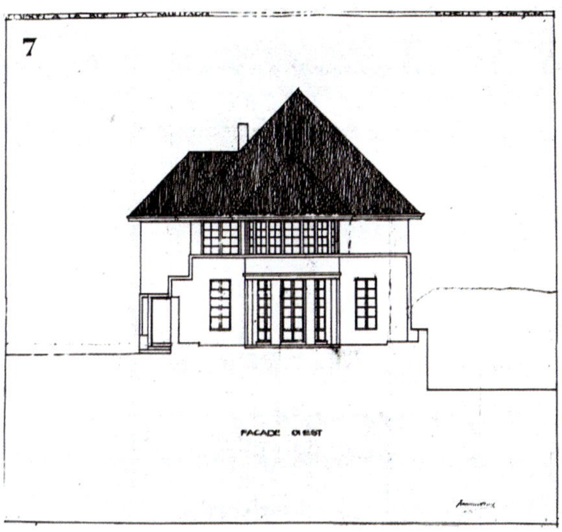

« Façade Ouest » (sud-ouest)

Plan de reconstitution de l'état de 1919 : MSBR nouvelle Génération SA, La Chaux-de-Fonds, 2006
Plan du projet de construction par Charles-Edouard Jeanneret, 1912, BV

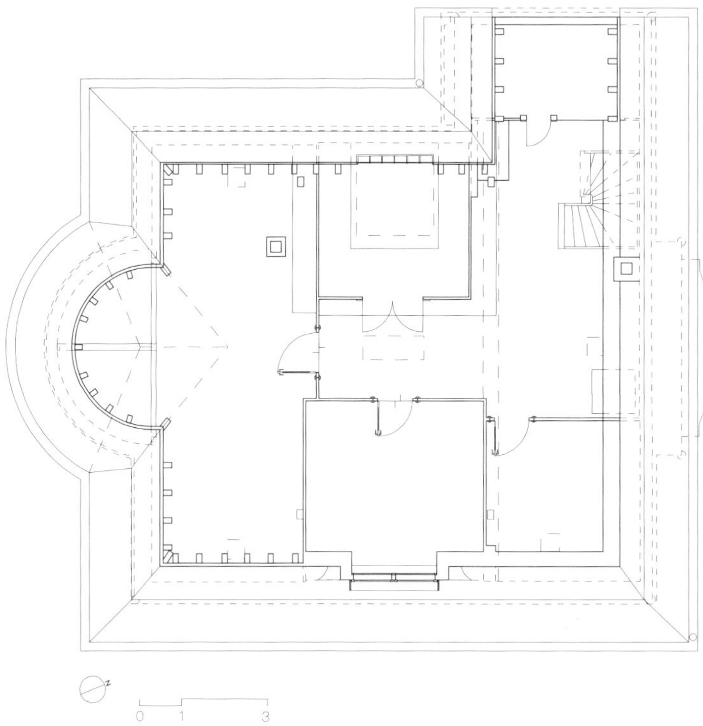

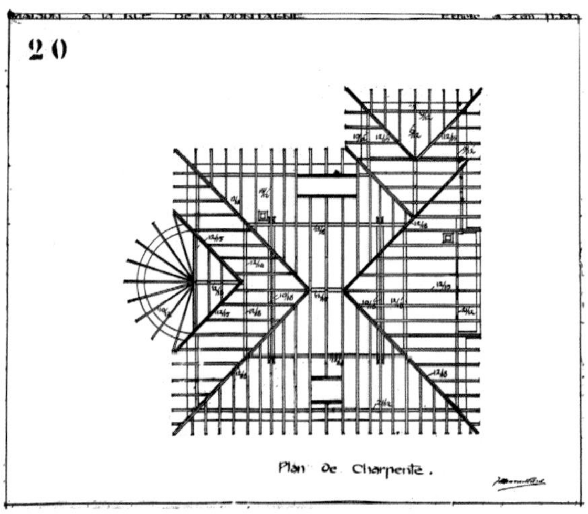

Combles

Plan de reconstitution de l'état de 1919 : MSBR nouvelle Génération SA, La Chaux-de-Fonds, 2006
Plan du projet de construction par Charles-Edouard Jeanneret, 1912, BV

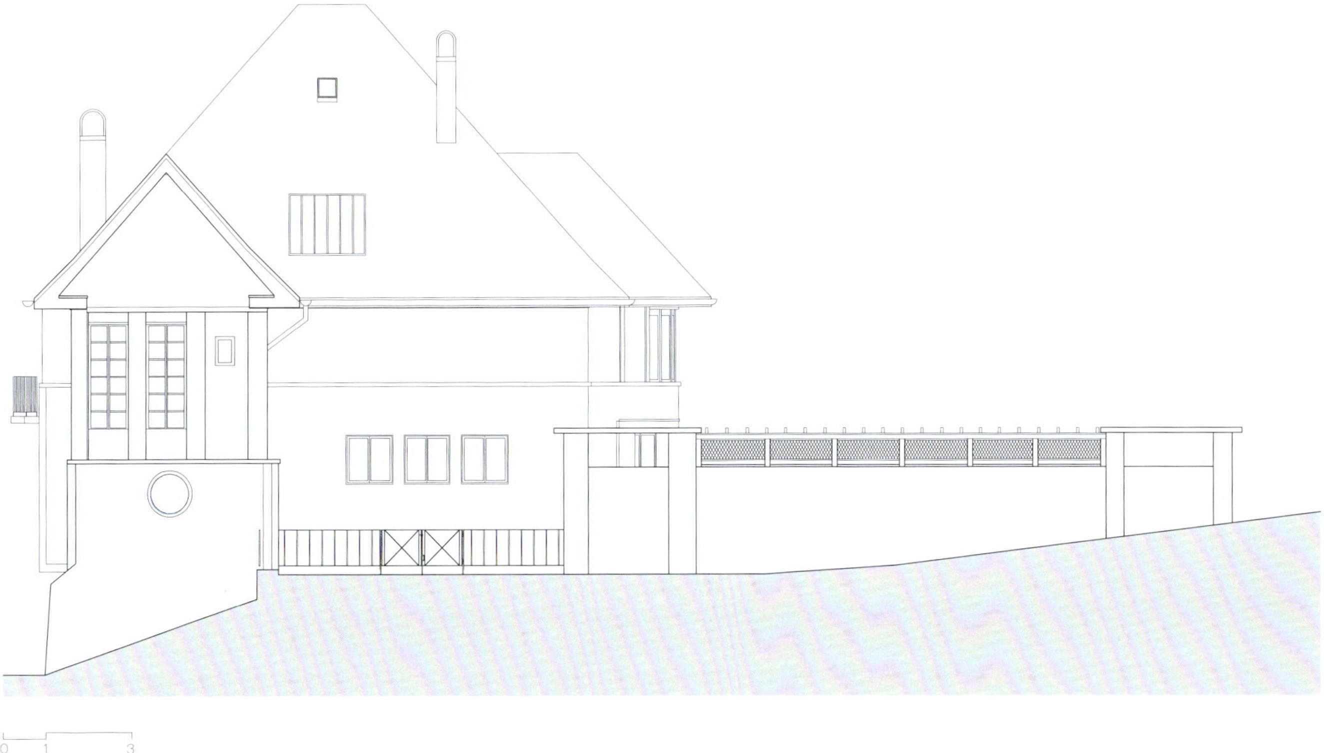

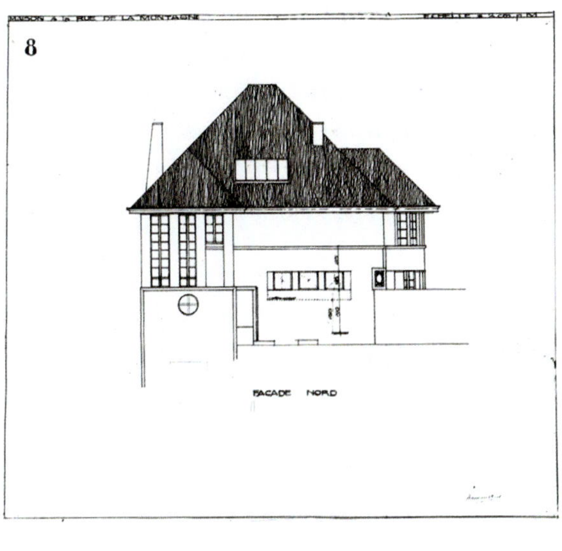

« Façade Nord » (nord-ouest)

Plan de reconstitution de l'état de 1919 : MSBR nouvelle Génération SA, La Chaux-de-Fonds, 2006

Plan du projet de construction par Charles-Edouard Jeanneret, 1912, BV

Edmond Charrière

CONTEXTES

Il est aujourd'hui largement admis que la villa Jeanneret-Perret, dite la Maison blanche, est non seulement la première œuvre autonome de Jeanneret projetée hors de l'influence de l'Ecole d'art de La Chaux-de-Fonds, mais qu'elle est aussi la première réalisation architecturale marquant sa rupture définitive avec le style régionaliste, préconisé par son professeur Charles L'Eplattenier, et son adhésion, transitoire, au néoclassicisme.

Le régionalisme du *Style sapin*

Jeanneret, obtempérant aux injonctions du maître, fut en effet, de son inscription au Cours supérieur d'art et de décoration créé par ce dernier en 1905 à son séjour parisien en 1908, l'un des plus ardents protagonistes de ce mouvement d'art décoratif local que l'on qualifie aujourd'hui de *Style sapin* [1], en s'engageant personnellement et non sans une certaine conviction dans des projets collectifs tels que la villa Fallet (1906–1907), le décor intérieur de la chapelle indépendante de Cernier-Fontainemelon, près de La Chaux-de-Fonds, ou celui du salon de musique de l'ingénieur Matthey Doret, l'un et l'autre de 1907 et aujourd'hui détruits.

Si, à l'instar de l'Art nouveau international, les fondements idéologiques du *Style sapin*, prônant le retour à la nature, sont proprement ruskiniens, ils ne sont pas dépourvus de connotations patriotiques, qui lui valent ainsi le qualificatif de *Heimatstil* ; contre l'internationalisme de l'architecture et l'enlaidissement des villes dus à l'industrialisation, dont La Chaux-de-Fonds est à ses yeux un malheureux exemple, L'Eplattenier prêche le retour à la tradition naturelle du milieu local, en l'occurrence la faune et la flore jurassienne mais aussi à l'architecture rurale et pittoresque suisse, comme base d'un style régional.

Comme on peut l'observer à travers sa correspondance et notamment dans ses lettres à L'Eplattenier [2], la rupture de Jeanneret avec le *Style sapin* n'est pas brutale, mais hésitante et progressive ; elle s'amorce dès 1908, dans une première tentative d'émancipation de la tutelle du maître, lorsque Jeanneret et son condisciple Léon Perrin, déçus de leur séjour viennois, optent pour Paris plutôt que pour Dresde que leur conseillait L'Eplattenier dans le but de poursuivre leur formation. Ainsi se manifeste pour la première fois dans la pensée de l'élève

Philippe Zysset, *Sans titre*, non daté, huile sur toile.
FLC (Villa Jeanneret-Perret)

Jeanne Perrochet, *Méditation*, 1908, pierre calcaire, 131 × 116 cm.
MBA

cette mise en confrontation de l'Allemagne et de la France du point de vue de la culture architecturale moderne, qui va non seulement le préoccuper pendant plusieurs années, mais aussi infléchir durablement son orientation. Pour l'heure, Jeanneret, cherchant à ménager son maître, semble renvoyer dos à dos le *mouvement germain*, dont il déplore la froideur et le penchant classique, et le *mouvement latin*, dont il reconnaît le passéisme, mais qui néanmoins bénéficie de sa part d'une certaine indulgence, à cause de sa recherche de la beauté basée sur les lois de la nature[3].

Et puisqu'il ne s'agit encore, à ce point de son évolution, que d'une question d'esthétique ou de style, une voie propre et originale s'impose effectivement, celle du régionalisme : « Si le style parisien est frivole, s'il manque de planelles et de boulons, de laiton et de fer blanc, nous sommes assez embobelinés par notre beau pays pour lui rester fidèles. Où les parisiens mettent une feuille modelée d'après nature, et les allemands un carré poli comme un miroir, eh bien, nous mettrons un triangle avec des pives, et notre goût sera sauf, et nous apprendrons notre métier et nous ne gâcherons pas nos courtes années d'études. »[4]

Le relief décoratif de Jeanne Perrochet (1878–1956), *Méditation*, de 1908, illustre bien cette synthèse des tendances française et germanique de l'Art nouveau tentée par L'Eplattenier et ses élèves du Cours supérieur.

Rupture avec le régionalisme

Mais le séjour de Jeanneret à Paris, son stage à l'agence des frères Perret, ses connaissances acquises de l'art roman et gothique, la lecture de Viollet-le-Duc et de Choisy, la révélation de Versailles enfin, lui font rapidement prendre conscience que l'architecture n'est pas tant affaire de décor, d'effets plastiques, de beauté de surface, que de construction, de probité des moyens d'exécution et d'espace ; il mesure dès lors l'impasse que constitue son approche purement esthétique et formelle et pressent l'échec à venir de l'expérience décorative conduite dans le cadre de l'Ecole d'art. Aux frères Perret, le 29 août 1910, il fait déjà cette confidence pour le moins ambiguë : « Quand j'admire l'Allemagne je me sens toujours plus latin. Mais ouvrant les yeux je suis obligé de voir que les architectes de ce pays sont aujourd'hui nos maîtres. Par l'agonie du Sécessionnisme s'est retrouvée la santé, – la saine tradition. »[5]

Pourtant la rupture avec le Style sapin, idéologiquement parlant, ne sera consommée qu'un an plus tard, à l'occasion d'un long et intense séjour de Jeanneret en Allemagne, avant même le voyage d'Orient ; évoquant son évolution esthétique dans la fameuse lettre à L'Eplattenier du 16 janvier 1911[6], qui tient lieu de première confession[7], il avoue l'inavouable, son parti pris irrévocable pour le *génie latin*. Celui-ci se manifeste d'une part dans la révolution picturale postimpressionniste, créant « *les volumes qui jouent sous la lumière* en rythmes à base géométrique »[8], et d'autre part dans la clarté classique des tendances les plus intéressantes de l'architecture moderne allemande des Behrens, Paul, Messel, Schultze-Naumburg, etc., qui revisitent cette architecture issue des Lumières et de la Révolution française, illustrée par Paul Mebes dans son ouvrage *Um 1800*[9]. Et Jeanneret d'ajouter que l'Art nouveau ou la Sécession n'auront été qu'un mouvement de révolte préludant à « l'Edification du Code nouveau »[10] de l'art et de l'architecture. Son choix est d'autant plus justifié et assuré qu'il vient de lire

J.L. Rüdisühli, *Vue de La Chaux-de-Fonds*, vers 1867, lithographie, éditée par Chr. Krüsi à Bâle.
Musée d'histoire, La Chaux-de-Fonds

Les Entretiens de la Villa du Rouet, d'Alexandre Cingria-Vaneyre[11], qui lui a été recommandé par son nouveau mentor, William Ritter, rencontré à Munich en 1910 ; il y trouve en effet l'affirmation d'une identité culturelle romande, fondée de surcroît sur un classicisme latin.

Or, à regarder les représentations de La Chaux-de-Fonds du XIXe siècle, comme cette lithographie de Rüdisühli, datée de 1867 et cette vue un peu naïve peinte par Juliette Calame (1864–1935) de 1886, où les volumes bâtis, simples et massifs, clairs mais austères, se succèdent le long des rues rectilignes, on peut se demander si cette ville, qui semble être l'expression directe de la vie politique, économique et sociale de ses habitants, n'incarne pas justement cette architecture de la Raison, dont Jeanneret a la révélation lors de ses séjours parisien et allemand ? Des demeures bourgeoises aux casernes locatives, des nouveaux ateliers d'horlogerie aux bâtiments publics, comme l'ancien Hôpital, ou son voisin le Collège primaire, le Théâtre, la nouvelle Gare, l'ancien Hôtel des postes etc., nombre d'édifices, jusqu'à l'intrusion du *Heimatstil* au début du XXe siècle, sont empreints de ce classicisme *Um 1800* ; et l'on se plaît à imaginer, à l'instar de Jacques Gubler, que si Paul Mebes avait connu l'architecture anonyme et populaire des entrepreneurs de La Chaux-de-Fonds au XIXe siècle, il aurait ajouté un troisième volume photographique à son ouvrage[12].

Modernité allemande et tradition classique

Incontestablement, comme l'a démontré point par point et avec pertinence Leo Schubert[13], la villa Jeanneret-Perret – à l'égal de la villa construite pour l'industriel Georges Favre-Jacot au Locle la même année – assume et condense en une seule entité un double héritage : celui, moderne, de l'architecture allemande, et celui de la tradition, révélée lors du voyage d'Orient, gréco-romaine principalement, mais aussi ottomane et populaire des Balkans. Mais comme l'a suggéré Jacques Gubler, au-delà de ces références précises, Jeanneret renoue, certes de manière encore détournée, mais néanmoins profonde, avec la seule tradition

Juliette Calame, *Vue de La Chaux-de-Fonds*, 1886, huile sur toile.
Musée d'histoire, La Chaux-de-Fonds

Charles-Edouard Jeanneret, Villa Jeanneret-Perret, La Chaux-de-Fonds, 1912.
Rampe d'escalier avec pomme de pin.
Photo Heinrich Helfenstein, 2006

véritablement autochtone de sa ville natale, son *genius loci*, qui n'est évidemment pas à ses yeux le régionalisme du *Style sapin*, mais cette architecture type, anonyme, standard pourrait-on dire, de dérivation néoclassique, et dans laquelle il voit l'expression de la modernité industrielle.

Dès lors l'orientation classique de ses projets et de son système de références, tant du point de vue de son architecture et de son ameublement, que de son bref enseignement, se confirme et inaugure, selon Arthur Rüegg[14], un nouveau chapitre culturel à La Chaux-de-Fonds, dont le point culminant, et ce n'est pas là le moindre des paradoxes, est l'érection, en 1923–1926, du Musée des beaux-arts, par L'Eplattenier et Chapallaz, maîtres ès régionalisme du jeune architecte. Quant à la formulation théorique et publique de ce changement de cap, on la trouve dans son article de 1914, « Le renouveau dans l'architecture », paru dans *L'Œuvre*[15], dans lequel il renvoie dos à dos l'éclectisme des Beaux-Arts et le régionalisme, alors que *le mouvement d'art* initié par L'Eplattenier et ses élèves s'achève avec la fermeture de la Nouvelle section.

Quelques éléments de décor

Lieu de rupture, de confrontation ou de transition entre régionalisme Art nouveau et tradition néoclassique, la Maison blanche joue sa dualité jusque dans ses discrets détails décoratifs empruntés, pour certains d'entre eux, au monde naturel environnant ; la porte d'entrée en fibrociment rassemble ou oppose sur le même plan sa poignée en forme de lézard[16], comme un rappel nostalgique de la villa Fallet et du *Style sapin*, et un oculus en forme de hublot de paquebot[17], futur métaphore de la machine à habiter. La pomme de pin, de la rampe d'escalier, dérive de la pigne de Saint-Pierre dessinée par Jeanneret au Vatican, « cette forme admirable » qui « est aussi celle de l'Omphale du Temple d'Apollon à Delphes »[18]. Enfin, dans le séjour au-dessus du sofa, la peinture modeste et presque naïve de

Philippe Zysset, projet d'affiche pour la XXIIème exposition de la Société des Amis des Arts, La Chaux-de-Fonds, 1911, gouache sur papier, 105 × 75 cm.
MBA

Charles-Edouard Jeanneret, Villa Jeanneret-Perret, La Chaux-de-Fonds, 1912. Décoration du linteau de la cheminée, 1913 (disparu vers 1992), céramique peinte. Motif central et oiseau mort.
Photos Françoise Rapin

Philippe Zysset (1889–1974)[19] contrastant avec le lacis de roses de la tapisserie du décorateur français André Groult, pourrait bien rappeler le « chétif géranium vert chlorotique », que Jeanneret cultivait dans sa chambre de Neubabelsberg près de Berlin[20]. Condensation de sensations et de souvenirs des séjours en Allemagne et du voyage d'Orient, l'ornement, réduit ici à sa dimension symbolique, vient aussi souligner, comme l'a très justement relevé Luisa Martina Colli, « la pleine et légitime appartenance de cette architecture néoclassique aux traditions historiques et naturelles du paysage, dont elle est issue »[21].

Mais l'élément le plus emblématique de cette mutation est le décor peint par Jeanneret lui-même en 1913 sur le linteau de la cheminée, aujourd'hui disparu : deux cornes d'abondance d'où sortent notamment une rose, des tulipes, un œillet, un épi de blé et un grain de grenade, se font face symétriquement ; elles sont surmontées d'un papillon jaune, de ce jaune citron des ciels d'Orient qu'il affectionne particulièrement[22] ; à leur extrémité, un oiseau mort gît pattes en l'air, à gauche, alors qu'un oiseau volète avec un brin d'herbe dans le bec, à droite. Si le motif évoque la céramique ottomane plutôt que la nature jurassienne, il n'est pas sans parenté avec le décor des nouvelles toiles imprimées exécutées par Groult et celles anonymes dites de Rambouillet où s'allient roses, oiseaux et papillons[23] ; mais il incarne aussi, d'une certaine manière, ces « pavanes » et ces « essors de pigeons, entre des colonnades fines et sur un pavé géométrique de marbre » que Jeanneret, en 1911, imaginait s'offrir « en la villa de ses rêves »[24]. On peut, sans forcer l'interprétation, y voir une allégorie du renouvellement ou de la métamorphose, celle de l'orientation esthétique et de la pensée architecturale de Jeanneret, même si la signification profonde du motif reste obscure.

Malgré les réserves prémonitoires de William Ritter à l'endroit d'une architecture qui tenterait de concilier le cube blanc méditerranéen et la réalité jurassienne, et qu'il qualifie ironiquement de « Stamboulachauxdefonds » ou d'« Acrop...'ouillerel »[25], Jeanneret ne peut faire l'économie de ce véritable « transfert » que constitue la Maison blanche. Et ce n'est que dans ses réalisations chaux-de-fonnières ultérieures qu'il intègre des éléments de décor proprement néoclassiques : les panneaux peints par son ami Charles Humbert (1894–1958)[26], illustrant des épisodes de la pastorale de Daphnis et Chloé, pour la bibliothèque de Mme Raphaël Schwob (1916) ou les reliefs sculptés par Léon Perrin, pour la façade sud de la villa d'Anatole Schwob dite villa turque, représentant, dans l'esprit des reliefs de Bourdelle pour le Théâtre des Champs-Elysées, la musique et la comédie.

Charles-Edouard Jeanneret avec Charles Humbert (panneaux peints), Bibliothèque de la villa Raphaël Schwob, La Chaux-de-Fonds, 1916. Vue de la bibliothèque et panneau peint illustrant des épisodes de la pastorale de Daphnis et Chloé.
Collection privée, Zürich / Photo Martine Voumard, 2005

Deux œuvres présentes dans la villa méritent également d'être mentionnées pour leur portée hautement symbolique, même si elles sont antérieures à la construction en 1912 et ne sont pas de la main de Jeanneret : il s'agit du portrait de Monsieur Lecorbésier de Bruxelles, arrière-grand-père de Madame Jeanneret, peint par Victor Darjou en 1841 ; on a bien supposé que ce portrait était à l'origine du pseudonyme Le Corbusier adopté par Jeanneret dès 1920 dans *L'Esprit nouveau*, mais on a aujourd'hui la preuve que la déformation du patronyme remonte à 1908 déjà, comme l'attestent deux lettres à ses parents mises au jour par Marie-Jeanne Dumont, non encore publiées, où il évoque « le vénérable père Le Corbusier » ou « le père Corbusier ». Le pendant de ce portrait, en quelque sorte, est le buste en bronze de Georges-Edouard Jeanneret, le père, réalisé par L'Eplattenier en 1909–1910, et offert par ses amis du Club alpin, dont il avait présidé la section locale. Dans une lettre à L'Eplattenier du 8 novembre 1910, Jeanneret remercie son maître pour avoir laissé ce « souvenir éloquent d'un père qu'ils aiment » lui et son frère, malgré sa modestie, sa timidité, son scepticisme et sa profonde tristesse. Et d'ajouter : « Merci puisque vous avez allié ainsi indélébilement, au souvenir de cette âme, celui d'une autre, aimée, vous le savez : la vôtre. » Cette superposition d'images de la paternité dans la maison construite pour ses parents, vient nous rappeler cette obsession de Jeanneret pour les questions d'origine et de filiation, personnelles certes mais aussi architecturales.

Vers une nouvelle vie sociale

Ce passage du régionalisme au néoclassicisme, en œuvre dans le projet de la Maison blanche, n'est pas sans corrélations avec les changements qui s'opèrent dans la vie sociale de Jeanneret de retour à la Chaux-de-Fonds après deux ans de séjour à l'étranger.

Il vit le plus souvent avec quelques condisciples à la ferme du Couvent, où il s'est aménagé un espace, et qui devient, par les soirées animées qui s'y déroulent, un lieu d'effervescence artistique et de remise en question des orientations de

L'Eplattenier. Désormais autonome professionnellement, il accepte néanmoins, mais à contre-cœur, un poste d'enseignant, comme ses amis Léon Perrin et Georges Aubert, à la Nouvelle section voulue par L'Eplattenier en remplacement du Cours supérieur d'art et de décoration. Il a ouvert par ailleurs son bureau d'architecture dans le cadre des Ateliers d'art réunis, une petite structure de production à caractère commercial qu'il a créée avec ses deux collègues en 1910 dans les locaux de l'ancien Hôpital. Mais cette proximité prolongée avec l'Ecole d'art qui cultive encore le *Style sapin* – à parcourir le prospectus de la Nouvelle section de 1912 – ne l'empêche pas de prendre peu à peu ses distances, pour des raisons esthétiques et idéologiques évidentes, mais aussi dans le but d'élargir sa clientèle. Il se tourne du côté du Locle, où non seulement il construit la villa Favre-Jacot, mais participe, sans succès, au concours pour l'érection d'un nouvel Hôtel de Ville, projetée en béton armé. Cette même année 1912, il devient membre du comité de la Société des amis des arts, qui organise tous les deux ans une exposition d'artistes locaux et gère le Musée des beaux-arts. Il y retrouve certes L'Eplattenier et William Aubert, directeur de l'Ecole d'art, dont la villa se situe juste en dessous de la Maison blanche, mais il y côtoie aussi cette bourgeoisie républicaine et radicale soutenue par le journal *Le National*, qui fréquente la Loge maçonnique ou le *Cercle du sapin*, et dont le pouvoir politique est sur le point de vaciller au profit des socialistes. L'une de ses premières propositions est de faire venir les expositions circulantes du Deutsches Museum de Hagen en Westphalie, «qui montrent d'une manière éclatante et essentiellement éducative, les conquêtes de L'Art dans l'Industrie » [27]. Mais il propose aussi, trois ans plus tard, non sans une certaine malice, de faire exécuter des moulages des cartouches et des détails de sculpture des anciennes maisons neuchâteloises ; car à ses yeux, « ces inventions d'horlogers ou de quincailliers » sont « ce qu'on trouve de meilleur comme art autochtone » [28]. Entre-temps, on lui a refusé son projet trop coûteux de partition de la salle d'exposition aménagée à l'usage de la Société dans le nouvel Hôtel des postes.

Charles L'Eplattenier, buste de Georges-Edouard Jeanneret, 1909–1910, bronze.
BV (Villa Jeanneret-Perret)

Victor Darjou, portrait de Monsieur Lecorbésier, 1841, signé, daté, huile sur toile, 74 × 60 cm.
MBA (Villa Jeanneret-Perret)

Les trois premiers numéros de la revue *Les voix*, parue à La Chaux-de-Fonds entre juillet 1919 et août/décembre 1920. Au début, Charles-Edouard Jeanneret était mentionné comme collaborateur – éventuellement sans le savoir. En réalité, il n'a jamais fourni aucune contribution à la revue.
Collection privée, Zürich

Mais sa principale clientèle, Jeanneret va la trouver dès 1913 – avec un projet de bâtiment commercial pour Paul Ditisheim, fameux fabricant de chronomètres [29] – parmi les industriels juifs de l'horlogerie, les frères Anatole et Salomon Schwob notamment, dont il devient surtout l'« architecte-conseil pour toutes questions de décoration intérieure ». Il adhère même quelques années plus tard au *Nouveau Cercle*, le club fondé par la communauté israélite. Ses références stylistiques, à l'instar des architectes allemands, sont dès lors essentiellement françaises – empire ou Louis XVI – comme le confirment ses fréquents déplacements à Paris.

Si en définitive la Maison blanche reste à nos yeux ce qu'elle a été pour Jeanneret lui-même, c'est à dire ce terrain ou ce laboratoire d'expériences proprement architecturales, ici minutieusement décrites, elle fut aussi lieu d'élaboration ou de maturation esthétique et conceptuelle ; s'y est construite, en effet, une vision de l'histoire et de l'art, à travers la confrontation de souvenirs, de sensations, d'images et de notions éparses telles que le style, le régionalisme, le classicisme, la tradition, la modernité, encore mouvantes et fragiles dans l'esprit du penseur vagabond qu'il est à cette époque.

1 Helen Bieri Thomson (éd.), *Une expérience Art nouveau. Le Style sapin à La Chaux-de-Fonds*, catalogue d'exposition, La Chaux-de-Fonds, Paris : Somogy, 2006.
2 Marie-Jeanne Dumont (éd.), *Le Corbusier. Lettres à ses maîtres 2. Lettres à Charles L'Eplattenier*, Paris : Editions du Linteau, 2006.
3 Ibid., lettre du 26 février 1908, p. 124.
4 Ibid., p. 129.
5 Marie-Jeanne Dumont (éd.), *Le Corbusier. Lettres à ses maîtres 1. Lettres à Auguste Perret*, Paris : Editions du Linteau, 2002, p. 50.
6 Dumont, Le Corbusier. *Lettres à Charles L'Eplattenier*, op.cit., pp. 248–260.
7 La seconde confession est le fameux chapitre de *L'Art décoratif d'aujourd'hui* (Paris : Crès, 1925), dans lequel Le Corbusier évoque ses années de formation.
8 Ibid., p. 252.
9 Paul Mebes, *Um 1800. Architektur und Handwerk im letzten Jahrhundert ihrer traditionellen Entwicklung*, Munich : Bruckmann, 1908.

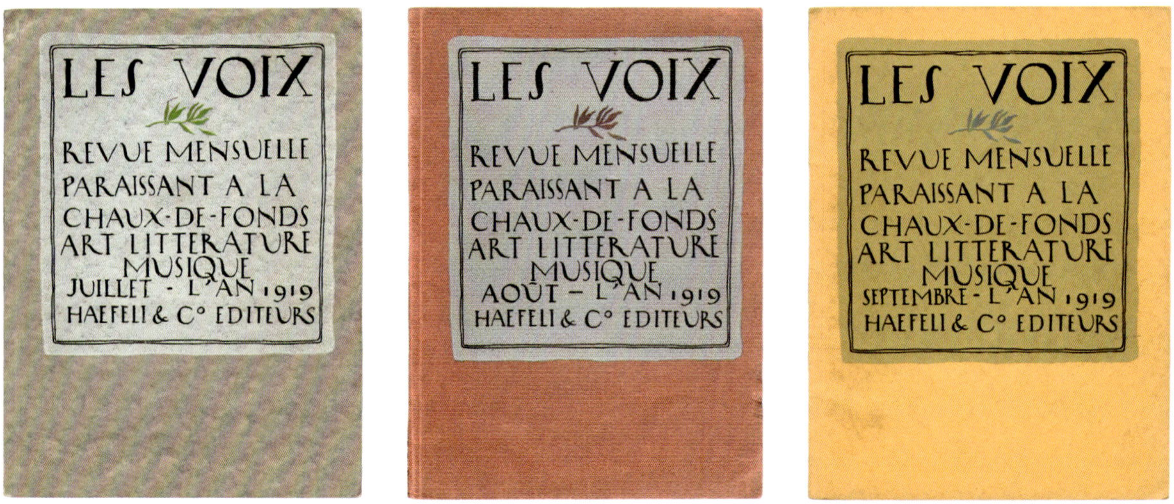

10 Dumont, Le Corbusier. *Lettres à Charles L'Eplattenier*, op.cit., p. 256.

11 Alexandre Cingria-Vaneyre, *Les entretiens de la villa du Rouet : essais dialogués sur les arts plastiques en Suisse romande*, Genève : A. Jullien, 1908.

12 Jacques Gubler, « From Feeling to Reason : Jeanneret and Regionalism », dans : Geoffrey H. Baker, Jacques Gubler, *Le Corbusier. Early Works by Charles-Edouard Jeanneret-Gris*, London – New York : Academy Editions – St. Martin's Press, 1987 (*Architectural Monographs* 12), pp. 112–119.

13 Leo Schubert, *La villa Jeanneret-Perret di Le Corbusier 1912. La prima opera autonoma*, Vicenza : Centro Internazionale di Studi di Architettura Andrea Palladio – Venezia : Marsilio, 2006.

14 Arthur Rüegg, « La fin de l'Art nouveau. Perspectives nouvelles : Charles-Edouard Jeanneret », dans : Bieri Thomson, *Une expérience Art nouveau*, op.cit., pp. 155–167.

15 Charles-Edouard Jeanneret, « Le renouveau dans l'architecture », *L'Œuvre*, 1ère année, n° 2, 1914, pp. 33–37.

16 Ce lézard a vraisemblablement été forgé par Hermann Jeanneret, condisciple de Jeanneret au Cours supérieur de l'Ecole d'art, surnommé Hagen à cause de sa voix wagnérienne.

17 Paquebot est le surnom donné à Jeanneret par ces camarades, comme il le révèle à William Ritter dans sa lettre du 7 avril 1922 ; l'anecdote est reprise dans le chapitre « Confession » de *L'Art décoratif d'aujourd'hui*.

18 Giuliano Gresleri (éd.), *Ch.-E.Jeanneret – Le Corbusier. Voyage d'Orient. Carnets*, Milano : Electa – Paris : Fondation Le Corbusier, 1987, *carnet 4*, p. 167.

19 Philippe Zysset, condisciple de Jeanneret à l'Ecole d'art est devenu peintre ; avec Charles Humbert, Madeleine Woog et Lucien Schwob, il participe, en 1916, à une exposition, largement commentée par Jeanneret dans *La Feuille d'Avis de La Chaux-de-Fonds* (2 et 4 décembre 1916), qui marque l'entrée en modernité de la peinture locale. Zysset est aussi l'auteur de cet intéressant projet d'affiche pour la XXIIème exposition de la Société des Amis des Arts de La Chaux-de-Fonds, daté de 1911 mais annonçant déjà l'Art déco, dont la thématique n'aurait sans doute pas manqué d'attirer l'attention de Jeanneret, s'il l'avait connu.

20 Giuliano Gresleri (éd.), *Ch.-E.Jeanneret – Le Corbusier. Les voyages d'Allemagne. Carnets*, Milano : Electa – Paris : Fondation Le Corbusier, 1994, *carnet 3*, pp. 85–90.

21 Luisa Martina Colli, *Arte artigianato e tecnica nella poetica di Le Corbusier*, Roma – Bari : Laterza, 1982, p. 104.

22 « Le citron c'est l'Asie » écrit Ch.-Ed. Jeanneret dans sa lettre à William Ritter du 6 avril 1913, BN, Archives littéraires suisses (ALS), Fonds William Ritter.

23 Cf. M.P. Verneuil, « Les toiles imprimées nouvelles », *Art et décoration*, vol. 1, 1912, pp. 13–24.

24 Gresleri (éd.), *Ch.-E.Jeanneret – Le Corbusier. Les voyages d'Allemagne. Carnets*, op.cit., *carnet 4*, pp. 64–66.

25 Lettre de William Ritter à Ch.-Ed. Jeanneret du 3 novembre 1911, BN, ALS, Fonds William Ritter.

26 Charles Humbert, condisciple de Jeanneret au Cours supérieur de l'Ecole d'art, devient l'un des protagonistes de ce mouvement pictural chaux-de-fonnier que l'on qualifie de réalisme mélancolique de tendance néoclassique, et dont le tableau emblématique *A l'atelier (Les amis)*, de 1916, est au Musée des beaux-arts de La Chaux-de-Fonds (cf. note 19). Dès 1911 et jusqu'en 1919, Humbert et Jeanneret se voient ou s'écrivent régulièrement comme en témoignent le journal d'Humbert ou les cartes postales qu'ils s'envoient. Leur relation est aussi attestée dans le roman à clés de Jean-Paul Zimmermann, *Le Concert sans orchestre* (1937), où ils ont respectivement pour pseudonyme Ravens et Courvoisier. Un dessin d'Humbert, non daté, représentant deux nus féminins dans des ruines antiques porte la mention suivante : « Des rêves à Charles Edouard Jeanneret architecte » (cf. Maurice Favre, « Les Voix et leur époque 1919–1920 », *Nouvelle revue neuchâteloise*, 20e année, n° 78, automne 2003, p. 47).

27 Société des Amis des Arts, procès verbal du 2 octobre 1912 rédigé par Jeanneret lui-même. Archives du Musée des beaux-arts, La Chaux-de-Fonds.

28 Ibid., procès-verbal du 30 novembre 1913.

29 H. Allen Brooks, *Le Corbusier's Formative Years. Charles-Edouard Jeanneret at La Chaux-de-Fonds*, Chicago – London : The University of Chicago Press, 1997, Fig. 280 et 281 ; Dumont, *Le Corbusier. Lettres à Charles L'Eplattenier*, op.cit., p. 80 (lettre du 12 mars 1913).

Jacques Bujard, Pierre Minder, Elisabeth et Michel Muttner

DE L'ACHAT DE LA MAISON BLANCHE A SA RESTAURATION I

L'ETUDE PREALABLE A LA RESTAURATION

Délaissée pendant plusieurs années, la Maison blanche est apparue comme une chance à saisir pour les personnes conscientes de la valeur de cet édifice et de l'importance de sa signification dans l'histoire de l'architecture internationale. En effet, l'une des principales motivations ayant généré la création, le 31 janvier 2000, de l'Association Maison blanche a été le désir d'ouvrir au public un bâtiment représentatif des premiers travaux de Charles-Edouard Jeanneret, le futur Le Corbusier, à La Chaux-de-Fonds, sa ville natale. La Maison blanche s'y prêtait admirablement, et ce d'autant plus qu'elle se révèle comme une œuvre de transition, entre celles réalisées avec ses maîtres et celles où il intervint en tant qu'architecte indépendant, se libérant de ses œuvres passées et aspirant à un nouvel état d'esprit.

Conserver et restaurer cette œuvre de transition à titre de valeur patrimoniale était déjà un objectif en soi. C'était en plus une manière tangible de rendre à cet édifice sa place à part entière dans l'œuvre complète de Le Corbusier. Pour donner suite à ces aspirations, l'Association a acquis l'édifice et ses terrains le 16 mai 2000, grâce au soutien de nombreuses personnalités, des pouvoirs publics et de personnes de tous horizons, local, national et international. La présence de la maison parmi les bâtiments de Le Corbusier candidats à l'inscription sur la liste du Patrimoine mondial de l'Unesco vient de confirmer l'importance donnée à cet édifice et la reconnaissance apportée à une période jusqu'à récemment trop peu connue de la production de l'architecte.

L'étape de l'acquisition franchie, l'Association a dû aborder les questions posées par la réhabilitation de la Maison blanche, sa réaffectation et sa restauration. Elle a désigné pour ce faire une Commission des travaux, constituée de spécialistes et d'experts prêts à apporter à la démarche leurs expériences et connaissances et à accompagner les mandataires et le maître d'œuvre. A la suite d'un concours sur invitation, l'architecte Pierre Minder, du bureau MSBR nouvelle Génération SA à La Chaux-de-Fonds, a été désigné en juin 2001 pour conduire cette étude et la restauration, qui s'est achevée en automne 2005.

Charles-Edouard Jeanneret, Villa Jeanneret-Perret, La Chaux-de-Fonds, 1912. Photo prise durant les travaux : la charpente de l'avant-corps en hémicycle sur la façade côté chambre d'été.
Photo 1912 (détail), BV

Charles-Edouard Jeanneret, Villa Jeanneret-Perret, La Chaux-de-Fonds, 1912. Vue depuis le sud-ouest.
Photo vers 1915–1919, BV

Une étude préparatoire a cherché à découvrir et à retracer les étapes de la construction en 1912 de l'édifice et de son évolution durant ses premières années, sans négliger la documentation des interventions ultérieures, grâce aux analyses conjointes des architectes, historiens, restaurateurs d'art, archéologues et spécialistes de l'ingénierie, des jardins et des divers matériaux et éléments constitutifs de l'édifice et de son environnement. Un inventaire systématique de l'ensemble des connaissances de l'œuvre a été élaboré, l'étude préparatoire devant apporter les connaissances indispensables au but fixé : conserver et restaurer l'immeuble, déterminer les usages compatibles avec les objectifs et les contraintes de la conservation, tout en permettant l'ouverture de la maison à un large public afin de lui faire découvrir la première œuvre du futur Le Corbusier.

Chaque domaine particulier a été traité par des mandataires spécialisés sous la direction de l'architecte, qui a en outre procédé à un relevé complet de l'édifice et de ses alentours. Les investigations ont fait l'objet de rapports détaillés, synthétisés dans le chapitre suivant, qui présente les résultats des études et analyses menées avant la restauration et au cours de celle-ci. C'est ainsi qu'ont été effectués des sondages picturaux sur les murs intérieurs et extérieurs, les plafonds, les portes, les fenêtres et les boiseries, tandis que des sondages ponctuels ont été pratiqués dans les murs et les sols pour évaluer l'état statique et constructif du bâtiment. Le jardin a aussi fait l'objet d'une analyse archéologique, à la recherche des vestiges des aménagements originaux. En outre, un dépouillement systématique des archives a été effectué par Catherine Courtiau pour récolter l'ensemble des données écrites et iconographiques disponibles sur la maison depuis sa construction. La confrontation du dossier de mise à l'enquête, de la riche iconographie des années 1912 à 1919, de documents épistolaires et du journal de Georges-Edouard Jeanneret, père du jeune architecte, avec les relevés et les résultats des campagnes de sondages a permis de retracer précisément l'évolution du projet, sa réalisation, puis ses modifications.

La même vue avant le début des travaux de restauration.
Photo Peter Wullschleger, 2002

L'étude préparatoire a rapidement mis en évidence le fait que la Maison blanche n'avait pas été une œuvre aboutie dès sa conception, mais qu'elle procède de la liberté donnée au jeune architecte d'expérimenter ses acquis et ses fantasmes dans la construction de la maison de ses parents. Elle a permis de constater que Charles-Edouard Jeanneret a utilisé des matériaux et des techniques diversifiés, des plus traditionnels aux plus novateurs pour l'époque, qu'il a apporté durant le chantier, dont la durée n'a pourtant guère excédé sept mois, des modifications importantes aux plans déposés et qu'il a poursuivi ces modifications durant toute l'occupation de la maison par ses parents. C'est ainsi que des fenêtres, des portes et une lucarne ont été redessinées, que la croupe de la toiture de la cage d'escalier a fait place à un pignon en cours de chantier ou que la cheminée de l'atelier-bibliothèque n'a pas été réalisée, alors qu'une cheminée a été ajoutée au salon, sans parler des modifications des couleurs des murs et des baies ou de la suppression d'une porte intérieure.

Charles-Edouard Jeanneret a en définitive constamment adapté la réalisation de son projet à son vécu, ses connaissances, ses expériences et ses réflexions, à un rythme plutôt déroutant. Il n'y a donc pas un état d'origine, mais une œuvre en devenir et en évolution constante, façonnée durant toute la période où la Maison blanche était la demeure familiale. L'état d'origine est donc le résultat d'une période de mutations et d'essais qui prend fin en 1919, quand la famille Jeanneret vend la maison. Pour l'ameublement et le décor, il est en outre possible de considérer comme un prolongement du projet les recommandations faites par Charles-Edouard Jeanneret à Fritz-Ernst Jeker, acquéreur du bâtiment.

Une fois cette « période d'origine » mieux connue, mieux comprise, une fois l'ensemble des éléments constituant cette œuvre analysé, il s'est agi de définir le projet de conservation et de restauration dans tous ses détails. La conservation des apports « post Le Corbusier », en particulier les papiers peints et les installations sanitaires des années 1940 à 1960, fut un temps envisagée, mais le remplacement nécessaire de plusieurs tuyaux noyés dans les murs ne la rendait guère possible, tandis que la qualité architecturale de ces interventions n'apparaissait guère marquante. Il en allait de même ainsi pour l'aménagement du jardin réalisé vers 1960. Décision fut donc prise de rétablir, dans la mesure du possible, un état originel défini non pas comme celui issu de la construction de la maison en 1912, mais comme celui qui s'est développé jusqu'en 1919, année qui correspond non seulement au départ des parents de la maison, mais également et surtout à une étape bien précise à partir de laquelle Charles-Edouard Jeanneret n'est plus intervenu.

Grâce aux données très précises récoltées par l'étude préalable, la restauration-restitution de l'état 1919 est apparue possible, sous réserve de quelques adaptations mineures palliant des défauts constructifs nuisibles à la conservation à long terme de l'édifice ou nécessitées par l'objectif de rendre accessible au public une ancienne maison familiale. De plus, l'état évolutif de 1912 à 1919 étant une réalité propre à la maison et à son architecte, l'aspect de laboratoire qui s'en dégage devait être respecté comme un témoignage majeur de l'élaboration de la pensée de l'architecture du futur Le Corbusier.

LA MAISON ET SON JARDIN

Description et histoire matérielles

Situation et accès La Maison blanche, accrochée à la pente et en situation dominante par rapport à la ville de La Chaux-de-Fonds en contre-bas, a été édifiée dans un pâturage délimité à l'origine, côté amont, par une forêt dense. Sur les autres côtés, la végétation était clairsemée, avec quelques arbres plus ou moins isolés, essentiellement des hêtres et des sapins. Le dégagement était quasiment complet du côté de la ville, en aval, tandis que la maison surplombe une ancienne carrière au nord. Avant la restauration et les abattages d'arbres qui l'ont accompagnée, ces qualités du site avaient été fortement réduites par l'envahissement de la forêt.

Photo prise durant les travaux. La façade à avant-corps en hémicycle côté chambre d'été.
Photo 1912, BV

L'accès pour piétons se réalise depuis le chemin de Pouillerel, en aval. Deux piliers cylindriques de maçonnerie crépie, surmontés chacun d'une boule en simili pierre, encadrent le portail d'entrée[1], qui s'insère dans un mur de béton retenant le terrain le long du chemin public. Cet accès relève plus d'une promenade de découverte menant à la maison que d'un accès fonctionnel vers l'entrée principale, puisqu'il oblige à traverser le jardin et à contourner la maison pour rejoindre celle-ci.

L'accès pour les véhicules se trouve quant à lui en amont de la parcelle, en lisière de forêt. Ce chemin, en forte pente (env. 15%) et impraticable durant l'hiver, ne semble avoir été utilisé que pour les livraisons importantes et les déménagements, bien qu'il rejoigne en ligne directe l'entrée principale de la maison sous un angle particulièrement favorable.

La construction La maison est élevée en moellons de calcaire local jointoyés au mortier bâtard. Le système porteur vertical est constitué des murs de façade en périphérie et de quatre piles, de même hauteur que ceux-ci, qui dessinent un rectangle central. Le système porteur horizontal est, quant à lui, composé d'un système primaire de poutrelles métalliques hourdées de maçonnerie, reliant les piles entre elles et aux façades. Les sommiers ainsi constitués soutiennent le système secondaire constitué soit de poutrelles métalliques hourdées de corps creux en terre cuite ou en béton, formant le sol du rez-de-chaussée, soit, aux étages supérieurs, de solives en bois avec entre-poutres de scories, à l'exception de la salle de bain et de la loggia, où réapparaissent les poutrelles métalliques avec hourdis en béton.

Charpente modifiée du fronton de la cage d'escalier.
Photo Pierre Minder, 2002

Les encadrements des fenêtres ainsi que l'allège des baies de la chambre en hémicycle et les cordons sont en briques ciment ; seules celles des meneaux des fenêtres de l'atelier du sous-sol sont restées apparentes. Les linteaux des baies sont, quant à eux, en ciment coulé et les colonnades au 1er étage des façades sud-est et sud-ouest composées d'un béton coffré de granulométrie assez grossière.

Chacune des façades ayant une composition particulière et aucune n'étant vraiment symétrique, dix formes de fenêtres de différentes dimensions, isolées ou placées en série, définissent leur composition. Ces façades sont crépies avec un mortier bâtard (chaux aérienne et chaux hydraulique) projeté, créant une structure de surface rugueuse, d'expression relativement rustique, sur laquelle

Plaque d'Eternit d'origine trouvée dans les combles.
Photo Elisabeth et Michel Muttner, 2001

les sondages et les analyses effectuées au moyen de coupes microscopiques transversales [2] permettent de reconnaître l'application dès la construction d'un badigeon à la chaux préparé avec une chaux de fosse vraisemblablement additionnée de craie et de pigments, ce qui lui donnait un aspect blanc cassé.

Les modifications très rapprochées apportées ensuite au traitement des façades par Charles-Edouard Jeanneret démontrent la recherche constante de l'architecte d'une amélioration de leur expression architecturale. En effet l'analyse historique, la chronologie iconographique et les sondages picturaux indiquent qu'après un bref état de polychromie découlant du contraste entre le crépi blanchi, la couleur grise des briques des baies du sous-sol et brune du béton de la colonnade du 1er étage, le blanc a été généralisé sur les façades six mois seulement après l'entrée en jouissance de la maison, seul étant maintenu un encadrement gris foncé autour de la fenêtre du salon [3] : « Les fenêtres si noires doivent être peintes de blanc afin de garder le mur, et les colonnes de béton aussi, afin d'aider au cube. Le mur de jardin idem [...] » [4]

Il est à noter que les façades de la villa Favre-Jacot, construite au Locle par Charles-Edouard Jeanneret la même année que la Maison blanche, présentaient, selon des investigations effectuées en 2001 [5], certaines similitudes de traitement, dont l'usage d'un même crépi projeté, donnant une surface très structurée recouverte d'un badigeon blanc cassé. Par contre, pour les encadrements de fenêtre et autres éléments architecturaux, des tons beiges et terre ocre ont été choisis au Locle, au lieu des gammes de gris de la Maison blanche.

La lucarne d'origine.
Photo avant 1919 (détail), BV

La lucarne modifiée dans les années 1940, dans son état avant le début des travaux de restauration en 2004.
Photo Pierre Minder, 1994

La toiture et la lucarne La charpente à quatre pans avec réveillon est constituée de deux fermes principales supportant un cadre intermédiaire et l'ensemble du chevronnage. Les planches aboutées de la sous-couverture sont recouvertes d'un papier goudronné. Sur la cage d'escalier, comme l'indique la présence d'une sablière et de deux chevrons d'arêtier inutilisés, la charpente de la croupe figurant sur les plans déposés par Charles-Edouard Jeanneret a été construite, puis partiellement démontée, avant la pose de la sous-couverture, pour faire place à un fronton maçonné.

La couverture d'origine en amiante-ciment de la marque Eternit a fait place à de la tuile plate en terre cuite dans les années 1940 [6]. Un solde de la couverture originale retrouvé dans les combles a permis de reconnaître les trois éléments d'Eternit gris ciment utilisés en 1912 : ce sont des plaques en losange de 40 × 40 cm sur les pans, un bardage de 23 × 31 cm sur l'hémicycle et les joues galbées de la lucarne, et des faîtières demi-rondes de 17–18 × 8,5 × 40 cm pour les arêtiers. La présence de plaques plus foncées sur le bas des pans, décelable sur quelques photographies anciennes, résulte d'une rapide réparation des réveillons [7]. Le large berceau de la toiture est revêtu à l'origine d'un lattis plâtré en deux mains, lissé puis légèrement frotté et laissé nature, d'un aspect blanc cassé, tandis que les larmiers et vire-vent sont mis en évidence par une touche de couleur bleu outremer à l'huile. Georges-Edouard Jeanneret n'est toutefois pas satisfait de ce berceau, pas plus que du toit comme il l'écrit dans son journal : « Le dôme sous le toit souffre beaucoup des infiltrations et il s'en détache de grandes plaques de plâtre ; c'est là qu'on aurait dû faire un revêtement d'éternit et non de plâtre, et faire un toit en tuiles. » [8]

Fenêtre métallique dans le salon, avant le début des travaux de restauration.
Photo Eveline Perroud, 2002

La toiture est percée de plusieurs ouvertures : des tabatières éclairant les combles, une verrière sur le pan nord, au-dessus de l'atelier-bibliothèque, et une lucarne côté aval, pour la chambre. Celle-ci a conservé son bâti et ses fenêtres d'origine, mais les joues galbées modelées en plaques d'amiante-ciment, que nous montre l'iconographie de 1912–1919, ont été supprimées lors du changement de couverture dans les années 1940. La dépose de la couverture en 2005 a permis de retrouver ses chevrons d'origine peints à l'huile grise et les traces de la fixation de ses joues, clairement visibles sur l'étanchéité en papier goudronné.

Les fenêtres Les nombreuses formes de baies dessinées par Charles-Edouard Jeanneret impliquent des techniques de construction variées des cadres dormants et des vantaux des fenêtres. Celles-ci suivent plusieurs variantes déclinées autour de deux types principaux de menuiserie.

La plupart des fenêtres sont de construction traditionnelle et ouvragées de manière subtile, avec une moulure en doucine. Une première variante est représentée par la fenêtre classique à double vantail avec croisillons et petits carreaux, la double fenêtre extérieure se fixant sur les gonds des volets, qui, en l'occurrence, n'ont jamais existé, la plupart des baies étant dotées de stores à lamelles de bois. Ces fenêtres se voient dans la bibliothèque, au petit salon et à la cuisine, du côté de la chambre d'été. La porte-fenêtre ouvrant sur le balcon de la lingerie est de même configuration, alors que les portes-fenêtres arrondies de l'hémicycle de la salle à manger et les fenêtres de la cage d'escalier, bien que de même type constructif, sont de véritables doubles-fenêtres fixes.

Une variante de la même construction, mais sans croisillons, ferme la chambre en hémicycle et la colonnade du 1er étage, dans la chambre des parents, la salle de bain et la loggia, alors que les plans mis à l'enquête prévoyaient à ces emplacements des vantaux à croisillons. Un examen attentif de ces fenêtres a montré que ces croisillons, qui n'apparaissent pas sur les photographies anciennes, avaient été réalisés par le menuisier, mais supprimés avant la pose des verres. C'est la trace d'un changement de projet de Charles-Edouard Jeanneret en cours de réalisation, manifestement pour moderniser leur aspect. D'autres fenêtres de même construction, mais dès l'origine sans croisillons, se trouvent à l'atelier-bibliothèque et en haut jour à la cuisine.

Un autre type de menuiserie, plus simple parce que sans moulure en doucine, a été utilisé pour la lucarne des combles, avec croisillons, et, avec vantaux et vitrerie d'un seul tenant, pour les guichets des caves et des toilettes et les fenêtres de l'atelier du sous-sol. Ces dernières s'ouvrent à la française pour le vantail intérieur, alors que le vantail extérieur s'incline en vasistas[9]. La baie à double vitrage de l'antichambre du rez-de-chaussée, bien que disposant de croisillons à très larges mailles, suit le même type, de même que la fenêtre extérieure de la vaste baie du salon, démontable en été, ce qui permet le déploiement de son store à lamelles de bois. La fenêtre intérieure du salon, à quatre vantaux de 80 par 180 cm, présente quant à elle un cas unique dans la maison, puisqu'elle est formée d'une serrurerie métallique constituée de profils industriels en T et Z de 30 mm.

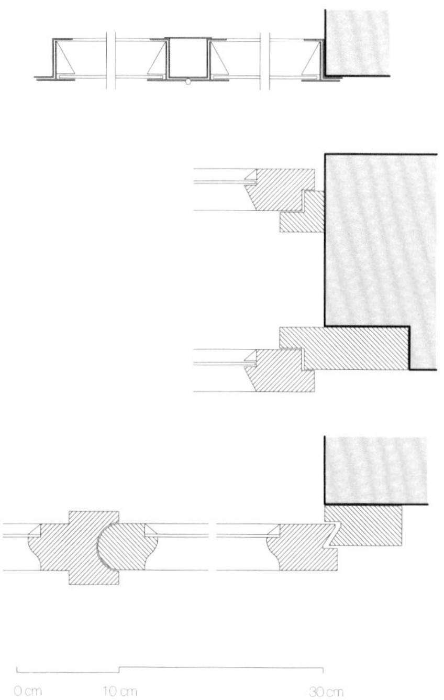

Les différents types de fenêtre rencontrés dans la villa Jeanneret-Perret : deux types de fenêtres en bois (en bas) et type de fenêtre métallique (en haut). Coupe.
Plan MSBR nouvelle Génération SA, La Chaux-de-Fonds, 2005

A l'origine, les boiseries des fenêtres sont peintes en couleur grise à l'huile. Sur les baies de l'hémicycle du 1er étage, l'iconographie des années 1912 à 1919 révèle en outre un subtil jeu de gris, le cadre de fenêtre étant légèrement plus foncé que le montant du châssis mouluré en demi-rond.

De même que les menuiseries, les espagnolettes varient selon leur emplacement ; celles des grandes fenêtres du rez-de-chaussée et des portes-fenêtres sont d'un style classique très ouvragé, alors que celles des autres fenêtres sont plus simples, avec une poignée généralement en forme de S à l'intérieur et de I à l'extérieur. Sur les vantaux de petites dimensions, elles sont remplacées par des loqueteaux.

D'autres menuiseries vitrées sont visibles dans la maison, en particulier une verrière en verre dépoli sur un fin cadre de bois animant le centre du plafond de l'atelier-bibliothèque et de larges portes vitrées à quatre vantaux à croisillons séparant le salon de l'antichambre et de la salle à manger.

Enfin, il est à noter que durant la période estivale, il était prévu la dépose des fenêtres de la loggia, fixées aux piliers par des crochets [10]. Cette possibilité a néanmoins été rapidement abandonnée, certainement à cause des rigueurs du climat, puisque des boiseries ont été ajoutées à l'intérieur pour fixer ces fenêtres et assurer une certaine isolation.

Espagnolette de fenêtre d'origine au rez-de-chaussée.
Photo Eveline Perroud, 2006

Les portes extérieures La porte de l'entrée principale, de forme cintrée, est constituée de deux plaques en amiante-ciment Eternit encadrées d'un profil métallique. Un oculus en son centre, protégé par un croisillon de fer, assure le rôle d'un judas, tandis que la remarquable poignée de porte extérieure a la forme d'un lézard en bronze [11].

La seconde porte de la maison, au pied de l'escalier extérieur, est une porte en bois à deux panneaux moulurés, le panneau supérieur ayant fait place à un guichet vitré très peu de temps après la construction [12].

Les espaces intérieurs Les quatre piles porteuses centrales régissent le plan de tous les niveaux de la maison, l'organisation des espaces intérieurs et leur interaction variant à chaque étage sur la base de cette même structure. Les cloisons de séparation des espaces, d'une épaisseur de 6 cm, sont constituées de briques de scories (mâchefer) revêtues d'un enduit de plâtre, à l'exception de quelques cloisonnements du sous-sol construits en moellons ou en planches. Les mêmes briques ont été utilisées pour le doublage améliorant l'isolation thermique des murs extérieurs.

Chaque espace intérieur est fortement caractérisé par sa relation avec l'extérieur et la lumière naturelle, ainsi que par ses proportions et son ouverture sur les espaces adjacents, « étant donné que les proportions de toutes les pièces ont été étudiées de très près et que certaines des pièces obéissent, même par leur proportion, à certaines lois de l'architecture complètement perdues aujourd'hui et qui ont été employées autrefois dans les grandes époques d'art de l'Antiquité (rapport numérique, largeur, profondeur, hauteur) » [13]. Les nombreuses formes de fenêtres et leurs différents types de menuiseries procèdent de cette relation.

Le sous-sol est formé d'une succession d'espaces pour la plupart à l'usage de cave ou de buanderie, organisés en contiguïté et enterrés. En regard des plans déposés, leur distribution et leur affectation ont été fortement modifiées lors de la construction. Les trois locaux, côté nord et est, bien éclairés naturellement grâce à la pente du terrain, forment une entité distincte : atelier d'émailleur de Georges-Edouard Jeanneret dans une première phase, puis petit logement avec cuisine[14].

Le rez-de-chaussée – le bel étage – est très ouvert sur l'environnement naturel. Les quatre piles centrales y sont bien visibles et provoquent l'interpénétration des espaces selon les deux axes, deux ouvertures à quatre vantaux vitrés situés entre les piles définissant, en une succession d'espaces contigus, un dégagement d'un seul tenant de 3m par 14m, « le transept de ‹ la cathédrale ›, comme dit mon père en errant dans ces vastitudes ! »[15]

Le 1er étage s'organise de part et d'autre d'un couloir situé sur l'axe du « transept de la cathédrale ». Contrairement au rez-de-chaussée, les espaces y forment des chambres fermées, hormis la lingerie qui joue le rôle d'un vestibule à l'angle du couloir.

Dans les combles, quelques espaces aux plafonds mansardés doublés en plâtre sur lattis témoignent d'un aménagement plus élaboré que les galetas avec charpente apparente. Néanmoins, une seule chambre, au milieu et de forme carrée, est habitable ; elle est éclairée par la lucarne.

Les sols Dans les combles, les sols sont constitués d'un simple plancher de sapin, alors que ceux des caves sont formés d'une chape de ciment damé et passé à la roulette, à l'exception de la cave centrale, où le sol primitif était en terre battue avec un cheminement de béton reliant les portes[16]. Dans l'atelier de Georges-Edouard Jeanneret, les fonds sont constitués d'une chape de ciment lissée sur poutrelles métalliques hourdées en béton au-dessus d'un vide sanitaire non ventilé. La finition rustique de la chape ainsi qu'une photographie ancienne[17] indiquent la présence à l'origine d'un revêtement de sol de type linoléum. Une cloison vitrée visible en avant-plan sur la même photographie a laissé la trace de sa base dans la chape, avec les supports de l'établi qui y était adossé.

Linoléum d'origine restauré dans le petit salon.
Photo Eveline Perroud, 2006

Le couloir de l'étage après la restauration.
Photo Eveline Perroud, 2006

Au rez-de-chaussée, le support des revêtements de sol des locaux de séjour est formé d'une chape de plâtre [18]. Une chape de ciment remplace celle-ci sous les carrelages des espaces de circulation et de la cuisine. Cette dernière est revêtue en 1912 d'un carrelage formé de carreaux de ciment bleu et blanc [19] de 20 × 20 cm disposés en damiers. L'entrée et le vestibule présentent en revanche des carreaux céramiques alternés noirs et blancs de 10 × 10 cm.

Sur le support de plâtre coulé ont été posés, selon les pièces, différents types de linoléum, tous encore d'origine, comme l'indiquent les sondages, les observations matérielles et l'étude des sources écrites et de l'iconographie. C'est ainsi que dans la salle à manger, le salon et l'antichambre se trouve un linoléum liège de couleur beige, présentant une légère linéature orientée dans l'axe des trois pièces, alors que dans la bibliothèque se voit un linoléum imitant l'aspect d'un granit rouge. Dans le petit salon, le sol présente un décor géométrique central bordé par un large filet beige clair, réalisé avec deux linoléums distincts, à la manière d'une marqueterie. Ce linoléum porte, comme celui de la bibliothèque, la marque de la fabrique allemande Anker à Delmenhorst.

Au 1er étage, dans les locaux de séjour, se retrouve la même chape de plâtre qu'au rez-de-chaussée, tandis que la chape est en ciment dans les espaces de circulation et les locaux sanitaires, sous un carrelage semblable à celui de la cuisine.

Il n'a été retrouvé qu'un linoléum d'origine, celui de l'atelier-bibliothèque, qui présente une certaine analogie avec le linoléum liège conservé au rez-de-chaussée. Dans la chambre des parents et dans la chambre en hémicycle, la chape de plâtre a été ultérieurement refaite en ciment et recouverte de moquette, ce qui a fait disparaître toute trace des revêtements originaux. Néanmoins, Charles-Edouard Jeanneret [20] mentionne la couleur bleue du sol de la chambre de ses parents, dont une photographie [21] révèle des déformations et une ligne de coupe (bordure de rouleau) caractéristiques d'un linoléum.

Plafonnier de l'antichambre après la restauration.
Photo Eveline Perroud, 2006

Les plafonds Au sous-sol, les plafonds des locaux habitables sont formés d'un hourdis de terre cuite enduit de plâtre lissé et recouvert d'une couche de détrempe ; cette peinture à base de colle d'os ou de farine, se diluant à l'eau, offre un aspect mat proche de la peinture à la chaux. Dans l'atelier de Georges-Edouard Jeanneret, elle est colorée d'une tonalité claire gris-bleu, qui se retrouve sur les parois de la pièce, alors que dans le local contigu, postérieurement aménagé en cuisine, c'est à l'origine un ton gris brun clair qui prédomine sur le plafond.

Au rez-de-chaussée, les plafonds sont plâtrés en deux couches sur un lattis de bois et lissés, puis recouverts d'une couche de détrempe à la colle d'aspect mat, de teinte blanc cassé pour toutes les pièces, à l'exception de celui de l'antichambre. Peint à la colle dans un coloris gris clair, ce plafond reçoit en effet sur son pourtour une bordure de couleur rouge vénitien, large de 36 cm, tandis qu'en son centre, un filet de même couleur, d'environ 5 cm de largeur, cerne un luminaire encastré. Ce dernier est doté d'un encadrement de bois mouluré reprenant le jeu de bichromie des teintes grises des plinthes de la pièce.

Les plafonds du 1er étage sont identiques à ceux du rez-de-chaussée. Seuls font exception les plafonds de la cage d'escalier et de l'ancienne loggia, consti-

Sondage de teintes sur le plafond de l'antichambre, laissé visible après la restauration.
Photo Eveline Perroud, 2006

Sondage de teintes dans l'antichambre.
Photo Elisabeth et Michel Muttner, 2002

tués de poutrelles de bois formant des caissons. Celui de la loggia a été rapidement masqué par des plaques en amiante-ciment Eternit avec couvre-joints en bois peint de gris[22].

Les parois et boiseries Les surfaces des parois et boiseries ont fait l'objet de modifications importantes et successives au cours du XXe siècle, mais les investigations ont permis de reconnaître l'aspect des pièces à l'époque des Jeanneret.

Au sous-sol, l'appareillage des parois est recouvert d'un enduit de plâtre, en général appliqué en deux couches et lissé, peint, à l'origine, à la détrempe. Dans l'atelier du père et son annexe, ces parois sont peintes en gris bleuté, tandis qu'elles sont gris clair dans le couloir menant à l'entrée inférieure. Dans la petite pièce postérieurement transformée en cuisine, les parois sont peintes en gris brun clair. De façon générale, les boiseries des portes et des fenêtres du sous-sol sont peintes à l'huile en gris clair.

Au rez-de-chaussée, le traitement des parois est le même : enduit de plâtre lissé en surface et recouvert à la détrempe. En 1912, deux espaces seulement font exception à cette généralisation de la peinture : le vestibule d'entrée tendu d'une toile de jute peinte à l'huile de couleur ocre, et le petit salon, recouvert en jute teinté en roux. La cuisine, quant à elle, est passée à l'huile en gris clair, tandis que les murs de toutes les autres pièces de l'étage sont peints dans un gris clair à la détrempe appliquée au pinceau, une couleur décrite comme blanche par Charles-Edouard Jeanneret. Ces parois sont soulignées d'une plinthe apposée sur un haut socle de tonalités grises différentes. A l'exception de la cuisine et du hall d'entrée, le sommet des parois est marqué d'une baguette moulurée peinte en gris, pouvant servir de cimaise[23]. Dans la salle à manger et l'antichambre, un jeu de panneautage[24] décoratif des murs est mis en place par la pose de fines baguettes moulurées peintes en gris. Les panneaux ainsi créés sont monochromes à l'origine, de teinte gris clair ; dans l'antichambre, ils contournent la banquette placée par Charles-Edouard Jeanneret sous la large fenêtre. Dans un deuxième temps, l'effet de panneautage des baguettes est renforcé au moyen d'une nouvelle peinture ; les champs des panneaux sont alors rehaussés en gris foncé, tandis que les contrechamps sont laissés gris clair.

Si, au rez-de-chaussée, la majorité des boiseries des portes et fenêtres sont peintes à l'huile dans une teinte gris clair, les espaces de circulation sont soulignés par l'application d'une couche de peinture à l'huile bleu foncé sur les boiseries du hall d'entrée, du vestibule et de la cage d'escalier, en particulier les montants, la rambarde, les plinthes et les contre-marches de l'escalier. Les parois de ces espaces sont peintes à la détrempe dans un gris terre d'ombre assez soutenu, une teinte qui semble être apparue très rapidement en cours de chantier, mais qui a été précédée d'un gris plus clair.

Au premier étage, se retrouve généralement le même type de traitement des parois qu'au rez-de-chaussée : enduit de plâtre lissé et recouvert à la détrempe, en général gris clair, et souligné d'une plinthe de couleur noire. Les parois des couloirs sont traitées de la même façon que les espaces de circulation du rez-de-chaussée, soit dans un gris terre d'ombre assez soutenu.

Les parois de la salle de bain sont peintes en gris clair à l'huile, ainsi que les portes, fenêtres et encadrements.

Sondage de teintes et de papiers peints dans la salle à manger.
Photo Elisabeth et Michel Muttner, 2002

Poignée de porte d'origine au rez-de-chaussée.

Poignée de porte d'origine à l'étage.
Photos Eveline Perroud, 2006

Dans la petite loggia, c'est une peinture gris clair à la colle qui est appliquée sur les parois de la pièce, tandis que les boiseries de la porte et des fenêtres sont peintes à l'huile, également en gris clair.

Dans l'atelier-bibliothèque, les murs sont peints en gris clair à la colle, les boiseries en gris à l'huile et les plinthes en noir. La chambre en hémicycle se démarque des autres puisque ses murs sont peints en jaune à la colle mat, comme l'indiquent les stratigraphies aussi bien que les sources écrites[25]. Ce ton soutenu est accompagné de boiseries de porte et fenêtres peintes en gris clair et de plinthes noires.

Les menuiseries intérieures et les niches Toutes les portes intérieures sont du même type, à deux panneaux, avec des chambranles relativement ouvragés sauf dans les locaux utilitaires du sous-sol (débarras, cave à combustibles, etc.) où les portes sont plus simples. Celles de l'atelier ont été modifiées par la pose de quelques panneaux vitrés.

Les poignées de porte en laiton se différencient à chaque étage. Au rez-de-chaussée, elles sont en forme de virgule, au 1er étage elles prennent la forme d'une boucle, alors qu'au sous-sol et dans les combles, elles sont d'un modèle plus courant, avec pommelles en corne.

L'ameublement fixe d'origine comprend deux éléments en trois parties à la cuisine et d'autres au 1er étage, dans la chambre des parents, à l'atelier-bibliothèque et dans la lingerie. Ceux-ci occupent des espaces qui leur étaient réservés, entre les angles des pièces et les piliers centraux[26], à l'exception de la lingerie, dont ils constituent deux faces.

Trois niches contiguës ornent l'atelier-bibliothèque ; elles sont parfaitement alignées sous le puits de lumière de la verrière. D'autres niches, à fonction utilitaire celles-ci, accueillent des radiateurs sous les fenêtres de la chambre des parents et de la salle de bain. En outre, un coffre-banquette occupe une niche boisée arrondie dans le couloir du 1er étage, sous l'escalier des combles, tandis qu'une étagère de bois occupe le bas d'un renfoncement dans la cage d'escalier et que le vestibule est doté d'un lavabo, d'un portemanteau et d'un cadre de miroir en bois peint, incrusté de deux plaques d'amiante-ciment et souligné d'une tablette de hêtre naturel.

Réaménagements du salon et de la bibliothèque entre 1912 et 1919 C'est dans le salon et la bibliothèque qu'ont été relevées les traces les plus marquantes de l'intervention de Charles-Edouard Jeanneret sur les décors intérieurs avant 1919. Une porte reliant le salon à la bibliothèque est murée, comme l'indiquent la forme rectangulaire très nette qu'elle a laissée sur la paroi peinte et le profil de son chambranle découpé dans les linoléums. Cette porte figure sur les plans de 1912 mais plus sur le croquis de la maison, adressé par Charles-Edouard Jeanneret à Auguste Perret le 20 juin 1915 ; sa suppression est donc manifestement survenue entre temps, plus précisément sans doute en 1913, lors de la création au salon d'une cheminée, qui ne figure pas sur les plans de 1912.

Cette cheminée est composée d'un chambranle en faïence blanche, comprenant deux piédroits présentant chacun une niche incurvée de faïence verte entourée de colonnettes. Un linteau peint de deux cornes d'abondance, d'où

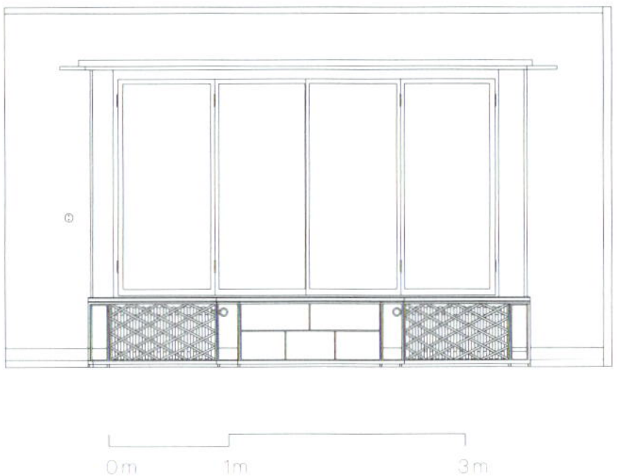

Fenêtre métallique et revêtement de radiateur dans le salon.
Plan MSBR nouvelle Génération SA, La Chaux-de-Fonds, 2003

Cache-radiateur dans le salon après la restauration.
Photo Heinrich Helfenstein, 2006

s'échappent des fleurs et feuillages, d'un papillon et de deux oiseaux, l'un mort et l'autre vivant, surmontait l'ouverture du foyer. Signé « Ch.-E.Jt » et daté « 1913 », il a malencontreusement disparu vers 1994. Une bordure de protection en petits carreaux de faïence polychromes entoure la base de la cheminée, tandis qu'un rideau métallique permet la fermeture du foyer.

Après la construction de la cheminée, de nouveaux revêtements sont appliqués sur les murs, une toile de jute nature dans la bibliothèque et un papier peint à fleurs dans le salon, papier qui figure sur plusieurs photographies antérieures à 1919[27] et dont des fragments ont été retrouvés en place[28]. Le motif de ce papier peint, créé par André Groult et imprimé à la planche en trois couleurs par la manufacture Alfred Hans et Fils à Paris en 1911, fait partie d'une production connue dans des variations de couleurs parfois très soutenues[29]. La sobriété des lignes et de la palette, ainsi que le traitement en deux dimensions du motif le rapprochent des courants Art nouveau, tels les Wiener Werkstätten et le Deutscher Werbund[30].

Faisant face à la cheminée, sous la grande baie vitrée du salon, se trouvent deux radiateurs, recouverts à l'origine d'une tablette ajourée en bois massif. Ceux-ci sont masqués peu après la pose du papier peint[31], et avant 1919, par un élégant cache-radiateur surmonté de plaques de marbre veinées de gris et blanc et présentant une face en bois peint en vert et blanc composée de deux grilles de bois peint séparées par une étagère et bordées de deux étroites niches verticales permettant l'accès aux vannes des radiateurs.

Principaux remaniements survenus entre 1919 et 2000

Les façades Les façades ont subi plusieurs réfections, qui n'en ont pas modifié fondamentalement l'apparence : après diverses réparations localisées, un nouveau badigeonnage à la chaux est effectué sur les façades, tandis que les colonnades sont recouvertes d'une couche de badigeon blanc cassé et les fenêtres peintes dans la même couleur, mais à l'huile. En mauvais état, le berceau est doublé de panneaux de tôle zinguée peinte de blanc, tandis que les larmiers et vire-vent sont passés en blanc cassé crème. Vu les difficultés causées par la configuration du terrain pour la pose de l'échafaudage nécessaire à de tels travaux, il est fort probable que la plupart de ces modifications ont été effectuées en même temps que le remplacement de la couverture d'Eternit par de la tuile dans les années 1940.

A plusieurs reprises, et pas forcément de façon coordonnée, diverses interventions locales ont ensuite eu lieu, telles que des retouches sur les façades à la dispersion vinylique ou l'application d'un nouveau badigeon blanc sur les colonnades et d'une peinture blanc émail sur les fenêtres. En outre, sous le berceau, les larmiers ont été partiellement repeints à l'huile en gris foncé.

La dernière intervention avant la récente restauration voit l'exécution, en 1994[32], de plusieurs travaux d'assainissements importants : tandis que les façades sont repeintes avec une peinture à la chaux, les colonnes des baies du 1er étage sont recouvertes d'une peinture à l'huile beige foncé, les larmiers et vire-vent retrouvent leur teinte bleu outremer d'origine, les fenêtres sont repeintes en gris foncé et le plâtre sur lattis du berceau d'origine, protégé ultérieurement par des tôles, est remplacé par des plaques de fibro-plâtre posées sur un châssis métallique.

Les décors intérieurs Au cours du XXe siècle, la plupart des parois ont été revêtues de couches successives de papiers peints et les boiseries et plafonds repeints dans des couleurs différentes. C'est ainsi que Georges-Edouard Jeanneret décrit en 1922 les travaux menés par Fritz-Ernst Jeker depuis 1919 : « Toutes les parois ont été couvertes de papiers peints, sauf le vestibule ; la petite loggia inachevée a été terminée, en blanc [...] ; le corridor du haut a été passé à la couleur. »[33] Seuls d'infimes fragments de ces décors de la période Jeker ont été retrouvés, la pose de nouveaux papiers peints dès la décennie suivante les ayant fait disparaître. Dans les années 1930 en effet, la chambre des parents est ornée d'un papier peint à motifs linéaires colorés et gaufré, imitant la structure d'un tissu ; avec une bor-

Motifs de papier peint dessinés par André Groult.
Musée du papier peint, Rixheim
André Groult © 2007, ProLitteris, Zurich

Papier peint d'origine dans le salon, par André Groult (motif de roses, nº 5047, impression Alfred Hans & fils, Paris, 1911).
Photo Elisabeth et Michel Muttner, 2002
André Groult © 2007, ProLitteris, Zurich

Fragment de papier peint des années 1930 découvert dans le studio à l'étage.
Photo Elisabeth et Michel Muttner, 2002

Vue depuis l'antichambre dans le salon, vers 1980.
Photo Geoffrey Baker

dure imprimée[34], tandis que dans la loggia est posé un papier peint à décor de feuillages[35]. C'est vraisemblablement également dans les mêmes années[36] que les parois de l'atelier-bibliothèque sont recouvertes d'un papier peint à fleur, orné d'une petite bordure à motifs répétitifs. Les plinthes de la pièce sont alors repeintes en gris clair.

Du temps de Jeker ou des Welti, la toile de jute du petit salon est supprimée et une étagère en bois peint est fixée au mur, à l'extrémité d'un sofa, dans l'angle nord-est de la pièce[37]. Les parois de celle-ci sont alors recouvertes de papiers peints à motifs linéaires[38]. Lors d'une réfection devant remonter aux années 1940, l'étagère sera déplacée dans la chambre des combles et les parois seront revêtues d'un papier peint structuré, de la marque « Salubra ».

Toujours dans les années 1940 aussi[39], un papier peint structuré de la même marque est posé au salon, après suppression du papier peint à fleurs, et dans l'antichambre, après l'ajout d'un cache-rideau en bois de part et d'autre de la fenêtre et la modification d'une partie des panneaux de baguettes moulurées ornant les parois. Dans la salle à manger, un autre papier peint, également de la marque « Salubra », est posé. Il est à noter que si Le Corbusier collabore avec la firme « Salubra » en 1931, puis en 1959[40], pour l'élaboration de sa série des claviers de couleurs, les papiers peints posés à la Maison blanche appartiennent à une autre sorte de production, d'influence « Bauhaus »[41], avec laquelle Le Corbusier ne semble avoir eu aucune relation directe.

Encore dans les années 1940, les parois du hall d'entrée, du vestibule, de la cage d'escalier et du couloir du 1er étage sont recouvertes d'un papier peint à motif quadrillé[42]. Les réfections de la toiture et des façades dans les années 1940 ont donc manifestement été accompagnées d'une large remise en état du logement peu avant ou après le changement de propriétaire.

Dans les décennies suivantes, un papier tamponné verdâtre de la marque « Salubra », produit vraisemblablement dans les années 1950, est appliqué dans le hall d'entrée, le vestibule, la cage d'escalier et le couloir du 1er étage, alors que les boiseries de la cage d'escalier et de l'entrée sont peintes à l'émail synthétique rouge vif[43]. Les parois de l'atelier-bibliothèque sont, quant à elles, recouvertes d'un papier maculature peint en rose saumon et les éléments de boiseries de la pièce peints en brun, tandis que les murs de la chambre en hémicycle sont recouverts d'un papier maculature badigeonné en bleu ciel[44].

Les installations techniques

Les locaux sanitaires La maison n'étant pas raccordée au réseau d'eau potable de la ville, l'eau pluviale était recueillie par les descentes d'eau de la toiture. Celles-ci se déversaient dans une citerne d'environ 18 m^3 située sous le sol de l'atelier, ainsi que dans une petite citerne secondaire, pour les besoins du jardin, aménagée sous la terrasse en hémicycle en contre-bas de la chambre d'été. Les conduites de distribution et d'évacuation sont pour la plupart encastrées dans les murs de façade, un réservoir d'une contenance de 1 m^3 environ dans les combles alimentant l'ensemble du réseau par gravitation. Une pompe à main permettait d'y acheminer l'eau de la citerne intérieure[45].

Les appareils sanitaires de la maison présentaient avant la restauration une grande diversité, les toilettes et salle de bain du 1er étage ayant été particulièrement transformées à la fin des années 1950 ou dans les années 1960. L'équipement sanitaire, les carrelages du sol et des parois avaient alors été remplacés, à l'exception, à la salle de bain, d'un bidet Idéal Standard, probablement celui ajouté par Fritz-Ernst Jeker entre 1919 et 1921, et d'un lavabo plus récent[46]. L'enlèvement des carrelages et enduits au ciment des années 1950–1960 a permis de retrouver les traces d'une partie des installations sanitaires d'origine, soit l'évacuation d'eau d'une baignoire sur pieds et les ancrages de quatre consoles métalliques ayant supporté deux lavabos contre une paroi[47]. Un petit lavabo Idéal Standard d'origine a en revanche subsisté dans les toilettes du sous-sol.

La cuisine A la cuisine, à l'exception d'un buffet, le mobilier et les installations de cuisson et d'eau courante d'origine avaient été remplacés vers 1960/62, de même que les carrelages du sol et des murs. Au sol, des carreaux noir et blanc avaient succédé aux bleus et blancs, dont seuls quelques-uns avaient subsisté sous une armoire ajoutée avant les interventions de 1960/62 derrière la porte menant à la salle à manger.

Luminaire d'origine dans la cave.
Photo Eveline Perroud, 2006

L'installation de chauffage La production de chaleur de la maison est centralisée depuis l'origine au sous-sol, au pied de l'escalier menant au rez-de-chaussée ; elle avait été adaptée au mazout dans les années 1950[48]. Le chauffage à charbon et à tourbe ne donnant pas satisfaction, trois fourneaux avaient été installés en 1918 par Georges-Edouard Jeanneret ; l'un d'eux se trouvait dans la lingerie, où le mur entre deux placards avait été revêtu d'un panneau métallique.

La tuyauterie de distribution de la chaleur est semi-apparente au sous-sol ; les colonnes montantes sont en revanche encastrées dans les murs et se terminent par un vase d'expansion dans les combles. Chaque chambre possède au moins un corps de chauffe, sauf la loggia, non chauffée, et la cuisine, équipée dès l'origine d'un chauffe-plats alimenté par le chauffage central. Ces corps de chauffe sont constitués pour la plupart de radiateurs en fonte, en grande partie d'origine, comme l'attestent les photographies antérieures à 1919. Ils sont répartis le long des murs de façades, parfois sous les fenêtres. La plupart sont encore équipés de leurs vannes d'origine.

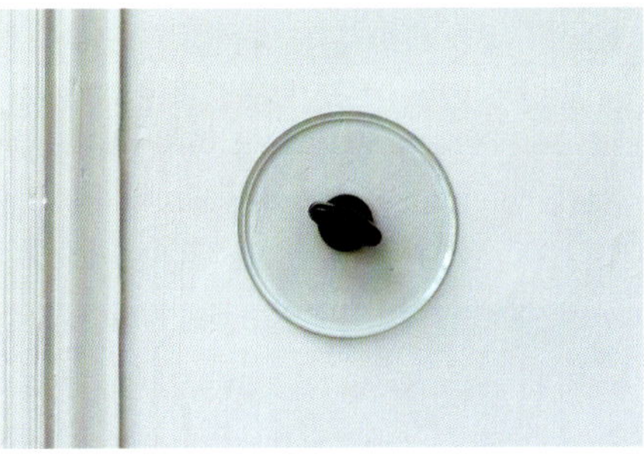

Interrupteur d'origine dans l'antichambre.
Photo Eveline Perroud, 2006

Les installations électriques Les installations électriques ont subi des mises en conformité successives et ponctuelles et présentaient de ce fait avant la restauration une large palette des matériels utilisés durant le XXe siècle. A l'origine, des coffrets à fusibles répartis dans toute la maison étaient alimentés depuis le tableau principal, au sous-sol, par des conduites en plomb ; celles-ci sont apparentes pour la plupart, mais suivent discrètement les lignes de l'architecture. Un soin particulier a été apporté à l'installation électrique du rez-de-chaussée, les plafonniers de l'antichambre, du salon et de la salle à manger y étant alimentés par des conduites cachées et placés sur l'axe du « transept de la cathédrale ». Charles-Edouard Jeanneret a d'ailleurs relevé l'importance de la position du luminaire du salon, « puisque ce lustre fixe la direction générale de toute la maison »[49]. Dans les pièces de réception du rez-de-chaussée, les interrupteurs rotatifs et les prises d'origine sont encastrés et discrètement couverts de plaques de verre, alors qu'ils sont en applique et en porcelaine dans les autres locaux.

La chambre d'été avec la pergola et les abords de la maison.
Photo avant 1919, BV

Les espaces extérieurs

A l'origine, les espaces extérieurs se composaient de deux zones bien distinctes : le jardin supérieur, « [...] un jardin carré, juché sur une haute terrasse [...] »[50], très précisément dessiné comme une extension du plan de la maison, et le jardin inférieur, en contre-bas, plus bucolique, aménagé en promenade d'accès, en terrasses avec plates-bandes et en jardin potager.

La « terrasse supérieure » est une « chambre d'été » extérieure close, « [...] totalement à l'abri des regards extérieurs, avec une vue panoramique sur les chaînes de montagnes et orientée de façon à permettre un séjour constant du matin au soir à l'abri du vent, sur un sol dallé toujours sec au milieu des plates-bandes de fleurs et des parterres de gazon [...] »[51] De la main de Charles-Edouard Jeanneret, seul un croquis du jardin supérieur et de la maison en 1915 fixe l'intention de la composition de la chambre d'été ; il est néanmoins complété et corroboré par plusieurs photographies antérieures à 1919.

Sondage de teintes vers la pergola de la chambre d'été.
Photo Elisabeth et Michel Muttner, 2004

Chambre d'été, pergola et jardin Avant la restauration, il ne subsistait de la chambre d'été que la pergola adossée à un mur de moellons en amont ; celle-ci était composée de deux pavillons d'angle à toit plat en béton reliés par une treille à la poutraison supportée par quatre colonnes. La treille d'origine était en bois, comme l'indiquent la base retrouvée de l'un des poteaux et des photographies. Elle avait été remplacée par des éléments préfabriqués en béton dans le courant du XXe siècle, les poteaux étant alors reculés et la profondeur de la treille diminuée. Le mur de la pergola est percé d'une porte cintrée, fermée à l'origine par deux volets de bois, menant à l'entrée de la maison ; à son sommet ont été observés les trous de fixation des panneaux en lattis de bois qui le surmontaient.

Les modifications apportées vers 1960 avaient éliminé les autres aménagements, en particulier le pavillon en bois à l'angle sud-ouest, la palissade en lattis le reliant à la pergola et les cheminements. Un pavillon rustique en moellons de calcaire gris foncé avec barbecue avait remplacé le pavillon de bois de la terrasse[52], elle-même traversée par un nouveau cheminement diagonal en dalles de granit. Les vestiges retrouvés dans le terrain et un examen attentif des photographies anciennes ont permis de préciser la largeur des chemins, la forme de leurs bordures en ciment et le dessin de leur pavage en briques de terre cuite de 12×24×6 cm. Le passage devant l'entrée de la maison était protégé par une barrière métallique et pavé des mêmes briques ; son aspect a aussi pu être restitué grâce aux points de fixation de la barrière visibles dans les murs et aux restes d'une bordure en briques de terre cuite. La base carrée en béton du pavillon de bois à l'angle de la terrasse a été retrouvée ; elle recouvre un vestige de bordure de chemin, confirmant l'antériorité de celui-ci. Rappelons que les sources historiques indiquent que le pavillon de bois a été construit en 1913 déjà, mais que sa couverture n'a été mise en place qu'en août ou septembre 1914.

Des investigations le long du mur de la pergola, recrépi en ciment, ont permis de retrouver de nombreuses traces des soulignements architectoniques peints, de couleur bleue, connus par l'iconographie. Vers la porte cintrée de la pergola, les crépis se trouvant encore dans leur configuration d'origine, les dégagements effectués ont permis de définir l'impact précis du bleu et son rapport visuel avec des bordures grises, permettant de redessiner les formes définies par Charles-Edouard Jeanneret. Des examens microscopiques de coupes transversales[53] confirment ce bleu comme toute première couche de couleur appliquée sur les parois de la pergola, tandis que son analyse matérielle a permis l'identification d'un pigment bleu outremer artificiel[54].

Le jardin inférieur Le jardin inférieur présentait avant la restauration un état issu des mêmes transformations de 1960 environ que la chambre d'été : des cheminements en dalles de granit avaient remplacé les aménagements d'origine et des murets avaient été construits ou surélevés à l'aide des mêmes moellons de calcaire que le pavillon rustique. Les dégagements effectués au cours du chantier ont remis au jour de nombreux éléments originels : cheminements de groise, murets en pierres sèches plus ou moins bien préservés, alignement de grandes

Etat de la villa avant le début des travaux de restauration.
Photo Peter Wullschleger, 2002

pierres de rocaille devant la maison presque intégralement conservé avec ses joints au ciment rustiquement incisés au fer, bordures en béton des plates-bandes, complétant celles restées visibles, et restes des bordures-caniveaux en béton de part et d'autre du chemin de groise et de ses emmarchements. Le potager avait quant à lui disparu, à l'exception des murets le délimitant au nord et à l'ouest.

1 Ces boules de simili pierre, restituées en 2005, avaient été remplacées par des luminaires, mais l'une d'elles a été retrouvée en deux parties dans le jardin.

2 28A-05, coupes transversales, microphotographies : Atelier Muttner.

3 La tonalité originelle précise des colonnades est relativement difficile à définir, des couches ultérieures de peinture à l'huile ayant donné au béton un aspect brun foncé, mais la couche de peinture blanche apposée sur le béton brut des colonnes est reconnaissable.

4 Lettre de Charles-Edouard Jeanneret à William Ritter, 10 février 1913, FLC.

5 Rapport Michel Muttner, conservateur-restaurateur, 7 octobre 2001.

6 Ce remplacement est survenu juste avant ou après le transfert de la propriété en 1944 à Mme Edmée Cornu-Welti. La couverture en tuile avait été révisée en 1994 et la ferblanterie en acier galvanisé alors remplacée.

7 La toiture présentait avant la récente restauration trois souches de cheminée en maçonnerie, deux d'origine, l'une pour le foyer du salon et le fourneau de la cuisine, l'autre pour la chaudière du chauffage central, et la dernière, ajoutée ultérieurement, pour la production d'eau chaude de la salle de bain.

8 « Journal de Georges-Edouard Jeanneret-Perret », 13 février 1917, BV.

9 Des stores à lamelles de bois coulissent entre les fenêtres des trois baies de l'atelier.

10 Ces baies n'ont jamais été dotées de doubles fenêtres.

11 Une fente pour une boîte aux lettres intérieure y avait été découpée ; elle a été supprimée lors de la restauration.

12 Le guichet présente en effet les mêmes loqueteaux que les fenêtres du sous-sol. L'humidité récurrente dans le couloir souterrain sur lequel elle s'ouvre a dû nécessiter cette possibilité d'aération. Une grille en fer forgé avait été posée devant ce guichet dans les années 1950–1960 ; elle a été supprimée lors de la restauration.

13 Notice dactylographiée « Vente de l'immeuble » de Charles-Edouard Jeanneret du 21 janvier 1919, BV.

14 Deux modifications spatiales avaient été pratiquées au sous-sol après le départ des Jeanneret : le remplacement par des panneaux de bois d'une cloison vitrée subdivisant l'atelier de Georges-Edouard Jeanneret et le cloisonnement d'un angle de l'espace central pour l'installation d'une citerne à mazout. Ces cloisons ont été supprimées lors de la récente restauration.

15 Lettre de Charles-Edouard Jeanneret à Ritter du 10 février 1913, BN, Archives littéraires suisses (ALS), Fonds William Ritter.

16 Les surfaces de terre ont été plus tard recouvertes de chapes de ciment.

17 FLC L3 (16) 36-3. – Un fragment de linoléum imitant un plancher de bois de bout a été retrouvé sous une liste en bois sur la marche séparant les deux moitiés de l'atelier. Ce motif n'est toutefois pas visible sur la photographie et il n'est pas matériellement prouvé que ce soit celui d'origine.

18 Au 1er étage, dans la chambre des parents et la chambre en hémicycle, des moquettes avaient été posées avant la restauration, sur une chape en ciment ayant remplacé la chape de plâtre dur qu'on rencontre encore dans les autres locaux.

19 Ces carreaux sont conservés ou attestés par les sondages, les photographies ou les textes pour le rez-de-chaussée et le 1er étage. Cependant à cet étage, aucune trace matérielle n'indique que les carreaux céramiques de 10 × 10 cm alternés noir et blanc de la salle de bain aient remplacé vers 1950 les carreaux bleu et blanc. Seule la continuité de ce revêtement conservé entre le corridor et les toilettes permet d'affirmer selon toute probabilité que cela devait bien être le cas.

20 « La chambre de mon père et de ma mère est bordée de 4 fenêtres adjacentes soutenant un grand avant-toit blanc et uni. Cette chambre est blanche et le paysage, des bois jusqu'au Mont-Racine, grande ligne troublée, est bleu. Le sol est bleu. C'est ennoblissant. » Lettre de Charles-Edouard Jeanneret à William Ritter du 17 novembre 1912, FLC.

21 FLC L3 (16) 36-41, resp. BV LC/108/270.

22 Ce remplacement et l'ajout de boiseries contre les murs ont vraisemblablement été exécutés par Fritz-Ernst Jeker, qui avait, selon le témoignage de Georges-Edouard Jeanneret en 1922, achevé et passé en blanc la loggia.

23 Cette fonction se remarque sur une photographie de la salle à manger : FLC L3 (16) 36-26, resp. BV LC/108/203.

24 « Je vous recommanderais, dans la salle à manger, sur le grand panneau demeuré libre, une belle œuvre de peinture moderne puriste que vous pourrez avoir lors de votre passage à Paris et qui fixerait le véritable esprit de cette pièce. » Lettre de Charles-Edouard Jeanneret à Fritz-Ernst Jeker du 11 septembre 1919, FLC.

25 « Ma chambre à coucher est demi-ronde et jaune ; par l'hémicycle des fenêtres on voit un grand sapin. » Lettre de Charles-Edouard Jeanneret à William Ritter du 17 novembre 1912, FLC.

26 Des portes disparues ont été restituées à deux armoires, l'une dans la lingerie et l'autre dans l'atelier-bibliothèque.

27 Notamment FLC L3 (16) 36-12, resp. BV LC/108/274.

28 Principalement derrière le cache-radiateur et sous les listes moulurées des cimaises.

29 Bernard Jacqué, *Papiers peints du XX*[e] *siècle*, Musée du papier peint, Rixheim, 2004, pp. 22–23. Numéro de catalogue du papier peint : n° 5047, Éditions André Groult, inventorié : 988 PP 7-54 et 55 au Musée du papier peint, Rixheim.

30 Claire Piguet, « Maison blanche. Papier peint du salon – remarques préliminaires », rapport du 29 novembre 2002, archives OPMS.

31 Lors de la pose du cache-radiateur, le papier peint a été peint en noir derrière les radiateurs et en vert derrière l'étagère.

32 Pierre Minder, Rapport de la restauration 1994–1996 et annexes.

33 « Journal de Georges-Edouard Jeanneret-Perret », 15 mai 1922, BV.

34 Datation de la bordure aimablement communiquée par M. Bernard Jacqué, directeur du Musée du papier peint, Rixheim, France. Le fragment de bordure retrouvé sous un boîtier électrique est semblable à un papier servant d'isolation à un tuyau de chauffage à la cave.

35 Il montre une certaine similitude avec un papier peint de la marque « Salubra » daté de 1928. Vers les années 1960, de grandes armoires avaient été montées dans la loggia, en obturant une partie des fenêtres.

36 Aimable information de M. Bernard Jacqué.

37 La présence du sofa est restituée par les traces de fixation des deux extrémités d'une tringle ayant supporté un tissu ou tapis formant son dossier, l'une dans le mur côté chambre d'été et l'autre sur le flanc de la bibliothèque.

38 De très petits fragments en ont été retrouvés sous les plinthes.

39 Le papier peint de la marque « Salubra » appliqué sur les parois de la pièce ainsi que sur les cache-rideaux est fabriqué dès 1939, aimable information de M. Bernard Jacqué, corroborée par un document mis à disposition par Mme Katrin Trautwein.

40 Arthur Rüegg, *Polychromie architecturale. Le Corbusiers Farbenklaviaturen von 1931 und 1959/Le Corbusier's Color Keyboards from 1931 and 1959/Les claviers de couleurs de Le Corbusier de 1931 et de 1959*, Basel – Boston – Berlin : Birkhäuser, 1997.

41 Information de M. Bernard Jacqué.

42 Ces papiers peints ne sont pas antérieurs au début des années 1940, vu les dates de fragments de papier journal retrouvés autour de gaines électriques ménagées avant leur pose.

43 Le miroir du vestibule est alors masqué par des panneaux de bois recouverts de papier peint.

44 Un dernier papier peint a été posé au rez-de-chaussée, en 2000, à l'occasion du tournage d'un film.

45 Un groupe de surpression a été installé ultérieurement.

46 Ils ont été déposés lors de la restauration.

47 Leurs tuyaux d'alimentation étaient également conservés, de même que les traces des pattes de fixation, au bas des murs, du tuyau d'évacuation qui contournait l'espace pour rejoindre la descente d'eau de la baignoire.

48 Le chauffage au mazout et la citerne sont signalés le 21 octobre 1960, *AEN, Registre de l'assurance contre les incendies 1902–1986*, La Chaux-de-Fonds, vol. 202, n° d'assurance 21'804.

49 Lettre de Charles-Edouard Jeanneret à M. Jeker du 11 septembre 1919, FLC.

50 Lettre de Charles-Edouard Jeanneret à Auguste Perret du 10 mars 1913, IFA, Fonds Perret.

51 Notice dactylographiée « Vente de l'immeuble » de Charles-Edouard Jeanneret du 21 janvier 1919, BV.

52 Ce pavillon neuf est enregistré par l'assurance incendie le 19 octobre 1960, *AEN, Registre de l'assurance contre les incendies 1902–1986*, La Chaux-de-Fonds, vol. 202, n° d'assurance 9409.

53 28A-06, coupes transversales, microphotographies : Atelier Muttner.

54 Analyses : Zentrum für Konservierung, Landesmuseum Zürich (Marie Wörle-Soares, Katja Hunger et Erwin Hildbrand).

PLANS DE RECONSTITUTION DE LA VILLA JEANNERET-PERRET
AVEC L'INDICATION DES MODIFICATIONS OPEREES ENTRE 1912 ET 2002

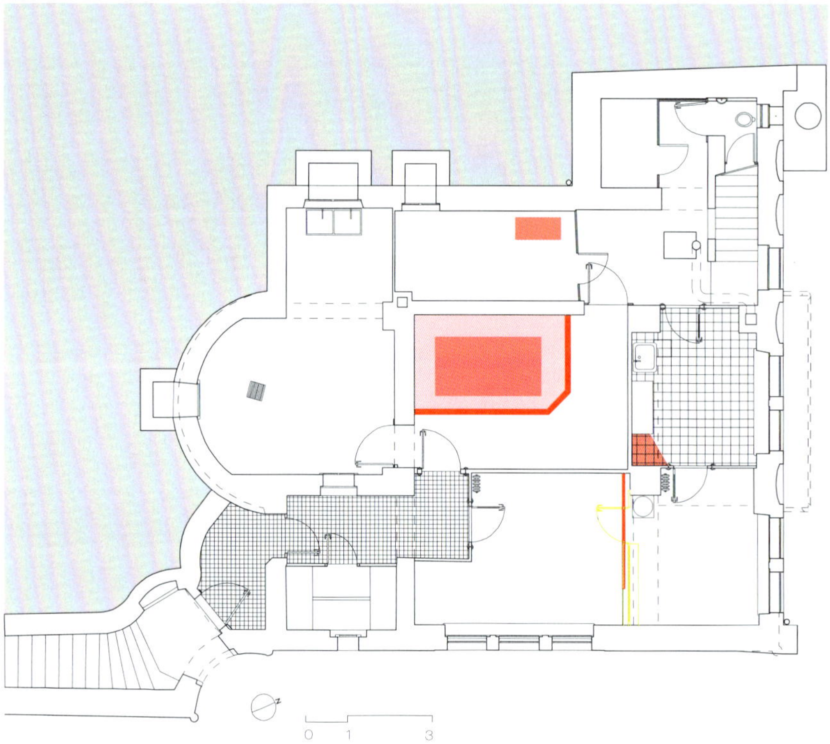

Sous-sol

En jaune : enlevé après 1919 ; en rouge : modifié ou ajouté après 1919.

– Evacuation de la cloison vitrée séparant l'atelier de Georges-Edouard Jeanneret, remplacement par une cloison borgne non continue
– Ajout d'une armoire murale masquant la pompe à main de l'eau de consommation
– Ajout d'un surpresseur remplaçant la pompe à main
– Ajout d'un local citerne et d'une citerne en acier à mazout de 6000 l

Plan MSBR nouvelle Génération SA, La Chaux-de-Fonds, 2006

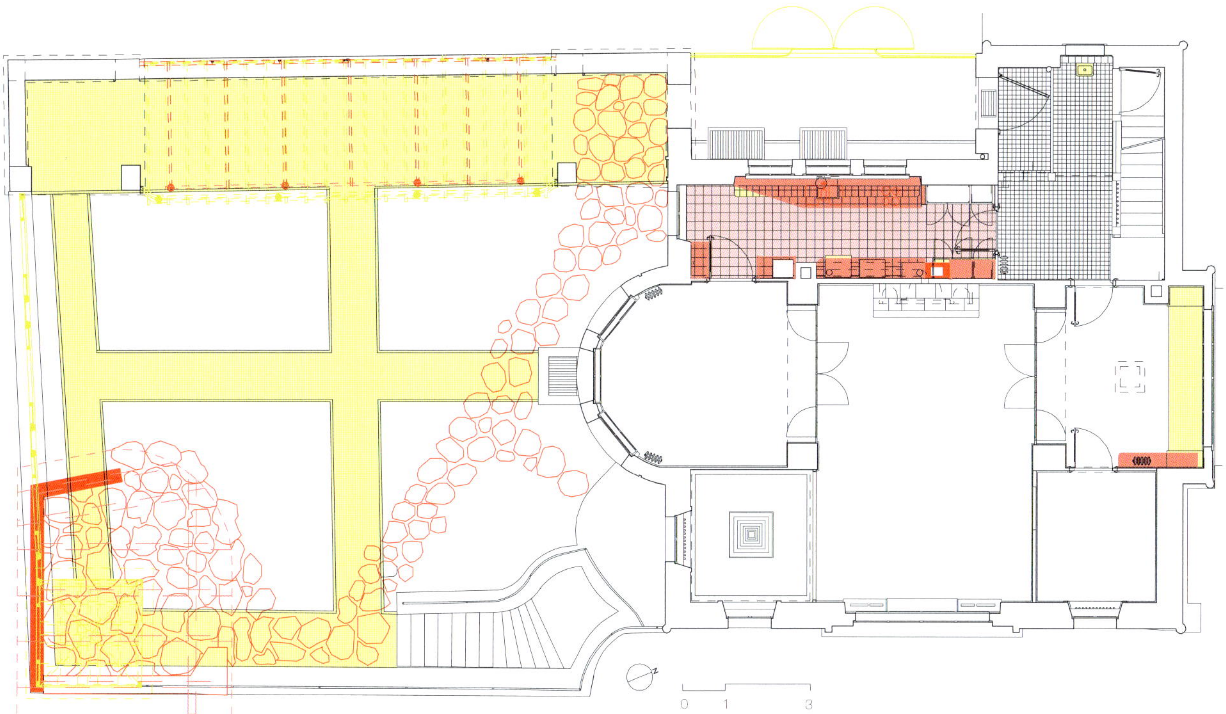

Rez-de-chaussée

En jaune : enlevé après 1919 ; en rouge : modifié ou ajouté après 1919.

– Evacuation de certains éléments constitutifs de la chambre d'été, tels que les cheminements et leurs revêtements en terre cuite, le pavillon en bois, le treillage et la pergola en bois
– Remplacement par une pergola en éléments de béton et par un pavillon en moellons massifs avec barbecue et par un revêtement de sol en granit de forme organique de type « Wohngarten »
– Transformation de la cuisine, remplacement du mobilier fixe et des installations, remplacement des carreaux de sol par un type plus petit (10 × 10 cm)
– Evacuation du lavabo du vestibule
– Evacuation du banc-lit de l'antichambre et création d'un cache-radiateur

Plan MSBR nouvelle Génération SA, La Chaux-de-Fonds, 2006

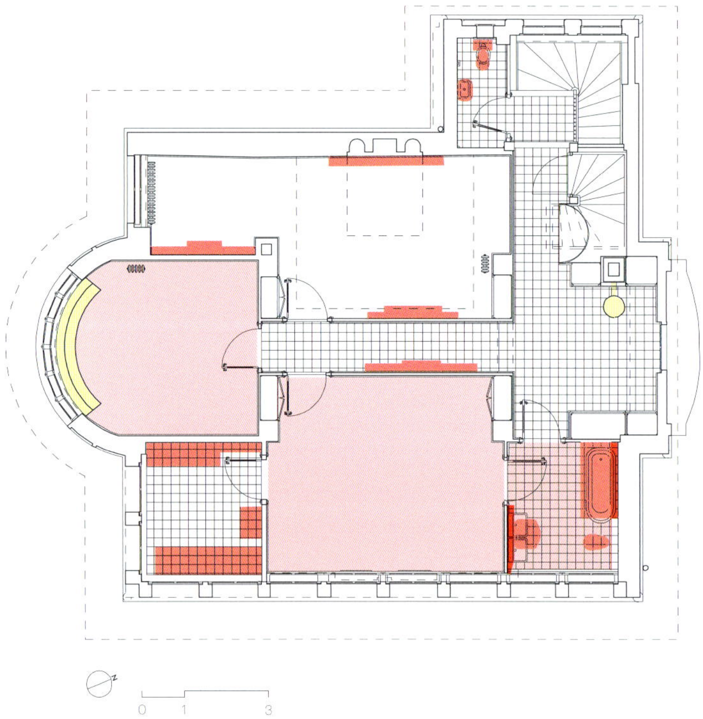

Etage

En jaune : enlevé après 1919 ; en rouge : modifié ou ajouté après 1919.

– Evacuation du meuble de rangement sous les fenêtres de la chambre en hémicycle de Charles-Edouard
– Evacuation d'un poêle dans la lingerie
– Evacuation de revêtements de sol (linoléum) dans la chambre de Charles-Edouard et de celle de ses parents, pose d'une chape en ciment et d'une moquette
– Remplacement des appareils sanitaires
– Remplacement des carreaux de sol de la salle de bain par un type plus petit (10 × 10 cm)
– La loggia est équipée de penderies pour devenir un dressing
– L'atelier de Charles-Edouard et le couloir sont équipés de bibliothèques ouvertes

Plan MSBR nouvelle Génération SA, La Chaux-de-Fonds, 2006

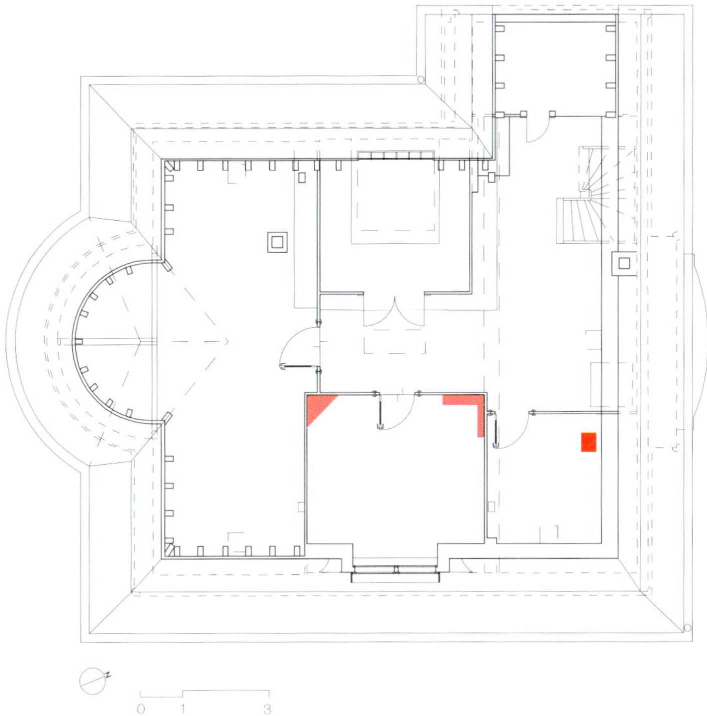

Combles

En rouge : modifié ou ajouté après 1919.

– Ajout d'une « cheminée de tirage » pour le chauffage de l'eau chaude de la salle de bain
– Ajout d'un buffet d'angle (triangulaire) et d'une bibliothèque d'angle

Plan MSBR nouvelle Génération SA, La Chaux-de-Fonds, 2006

Vue depuis le sud-ouest. La couverture en Eternit est une reconstitution.

Vue depuis la terrasse inférieure.

Prochaine double page:
Vue depuis le sud-ouest. Le pavillon de jardin et la lucarne sont des reconstitutions.
Photos Eveline Perroud, 2006

La façade nord-est.

La façade nord-ouest. La partie devant l'entrée est une reconstitution.
Photos Eveline Perroud, 2006

Jacques Bujard, Pierre Minder, Elisabeth et Michel Muttner

DE L'ACHAT DE LA MAISON BLANCHE A SA RESTAURATION II

LES CHOIX DE LA RESTAURATION

Stratégie de la restauration

Même si la maison, par sa richesse et sa substance, est en soi révélatrice du patrimoine architectural du début du XXe siècle, c'est bien l'œuvre de Charles-Edouard Jeanneret qui justifie avant tout l'intérêt porté à cette maison. Il ne s'agissait donc pas uniquement de réhabiliter une maison avec tous les aspects que cela comporte, mais de restaurer également, ou en priorité, la première maison de Charles-Edouard Jeanneret, pour faire apparaître et apprécier les caractéristiques particulières que lui a insufflées le futur Le Corbusier, architecte de renommée internationale.

Il s'agissait également de prendre position sur les modifications matérielles que cette maison avait vécues au-delà de la période Jeanneret. Ces modifications étaient-elles un obstacle à la compréhension de l'œuvre évolutive d'origine ? Celle-ci, on l'a vu, est bien plus une période et un processus de construction et de mise en valeur qu'un état fini, une date ou une image qui pourraient figer le dynamisme du jeune architecte.

Les moyens d'intervention

Tous les éléments pouvant être attribués à la période d'origine ont été soigneusement déterminés, répertoriés et protégés, non seulement durant la phase d'étude préalable, mais également durant la période de chantier, pendant laquelle de nombreuses découvertes matérielles supplémentaires ont été faites.

Cette substance historique, dans la mesure où elle était récupérable, devait être conservée. C'est, par exemple, le cas des témoins de papier peint ou de jute, découverts derrière les cimaises ou les corps de chauffe du salon, qui ont été laissés en place et protégés, soit par la restauration des cimaises, soit par un panneau dûment isolé.

Cette substance historique, dans la mesure où elle pouvait être réutilisée et maintenue dans sa fonction première, a non seulement fait l'objet de mesures de conservation mais également de restauration. Il s'agissait ici de combler les lacunes pour une présentation acceptable de cette substance. C'était, par exemple, le cas pour le panneau avec miroir sur le côté de l'escalier du vestibule.

Là où la substance historique n'existait plus ou n'apparaissait plus que ponctuellement, les méthodes de restitution n'étaient applicables que si les éléments nécessaires à celle-ci pouvaient être connus de manière suffisamment précise au travers de documents confirmés, tels que par exemple les photographies réalisées ou commandées par Charles-Edouard Jeanneret lui-même et le

L'Eternit Matériau composé d'un mélange de ciment, de farine de calcaire et de fibres (à l'origine d'amiante, aujourd'hui un mélange de fibres organiques), l'Eternit, au nom dérivé du latin *aeternitas*, a été breveté en 1901 par l'Autrichien Ludwig Hatschek. Le commerçant Alois Steinmann a acquis en 1902 la licence de fabrication pour la Suisse et fondé l'année suivante les usines Eternit Suisse SA à Niederurnen (canton de Glaris). La gamme des produits Eternit de cette époque est composée d'ardoises de toiture, d'ardoises losangées et de plaques de bardage[1].

1 Information Eternit Suisse SA, 16 février 2006. Cf. aussi: Michael Hanak, Marie-Anne Lerjen (éds.), *Eternit Suisse. Architecture et culture d'entreprise depuis 1903*, Zurich: gta Verlag, 2003. En ce qui concerne l'usage de l'Eternit par Jeanneret/Le Corbusier cf. : Arthur Rüegg, « Le Corbusier : ‹Monsieur Eternit›. Entre une mise en œuvre pragmatique et une impulsion visionnaire », dans : Ibid., pp. 98–105.

journal du père, Georges-Edouard Jeanneret, ou au travers des sondages picturaux ou archéologiques. Ces restitutions ont, de plus, été généralement appliquées à des objets construits en matériaux périssables, tels le pavillon et la pergola de la chambre d'été ou la lucarne ; elles remplissent également un rôle didactique.

Les méthodes de rénovation ont été utilisées là où les mesures de restauration auraient été disproportionnées par rapport à la qualité intrinsèque de la substance. Ceci est le cas principalement pour les peintures des murs et des boiseries, où le dégagement des couches peintes successives pour atteindre la surface d'origine aurait représenté une intervention excessivement difficile et coûteuse.

Les méthodes de transformation ont été appliquées là où des exigences matérielles et pratiques, souvent liées à l'usage souhaité dans le futur, devaient s'imposer. Ceci a été le cas pour les installations techniques ou des espaces particuliers, telles que la cuisine ou les toilettes supplémentaires du sous-sol.

Présentation de quelques cas de figure

Dans le cadre général des travaux, les méthodes de conservation-restauration devaient être prioritaires, l'objectif de révéler l'œuvre d'origine de Charles-Edouard Jeanneret devant permettre le choix des méthodes d'intervention à appliquer. Les exemples caractéristiques suivants, sans être exhaustifs des travaux de restauration, devraient permettre de présenter comment les choix de restauration ont été faits et exécutés.

Les éléments extérieurs

La toiture La restitution de la couverture en fibro-ciment Eternit était nécessaire à la révélation de la légèreté voulue par l'auteur. La clarté de cette toiture, qui a contribué à donner son nom à la Maison blanche, à l'opposé de la couverture en tuiles, plus lourde dans sa matière et sa couleur, a pu être ainsi restituée, conformément aux photographies et aux témoins originels. Le Corbusier avait d'ailleurs été scandalisé par ce changement de couverture, comme il l'écrivit en

Charles-Edouard Jeanneret, villa Jeanneret-Perret, La Chaux-de-Fonds, 1912. Toit avec lucarne, revêtu de nouvelles plaques d'Eternit.
Photo Eveline Perroud, avril 2005

1960 à l'architecte Angelo Mangiarotti[1]. Si les formats des éléments de couverture sont rigoureusement les mêmes que ceux d'origine, la plus grande épaisseur des éléments et les conditions techniques actuelles de construction ont eu comme conséquence une légère surélévation de la toiture par l'établissement d'un contre-lattage et d'une sous-couverture étanche. Les bavettes et couloirs, exécutés en tôle de zinc Cu-Ti à la place de la tôle peinte originelle disparue, ont également vu leur épaisseur être légèrement augmentée. Un paratonnerre, admis comme une nécessaire mesure de protection, a été installé de manière discrète, en suivant les lignes et modénatures de la couverture.

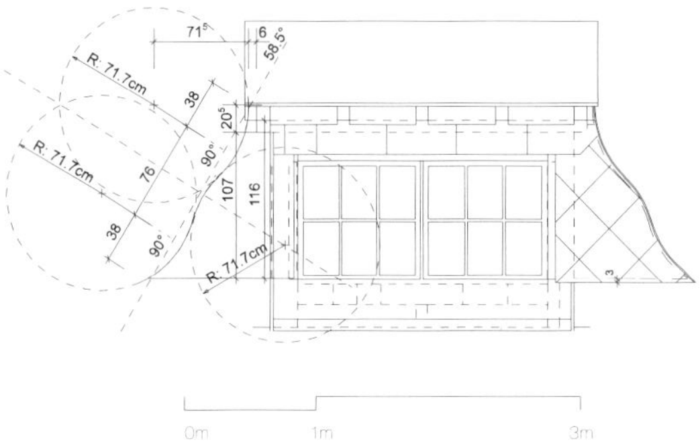

Plan de reconstitution de la forme originale de la lucarne.
Plan MSBR nouvelle Génération SA, La Chaux-de-Fonds, 2004

La lucarne La lucarne, dépouillée de son décor depuis les années 1940, était un élément plus ambigu à restituer, à cause de sa forme et de son expression, mais elle faisait partie intégrante de la couverture originale. La qualité suffisante des photographies à disposition ayant permis de comprendre ses détails architectoniques et les anciens lattages et lignes de clous ayant en outre confirmé leurs formes et dimensions, la reconstitution des éléments manquants a été possible. La lucarne a pu être restituée dans une forme la plus proche possible de l'originale grâce à une sous-couverture moderne, à même de répondre aux exigences constructives non résolues avec les moyens de l'époque. Ici également, la légère surépaisseur des éléments constructifs qui a dû être mise en œuvre a rendu l'expression de cette lucarne un peu moins fine pour l'œil averti.

Les façades Les documents photographiques en noir et blanc, confrontés aux analyses stratigraphiques, ont permis de définir deux expressions différentes des façades. La première présentait des colonnades foncées (béton de calcaire avec chaux hydraulique, d'aspect brunâtre), au milieu de surfaces blanches et de menuiseries foncées (gris des fenêtres et bleu outremer des larmiers) ; l'autre, correspondant à l'aboutissement des interventions de peintures successives, débouchait sur un « blanc » quasi uniforme : « [...] Les fenêtres si noires doivent être peintes de blanc afin de garder le mur, et les colonnes de béton aussi, afin d'aider au cube. Le mur de jardin idem [...] »[2] Cet état présentait néanmoins des subtilités de gris, confirmées par les sondages et une lecture attentive des documents. La restitution a maintenu le bleu outremer des vire-vent et larmiers, de manière à manifester sa relation avec les polychromies de la chambre d'été. La restitution des peintures s'est définie à partir de la spécificité des matériaux d'origine, telles que la chaux caséine et la peinture à l'huile. L'analyse puis l'application de ces matériaux ont révélé la relativité de notre perception des couleurs aux différentes époques. Il a fallu ainsi admettre que le badigeon de chaux caséine, sans adjuvants modernes, ne pouvait avoir la blancheur que l'on supposait dans notre vision « hygiéniste » et que présentait la peinture appliquée en 1994, vraisemblablement additionnée de blanc de titane, pigment au fort pouvoir blanc couvrant, donnant un aspect plus « froid », en comparaison de la craie. Ainsi, le blanc cassé beige, ton issu des matériaux utilisés à l'époque, évoluant selon l'humidité et la lumière, est une réalité historique qu'il a fallu admettre. De même, les peintures à l'huile jauniront à terme. Mme Katrin Trautwein a créé les mélanges nécessaires de couleurs et de matières, avec des pigments naturels semblables à ceux utilisés à l'époque de la construction.

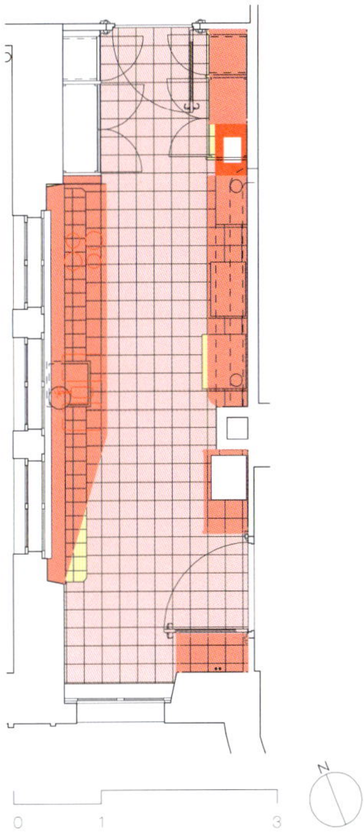

Plan de la cuisine, aménagement d'origine
et aménagement modifié ultérieurement.
Plan MSBR nouvelle Génération SA, La Chaux-de-Fonds, 2004

Les éléments intérieurs

La construction Le système statique, correspondant à une classe de charge de 200 kg au m², a été conservé dans son état d'origine. Il a été décidé de ne pas augmenter la classe de charge pour les espaces qui seraient appelés à recevoir un public nombreux, de façon à ne pas dénaturer ou transformer le système originel parfaitement structuré et son habillage. Néanmoins, il a fallu renforcer le sol de l'ancienne lingerie par un chevêtre métallique remplaçant celui en bois, sous-dimensionné, et renforcer latéralement en bois deux solives atteintes de pourriture dans l'atelier-bibliothèque. Les segments de poutrelles métalliques mis au jour par d'autres travaux ont été traités à l'anti-rouille.

L'enveloppe thermique a été améliorée parce que le système constructif le permettait. En effet, le doublage intérieur des murs en carreaux de scories laissait apparaître un espace d'air interstitiel. Il a été injecté de la laine de roche là où ces espaces étaient par trop importants, ainsi que derrière les boiseries des fenêtres, sans que celles-ci ne subissent de dégâts. De la même manière, le plancher des combles et les vides sanitaires du sous-sol ont été assainis thermiquement.

La cuisine La cuisine est l'espace type dans lequel la démarche de transformation est particulièrement présente. En effet, le besoin d'équiper la maison d'une cuisine fonctionnelle était nécessaire. Cette contrainte ne s'opposait pas fondamentalement à l'esprit de la restauration dans le sens où tous les équipements d'origine avaient disparu. Néanmoins, la transformation des équipements de cette cuisine, d'expression totalement contemporaine (utilisation abondante de l'inox) s'est référée à son organisation d'origine, à savoir le respect des emplacements des zones de cuisson et de l'évier. Ces équipements prennent place dans un contexte de peintures restituées révélant les couleurs et les matériaux d'origine. La restitution des carreaux de sol en ciment blancs et bleus et des entre-meubles en carrelage blanc des murs reconstitue l'échelle spatiale d'origine. La restauration du buffet, seul meuble d'origine, marque, avec le maintien du chauffe-plats, l'intégration de ces travaux dans l'esprit de l'ensemble de ceux de la maison.

La cuisine après la restauration.
Photos Eveline Perroud, 2006

Salle de bain à l'étage. Vestiges des lavabos d'origine et état après la restauration.
Photo Martine Voumard, 2005 / Photo Eveline Perroud, 2006

Les installations techniques Les installations électriques ont été rénovées ou restituées dans le cadre des cheminements et répartitions d'origine. L'équipement visible apparaît ainsi comme fortement sous-dimensionné pour notre époque. Cet équipement a été complété de manière ponctuelle, afin de répondre aux usages actuels et futurs : en effet, un canal d'alimentation vertical, discrètement et fonctionnellement positionné, relie le sous-sol aux combles en traversant la cuisine et l'atelier-bibliothèque. Les interrupteurs et prises d'origine ou successifs, qui n'étaient plus fonctionnellement récupérables, ont été maintenus en place à titre de témoins, selon une approche « muséale ». Les nouveaux appareils, sans maniérisme, s'intègrent par leurs matière, forme et couleur parmi ceux laissés en l'état.

Après la révision de l'ensemble de la tuyauterie, les installations de chauffage ont été conservées, en réparant les corps de chauffe d'origine en fonte, en partie éclatés par le gel, et leurs vannes. Quelques nouveaux radiateurs de forme contemporaine complètent ces installations pour un meilleur équilibre thermique intérieur. La rénovation de la production de chaleur s'est traduite par l'installation d'une chaudière à gaz à condensation, à l'emplacement d'origine.

Pour les installations sanitaires, il a été possible d'en récupérer certaines encastrées et de maintenir la chasse des W.-C. et le lave-mains originaux du sous-sol. Le système d'alimentation par récupération d'eau de pluie a été abandonné, car il compliquait le système d'alimentation en nécessitant le dédoublant des conduites d'eau potable. Néanmoins, toute la substance d'origine a été maintenue en place, comme le réservoir dans les combles, la citerne au-dessous du sous-sol et les tuyaux les reliant. Des appareils anciens en bon état et proches, par leur type, leurs dimensions et leur date (environ 1920) de ceux de la période d'origine, ont été employés pour équiper les salles d'eau, dans le respect des emplacements d'origine. Les W.-C. supplémentaires du sous-sol, très discrets dans leur implantation, sont équipés d'appareils modernes de type basique.

Lavabo d'origine des toilettes du sous-sol.
Photo Eveline Perroud, 2006

Les traitements des surfaces

Les linoléums Plusieurs options différentes de traitement ont été employées pour la conservation et la restauration des sols de linoléums. Ceux existants ont été conservés, sauf dans un cas où l'état de dégradation aurait rendu le travail excessivement difficile et coûteux. Des exemples de chacun des types de linoléums présents dans la maison ont néanmoins été conservés et restaurés. Dans le salon, la salle à manger et l'antichambre, il aurait été trop dispendieux de dégager entièrement les linoléums de la couche de peinture noire qui les avait recouverts en 2000. Ils ont donc été repeints en beige afin de corriger au mieux leur aspect, laissant matériellement ouverte la possibilité d'un dégagement ultérieur. Dans la chambre des parents, la chambre en hémicycle et l'atelier de Georges-Edouard Jeanneret, de nouveaux linoléums ont été posés, bleu dans la première pièce et respectivement gris et beige dans les deux autres.

Les parois La polychromie des revêtements muraux et des boiseries a dans son ensemble été restituée le plus fidèlement possible par rapport aux données retrouvées de l'état de 1912 à 1919, soit en particulier à l'aide des stratigraphies et investigations picturales. La réalisation des nouvelles peintures avec une composition de liants et des pigments similaires aux couleurs et techniques originales a été confiée à Mme Katrin Trautwein, qui a travaillé notamment à la restitution en peinture des claviers de couleurs « Salubra » de Le Corbusier [3]. Les parois, dont les couleurs originales avaient été dégradées par les différentes couches de colle des papiers peints ainsi que par des couches de peintures successives, ont été repeintes dans les couleurs et techniques d'origine. Toutefois, il a été laissé visible pour certains éléments significatifs des témoins montrant les couches d'origine ayant servi de références.

Sur les boiseries des portes et des fenêtres, il a été opté pour l'application d'une couche de peinture à l'huile supplémentaire recouvrant les couches antérieures, celles-ci subsistant sous le surpeint. Dans ce cas-là aussi, des témoins de référence ont été laissés de manière systématique. Le papier peint à fleurs du salon étant le plus significatif des papiers peints retrouvés et le seul à appartenir à l'ensemble décoratif antérieur à 1919, l'option a été prise de le reconstituer, le réimprimer et d'en recouvrir à nouveau les parois. Sa reconstitution a été effectuée par un spécialiste de la reproduction de papiers peints historiques, M. Geert Wisse, à Zwalm (Belgique), sur la base des fragments découverts derrière les radiateurs. La toile de jute tendue se trouvant sous le miroir du vestibule a pu être conservée et restaurée, tandis que celles du hall d'entrée, du vestibule, de la bibliothèque et du petit salon ont été restituées en conformité avec les fragments restés en place.

Fragment de la toile de jute d'origine sous le listel du plafond dans le petit salon. Photo Elisabeth et Michel Muttner, 2005

Les plafonds Les plafonds en plâtre sur lattis comportant de nombreuses fissures et décollements ont été renforcés par la pose d'une toile de calicot avant un badigeonnage à la détrempe. Les faux plafonds appliqués au cours du XXe siècle dans la cuisine, l'antichambre et la chambre en hémicycle ont été éliminés et les plafonds restaurés, à la cuisine, ou restitués dans les autres pièces, où les plafonds originaux étaient irrécupérables. Un fragment du plafond de l'antichambre a néanmoins été conservé et restauré avec son décor peint rouge, à titre de témoin de référence, tandis que le reste du plafond et de son décor a été reconstitué dans la technique originale. Le recours à des matériaux proches de ceux de l'époque (chaux et plâtre naturels), selon la technique d'application en deux couches, la dernière n'étant constituée que de chaux chargé de sable calcaire fin,

Plan de reconstitution du treillage le long de la chambre d'été. Vues de l'extérieur (haut), de l'intérieur (milieu) et coupes.
Plan MSBR nouvelle Génération SA, La Chaux-de-Fonds, 2005

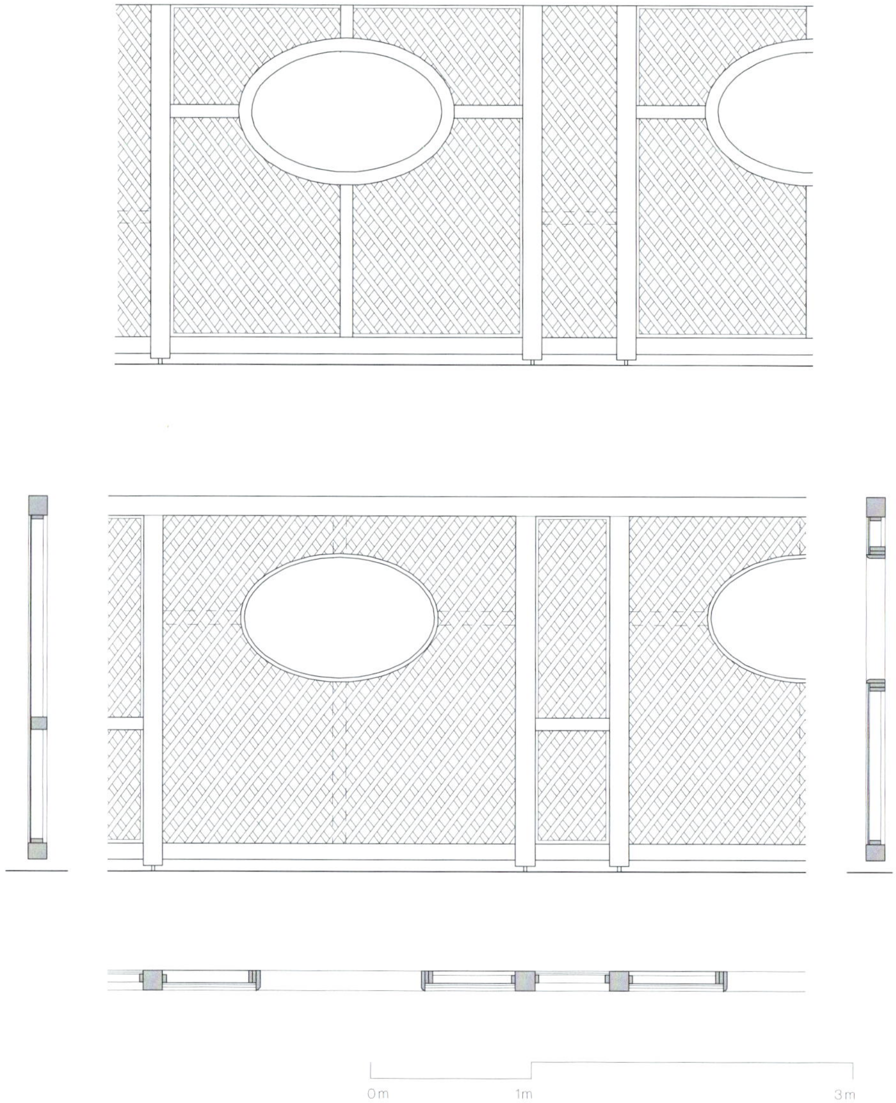

Le pavillon de jardin et le treillage le long de la chambre d'été après la restauration.
Photo Eveline Perroud, 2006

a été préférée à l'utilisation du plâtre artificiel en usage actuellement. Ainsi, la restitution respecte-t-elle la technique et l'aspect d'origine.

La cheminée La cheminée en faïence a été partiellement démontée afin de pouvoir réviser son rideau métallique, améliorer son étanchéité et réparer son canal de fumée[4]. Elle a ensuite été remontée et restaurée, tandis que son linteau disparu a été restitué au moyen de plaques de faïence blanche, mais sans évocation du décor signé par Charles-Edouard Jeanneret, dans l'espoir de sa réapparition et de son retour à son emplacement d'origine.

La restitution des éléments constructifs de la chambre d'été

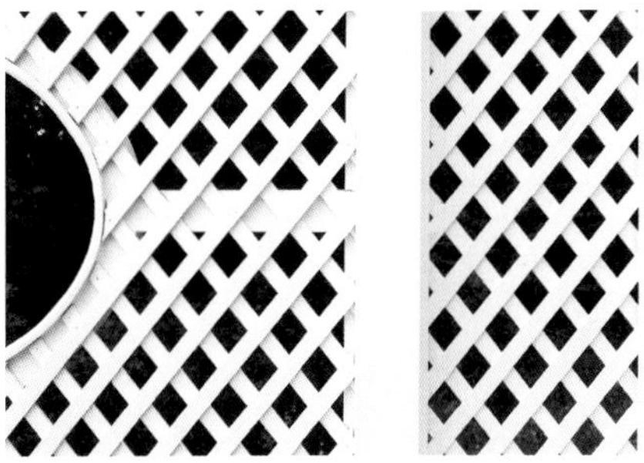

Détail du treillage reconstitué.
Photo Eveline Perroud, 2006

La conservation des murs de la pergola et de la terrasse de la chambre d'été a nécessité d'importants travaux d'assainissement, le mortier de chaux constitutif étant fortement désagrégé par engorgement d'eau, suite en particulier à des recrépissages au ciment. Les moellons déstabilisés ont été scellés par un nouveau mortier et le couronnement de protection en béton a été restitué. Les fragiles toitures plates en béton des deux édicules ont, quant à elles, été renforcées par l'application d'un quadrillage de fibres de carbone sur leur surface inférieure, de manière à pouvoir conserver les dalles d'origine, particulièrement fines, avec leur expression originale. Tous les assainissements des maçonneries ont été réalisés avec des mélanges et des matériaux semblables à ceux d'origine. Seuls le reprofilage et l'étanchéité des dalles des deux édicules ont bénéficié des techniques actuelles. Les polychromies ont été restituées sur le mur principal de la pergola et ses deux édicules grâce aux témoins de couleurs retrouvés et aux documents photographiques indiquant le dessin des panneaux. Les éléments de boiserie de la pergola ainsi que les claustra supérieurs en lattis ont été restitués à partir des documents photographiques et des traces d'anciens scellements. La précision des documents photographiques a permis de dessiner et de concevoir la restitution de la palissade avec son pavillon, disparus depuis longtemps. Certaines dimensions ont été confirmées par les traces des ferments de fixation retrouvés sur place. Les techniques de charpente utilisées cherchent à assurer une bonne longévité des éléments restitués, par la ventilation des assemblages et des pièces en bois de sapin (colonnes creuses). Toutes les boiseries ont en outre été traitées avec trois couches de peinture à l'huile blanche, tandis que la couverture du pavillon reprend les caractéristiques de la ferblanterie de la maison. L'espace révélé par cette reconstitution des éléments de bois et des polychromies nous semble confirmer la nécessité de cette démarche de restitution de la chambre d'été disparue, fondamentale dans la signification de la première œuvre de Charles-Edouard Jeanneret.

1 Lettre de Charles-Edouard Jeanneret à Angelo Mangiarotti du 25 juillet 1960, aimable communication du Prof. Bruno Reichlin à Catherine Courtiau.

2 Lettre de Charles-Edouard Jeanneret à William Ritter du 10 février 1913, BN, Archives littéraires suisses (ALS), Fonds William Ritter.

3 Cf. : Arthur Rüegg, *Polychromie architecturale. Le Corbusiers Farbenklaviaturen von 1931 und 1959/Le Corbusier's Color Keyboards from 1931 and 1959/Les claviers de couleurs de Le Corbusier de 1931 et de 1959*, Basel – Boston – Berlin : Birkhäuser, 1997.

4 De la terre de chamotte a été utilisée à la place du ciment de jointoiement originel qui avait provoqué d'importants dégâts.

Elisabeth et Michel Muttner

L'ASPECT PARTICULIER DU LINOLEUM DANS LA VILLA JEANNERET-PERRET

BRUTTO-PREISLISTE
Nº 23. ▭ 25. JANUAR 1911
DELMENHORSTER ANKER-LINOLEUM
EINGETRAGENE SCHUTZMARKE
DELMENHORSTER LINOLEUM-FABRIK ANKER·MARKE
DELMENHORST B. BREMEN
TELEGRAMM-ADRESSE: ANKERLINOLEUM | TELEPHON-ANSCHLUSS NUMMER 20 u. 340
FÜR BOHNERMASSE, SEIFE UND KITT IST UNSERE NETTOLISTE No.101 MASSGEBEND
ALLE FRÜHER AUSGEGEBENEN PREISLISTEN SIND UNGÜLTIG

Peter Behrens, brochure de la fabrique de linoléum Anker à Delmenhorst, 1910–1911.
Collection particulière, Zurich

Le linoléum

Le linoléum, au nom formé de la contraction latine *linum* (lin), et *oleum* (huile), est inventé par l'Anglais Frederick Walton en 1863. Ce matériau se compose principalement d'huile de lin cuite, oxydée et siccative, de résines, de poudre de liège et/ou de bois, de pigments et différentes charges minérales. Avec le mélange de ces matières, on obtient une pâte qui est pressée sur une toile de jute au moyen de calandres (grands cylindres). Les bandes ainsi obtenues, aussi dénommées lés, doivent être suspendues quelques semaines dans des chambres de séchage avant de pouvoir être utilisées. Ces bandes sont fournies en rouleau de 30 m de longueur, 2 m de largeur et, selon le type de linoléum et son type de production, d'une épaisseur de 2 à 4 mm [1]. Revêtement de sol industriel bon marché pouvant imiter et remplacer les parquets, planchers, carrelages, marbres et tapis, le linoléum est vite apprécié.

La marque « Delmenhorster Anker-Linoleum » Des linoléums retrouvés dans deux pièces de la maison, ceux de meilleure qualité, portent au dos la marque de fabrique « Delmenhorster Anker-Marke » ou encore « Anker Marke Walton » [2]. Cette fabrique de linoléum créée en 1892 à Delmenhorst [3], ville du nord de l'Allemagne, porte comme symbole une ancre marine, l'« Anker ». Au début, sa production comporte principalement un linoléum de ton uni, de teinte brun nature [4]. Progressivement cette production s'élargit à des tons vert olive, rouge terre cuite, bleu, blanc, gris et noir [5]. Les techniques de fabrication se perfectionnant, il devient possible dès 1903–1904 d'obtenir des linoléums plus élaborés avec des effets de veinages, d'incrustations, de marbrures, ainsi que différents modèles d'impression. La « Delmenhorster Anker-Marke » collabore avec l'architecte et professeur réputé Peter Behrens par contrat dès 1903 pour l'établissement de motifs artistiques pour la création de linoléums. Clarté graphique, stylisation prononcée, formes géométriques, combinaisons de cercles et carrés sont des éléments forts des projets de Behrens. L'avant-garde des architectes d'alors reconnaît les particularités de l'« Ankermarke » et l'adopte rapidement [6]. La diversité de la coopération de Behrens avec la fabrique de linoléums de Delmenhorst entre 1905 et 1910 s'inscrit dans le sens d'une symbiose « Art et Industrie » [7]. C'est lors de ses voyages en Allemagne, ainsi que lors de son stage de plusieurs mois en 1910 chez Peter Behrens, que Charles-Edouard Jeanneret doit avoir eu l'opportunité de mieux appréhender ce matériau moderne.

Le revers du linoléum d'origine dans la bibliothèque.
Photo Elisabeth et Michel Muttner, 2005

Les revêtements de sol en linoléum de la Maison blanche On retrouve dans quelques pièces de la maison de grandes surfaces de revêtements de sol en linoléum restés en place depuis la construction de 1912. Il est particulièrement intéressant de remarquer que, malgré les changements de propriétaires successifs et leur détérioration au fil des années, ces sols ont été maintenus en place ; en effet, à l'instar des papiers peints et d'autres revêtements de surface, les linoléums sont très facilement sacrifiés lors de changements de goûts des propriétaires ou de modifications d'aménagement.

Collés à l'origine sur toute leur surface à l'aide d'une colle résineuse [8], la plupart de linoléums en place posaient des problèmes de décollement, n'adhérant localement plus ou que très faiblement à leur support, là où la colle était réduite à l'état de poudre.

Le linoléum d'origine dans la bibliothèque, avant et après nettoyage.
Photo Elisabeth et Michel Muttner, 2005

Le linoléum beige et noir du petit salon Les linoléums beige et noir, d'une épaisseur de 4 mm, sont composés d'une masse finement structurée, peu élastique, comprenant des parties de fibre de bois. Cette masse est uniformément étendue d'un côté d'une toile de jute, tandis que le dos de celle-ci est recouvert d'une couche de protection de couleur rouge brique brillante. On trouve imprimé en noir au dos d'une bande de linoléum l'inscription de fabrique « Linoleum Delmenhorst Anker Marke », avec l'emblème dessiné de l'ancre ainsi que les chiffres restant d'un numéro de série. L'impression ainsi que la coupe de cette bande ont été effectuées dans la longueur du rouleau, la largeur de production d'un lé de linoléum ne dépassant en principe pas 2 m.

Il s'agit pour les deux revêtements de sol, le beige et le noir, d'une pâte de linoléum uniformément teintée dans la masse, que la fabrique « Anker » de Delmenhorst a dénommé « Uni-Linoleum » [9]. En ce qui concerne le noir, il semble qu'en plus d'être teinté dans la masse, il était à l'origine recouvert d'une fine couche de finition noire, dont quelques restes ont pu être identifiés sur des secteurs protégés de la surface.

Le décor du revêtement de sol de cette pièce est réalisé avec les deux linoléums à la manière d'une marqueterie, « Inlaid » en anglais, à ne pas confondre avec le terme « Inlaid-Linoleum » utilisé dans la production industrielle du linoléum, qui qualifie une technique de fabrication incrustant des masses de couleurs différentes dans l'épaisseur du linoléum.

Le linoléum d'origine dans le petit salon, avant la restauration. On reconnaît les jointures et les taches de la colle qui a traversé.
Photo Elisabeth et Michel Muttner, 2005

Le linoléum d'origine dans le petit salon en cours de restauration.
Photo Martine Voumard, 2005

La pose et la découpe des linoléums se sont effectuées directement sur la chape de plâtre, puisqu'on retrouve des traits de coupe marqués sur celle-ci. De façon générale, les coupes des pièces sont bien effectuées, mais quelques interstices de coupes trop larges ont été comblés après la pose à l'aide d'une masse composée de restes de lino. Le décor de ce sol présente un motif géométrique central bordé par une bande beige clair. Celle-ci est composée en quatre éléments, probablement débités dans la longueur du rouleau puisqu'ils sont d'une pièce. A l'intérieur de cette bordure beige se trouve inséré le linoléum noir, et, au centre de celui-ci, le motif décoratif, un carré beige central cerné de filets concentriques alternés beige et noir, dont la largeur augmente de façon linéaire, 1 cm, 2 cm, 3 cm, jusqu'à atteindre une largeur de 8 cm pour la bordure extérieure beige du motif.

La similitude d'élaboration de ce décor de sol avec le décor du plafond de l'antichambre, où le luminaire carré central à moulures chanfreinées est également formé de filets concentriques de teintes différentes, est à signaler.

Le linoléum rouge de la bibliothèque Le linoléum rouge, d'une épaisseur de 2,5 mm, se compose d'une masse finement granulée et teintée dans la masse. L'examen de la coupe transversale [10] permet de reconnaître la présence d'agglomérats légèrement plus orangés incorporés à une masse principale rouge comportant une charge teintée en rouge. Ces agglomérats, propres au mode de production de ce linoléum, donnent un aspect granité qui s'observe sur la surface. Ce type de linoléum est d'ailleurs dénommé « Granit-Linoleum » à l'origine. Le dos de la toile de jute est recouvert d'une couche de protection en huile-résine rouge. Imprimé en noir sur ce fond se trouvent l'inscription « Anker Marke II-Delmenhorst », ainsi qu'un numéro de série.

Ce revêtement de sol a été posé dans la longueur de la pièce, un lé d'une largeur courante de 2 m est utilisé pour recouvrir l'essentiel de la surface, tandis qu'une largeur de lé posée en longueur et deux restes de coupes couvrent le solde. Ce mode de pose économe indique bien l'importance accordée à l'époque à l'utilisation de tous les restes de linoléum, également vendus parfois sous cette forme. La similitude du choix de couleurs entre ce revêtement de sol rouge granit et le rouge vénitien du plafond de l'antichambre est à relever.

Le linoléum d'origine dans la bibliothèque avant la restauration et après le nettoyage et le masticage.
Photos Elisabeth et Michel Muttner, 2005

Le linoléum beige de la chambre à manger, du salon et de l'antichambre Ce linoléum d'une épaisseur de 5 mm se compose d'une masse élastique grossièrement structurée comportant des morceaux de liège, ainsi que des fibres de bois, le reste étant formé d'un liant brun noir [11]. La masse de teinte beige est appliquée sur une toile de jute lâche. Sur le dos laissé nature, il n'a pas été relevé de marques de fabrique ou d'inscriptions particulières. La surface de ce linoléum présente une structure légèrement lignée, dans le sens de la fabrication des rouleaux. L'épaisseur de ce lino ainsi que sa composition lui attribuent des qualités particulières, notamment une meilleure isolation phonique et thermique, et le rattachent au groupe des « Kork-Linoleum » ou lino liège.

Le même linoléum recouvre le sol des trois pièces, où sa pose est effectuée en lés continus traversant d'une pièce à l'autre. Suite à une malheureuse intervention effectuée pour le tournage d'un film en 2000, ce lino a été peint en noir en préservant des décors carrés copiés sur celui du petit salon. La peinture utilisée (peinture grise à deux composants recouverte ensuite d'une peinture acrylique noire) rend sa suppression très difficile.

Le linoléum brun vert de l'atelier-bibliothèque Ce linoléum de 4 mm d'épaisseur se compose d'une masse grossièrement structurée comportant des morceaux de liège. Quelques fibres de bois sont reconnaissables, ainsi qu'un liant brunâtre. La grande quantité de morceaux de liège ainsi que l'adjonction de farine de liège à la masse ont permis d'obtenir un matériau très élastique. Au dos subsistent quelques restes d'inscriptions noires au pochoir, malheureusement trop fragmentaires pour permettre de définir un producteur ou un numéro de série.

Ce revêtement de sol est posé en lés continus dans la longueur de l'atelier-bibliothèque. Pour des raisons d'ordre technique et financières, seul le linoléum se trouvant dans le renfoncement de la pièce devant la fenêtre a été conservé, la grande surface étant refaite à neuf à l'aide d'une sous-couche liège teintée afin de ressembler au mieux au Kork Linoleum d'origine.

Le linoléum imprimé de l'atelier du père Ce linoléum de 2 mm d'épaisseur se compose d'une masse cassante de teinte brunâtre contenant d'assez gros morceaux de fibres de bois. Cette masse est appliquée sur une toile de jute peinte en rouge sur la face dorsale. La surface de ce linoléum présente une imitation assez grossière d'un pavement en bois de bout. L'observation microscopique de la couche transversale révèle l'application uniforme d'une préparation brun clair recouverte par les différentes couches formant le décor imprimé de faux bois. L'observation à l'œil nu de ce lino, du type « Drucklinoleum », permet de relever quatre couleurs brunes différentes, vraisemblablement à base d'huile résine imprimées en quatre passages[12]. C'est une variante bon marché de l'« Inlaid Linoleum », dont elle se distingue par une moindre résistance à l'usure, l'impression se trouvant en surface uniquement et non dans la masse.

Ce linoléum a été retrouvé à l'état de fragment sous une liste en bois dans l'atelier de Georges-Edouard Jeanneret, au sous-sol. Si la technique des linos imprimés existait déjà en 1912, il n'est toutefois pas matériellement prouvé que ce fragment ait été posé dans la pièce à cette date déjà.

1 Roland A. Hellmann, « Aufstieg, Fall und Renaissance eines Fußboden-Klassikers. Die Geschichte des Linoleums in Deutschland », dans : Gerhard Kaldewei (éd.), *Linoleum. Geschichte, Design, Architektur 1882–2000*, Ostfildern – Ruit : Hatje Cantz, 2000, pp. 48–53 ; 48.

2 Le nom « Walton » se réfère à l'inventeur du linoléum et à son procédé permettant l'obtention d'une meilleure qualité d'huile de lin oxydée comparativement au procédé de Parnacott (Cf. Torsten Ziegler, « Wachstuch, Fußtapete, Kamptulikon, Korkteppich : Linoleum. Der Beginn des idealen Bodenbelags », dans : Kaldewei, *Linoleum*, op.cit., pp. 32–47 ; 38–39).

3 Gerhard Kaldewei, « Linoleum – Kunst und Industrie 1882–2000. Eine Einführung », dans : Kaldewei, *Linoleum*, op.cit., pp. 14–29; 15.

4 Günter Förster, Josef Eiffler, Uwe Buchholz, *Linoleum : Der Bodenbelag aus nachwachsenden Rohstoffen*, Landsberg / Lech : Verlag Moderne Industrie, 1995 (*Die Bibliothek der Technik* 107), p. 9.

5 Heiko Ellermann, *Linoleum*, conférence, CAT-Restaurierungskolloquium, Landesmuseum für Technik und Arbeit Mannheim, avril 1997.

6 Nils Aschenbeck, « Im Zeitalter der Hygiene », dans : Kaldewei, *Linoleum*, op.cit., pp. 140–161; 145–146.

7 Kaldewei, « Linoleum – Kunst und Industrie 1882–2000. Eine Einführung », op.cit., p. 17.

8 Analyses : Zentrum für Konservierung, Landesmuseum Zürich (Marie Wörle-Soares, Katja Hunger et Erwin Hildbrand).

9 Ellermann, *Linoleum*, op.cit.

10 028A-LN-24, coupe transversale, microphotographie : Atelier Muttner; Analyse : Isabell Zillich-Raudies, Munich.

11 Coupes transversales, microphotographies : Atelier Muttner; Analyse : Isabell Zillich-Raudies, Munich.

12 Cf. Stéphane Louis Pennec, Rhonda Wozniak, Alain Tchapla, « La conservation-restauration de deux linoléums de la Maison Pasteur », dans : Janet Bridgland (éd.), *Preprints of the Eleventh Triennial Meeting of the ICOM Committee for Conservation in Edinburgh, Scotland*, London : James & James, 1996, pp. 952–960.

Villa Jeanneret-Perret, vestibule

Détail de la porte d'entrée après la restauration. Panneau de porte en Eternit.
Photo Eveline Perroud, 2005

Etat original.
Photo avant 1919, BV

Etat avant la restauration. Le revêtement de la paroi au miroir a déjà été enlevé.
Photo Eveline Perroud, 2004

Etat après la restauration.
Photo Eveline Perroud, 2006

Villa Jeanneret-Perret, cuisine

Vue depuis la salle à manger dans la cuisine. Tabouret d'origine.
Photo Eveline Perroud, 2006

Etat original.
Photo avant 1919, BV

Etat avant les travaux de restauration.
Photo Eveline Perroud, 2002

Etat après la restauration. Aménagement nouveau proche de l'original.
Photo Eveline Perroud, 2006

Villa Jeanneret-Perret, antichambre

Etat d'origine.
Photo avant 1919, BV

Etat avant le début des travaux de restauration.
Photo Eveline Perroud, 2002

Etat après la restauration avec l'aménagement reconstitué.
Photo Eveline Perroud, 2006

Villa Jeanneret-Perret, salon

Horloge murale. A l'arrière-plan, le treillage de la pergola.
Photo Eveline Perroud, 2006

Etat d'origine.
Photo vers 1915–1919, FLC

Etat avant le début des travaux de restauration.
Photo Eveline Perroud, 2002

Etat après la restauration. Papier peint reconstitué, revêtement de sol original verni.
Photo Eveline Perroud, 2006

Villa Jeanneret-Perret, salle à manger

Etat d'origine.
Photo avant 1919, BV

Etat avant le début des travaux de restauration.
Photo Eveline Perroud, 2002

Etat après la restauration. Table choisie selon la recommandation adressée en 1919 par Charles-Edouard Jeanneret à Fritz-Ernst Jeker.
Photo Eveline Perroud, 2006

Villa Jeanneret-Perret, salon

Etat d'origine.
Photo prise vers 1915–1919, FLC

Etat avant le début des travaux de restauration.
Photo Eveline Perroud, 2002

Etat après la restauration. Le canapé et le tableau à l'huile de Philippe Zysset sont d'origine.
Photo Eveline Perroud, 2006

Villa Jeanneret-Perret, étage

Etat d'origine. Le couloir vu vers le nord-est. A l'arrière-plan, sur le balcon, Albert Jeanneret, Amédée Ozenfant et Charles-Edouard Jeanneret.
Photo août 1919, BV

Etat après la restauration. Le couloir vu en direction de la chambre jaune. Revêtement de sol d'origine.
Photo Eveline Perroud, 2006

Villa Jeanneret-Perret, chambre jaune (chambre en hémicycle)

Etat d'origine. Assis sur le banc : Charles-Edouard et Albert Jeanneret.
Photo août 1919, BV

Etat avant le début des travaux de restauration.
Photo Eveline Perroud, 2002

Etat après la restauration. A gauche, le fauteuil provenant de la véranda de Moïse Schwob (1916), à droite, le petit fauteuil assorti, de Charles Humbert (1922).
Photo Eveline Perroud, 2006

Villa Jeanneret-Perret, studio (atelier-bibliothèque)

Le studio vers 1980.
Photo Geoffrey Baker

Etat d'origine, avec Amédée Ozenfant, Albert et Charles-Edouard Jeanneret.
Photo fin août 1919, BV

Etat après la restauration. Salle de documentation aménagée dans l'esprit de l'ameublement d'origine.
Photo Eveline Perroud, 2006

Le studio à éclairage zénithal, après la restauration.
Photo Eveline Perroud, 2006

Le Corbusier

Arthur Rüegg

QUESTIONS D'AMENAGEMENT 1912–1919

Les questions d'aménagement intérieur semblent avoir été primordiales pour le jeune Charles-Édouard Jeanneret, préoccupé de savoir si ses dons étaient prometteurs. Alors : Le Corbusier décorateur ? Eu égard à la réputation qu'il se forgera plus tard comme urbaniste et architecte-artiste, la question a presque quelque chose de subversif. Mais la place de Le Corbusier, à ses débuts, dans l'environnement de l'École d'Art de La Chaux-de-Fonds oblige à la prendre au sérieux. Car il est un fait qu'à vingt-quatre ans, jeune enseignant frais émoulu de la Nouvelle Section de l'école (dès 1911), Jeanneret se consacre assidûment au dessin de meubles et d'objets [1]. Le dessin industriel est également présent – quoique de manière différente – dans ses deux projets de livre de l'année 1912 : l'*Étude sur le mouvement d'art décoratif en Allemagne* [2] analyse l'évolution que la dynamique industrielle a imprimée aux arts décoratifs en Allemagne, tandis que les écrits sur son voyage en Orient [3] se concentrent sur la découverte d'un anti-art décoratif dans le folklore des Balkans. Vers la fin de cette même année 1912, Jeanneret se lance dans une véritable carrière d'ensemblier qui va bientôt absorber une bonne partie de son énergie. C'est précisément à ce moment que prend place l'aménagement intérieur de la Maison Blanche.

À la recherche d'un style

En novembre 1911, au retour de cinq mois de voyage en Orient, Jeanneret semblait encore destiné à suivre une autre voie. Il commença à établir pour ses parents les plans d'une assez importante villa. Au début février 1912 déjà, il reçut de Georges Favre-Jacot, propriétaire de la fabrique horlogère Zénith, le mandat de construire une grande villa au Locle. Ces deux réalisations de débutant doivent certes beaucoup au néoclassicisme allemand de Peter Behrens, Theodor Fischer ou Josef Hoffmann, mouvement envers lequel, avant son retour à La Chaux-de-Fonds déjà, il avait déjà donné le témoignage de sa dette, mais en même temps, dans les détails, elles en sapaient les principes [4]. Dans la villa Favre-Jacot en particulier, on est frappé par les formes organoïdes, œuvres de son ami le sculpteur Léon Perrin, non seulement à l'extérieur, mais aussi à l'intérieur, où un vestibule circulaire à la verticalité soulignée par des rayures bleues constitue le point fort du projet. La partie supérieure du cylindre se termine par six colonnes

Charles-Edouard Jeanneret, villa Jeanneret-Perret, La Chaux-de-Fonds, 1912. Le petit salon avec le fauteuil provenant de la véranda de Moïse Schwob, 1916.
Photo Eveline Perroud, 2006

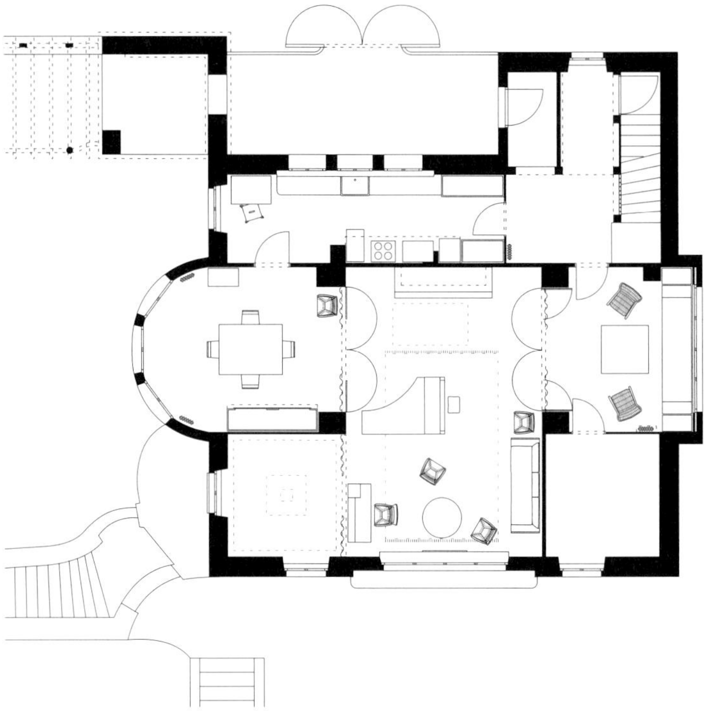

Charles-Edouard Jeanneret, villa Jeanneret-Perret, La Chaux-de-Fonds, 1912. Reconstitution de l'ameublement de 1916–1919.
Plan Barbara Thommen, 2006

de bois dont les chapiteaux portent un étonnant motif végétal flamboyant. Le décor mural se réfère aux sobres papiers peints rayés Biedermeier, tandis que le sol en mosaïque est orné d'un motif floral sur plan hexagonal qui pourrait provenir des ateliers de la Nouvelle Section, alors encore tournés vers les formes traditionnelles imitées de la nature [5]. Quant aux rares éléments d'agencement du salon et de la chambre à manger, leurs profils lourds à bourrelets évoquent les réalisations des ateliers viennois, tel l'aménagement créé par Hoffmann pour l'appartement Wittgenstein (1906) [6]. Manifestement, dans la villa Favre-Jacot, Jeanneret s'efforça de fondre en un ensemble autonome des éléments puisés dans son expérience et inconciliables au premier regard.

Par son néoclassicisme régionaliste, cette villa détonna probablement dans le paysage architectural jurassien, de même que la Maison blanche, achevée à la fin de l'automne 1912 déjà. Il n'y avait pourtant là ni prétention à une certaine pompe ni pression de temps pour l'achèvement de l'aménagement. Il semble que les murs des pièces furent d'abord enduits de couches de peinture à l'huile et à la détrempe de couleur uniforme grise, à l'exception de l'ocre jaune de la chambre à coucher des enfants. De même que pour le jardin, Jeanneret conçut la suite de l'aménagement comme une œuvre expérimentale évolutive, qu'il poursuivit durant plusieurs années intensivement et sans égards pour les finances de ses parents. Il put pour cela mettre à profit les nombreux voyages en Suisse et surtout à Paris que ses nouveaux projets d'aménagement l'amenaient à faire, parfois en compagnie de ses clients, comme Salomon Schwob en 1913 [7]. Il s'agissait non seulement de choisir des étoffes, des papiers peints, du mobilier et des luminaires, mais aussi de s'affiner le goût et de s'approprier les secrets du décorateur. Dès la fin de l'année 1912, il commença à Paris son *Carnet bleu* [8], rempli d'études faites au Musée des Arts Décoratifs et au château de Versailles qu'il découvrait maintenant pour lui, après sa première visite en 1909. D'autres notes concernent

Nicole Groult, femme d'André Groult, dans le petit salon de son appartement. On reconnaît le papier peint à motif de fleurs de Groult, que Jeanneret a utilisé pour le salon de la Maison blanche.
Photo Henri Manuel, vers 1912 ; collection particulière, Paris
Tiré de : Félix Marcilhac, *André Groult (1884–1966). Décorateur-ensemblier du XXe siècle*, Paris : Les Editions de l'amateur, 1997

des visites à des maîtres parisiens de l'aménagement intérieur, membres du Groupe des Coloristes (André Groult, Paul Iribe, La Maison Martine), qui s'inspiraient des styles Empire et Directoire et des éléments ruraux qui leur paraissaient refléter l'esprit de l'ancienne France[9]. Si le projet lui-même de la Maison blanche trahit encore l'influence des modèles allemands dans l'esprit néo-Biedermeier et des impressions de son voyage en Orient en 1911, l'aménagement intérieur, sensiblement plus raffiné que dans la villa Favre-Jacot, témoigne d'un changement de direction vers la France. Durant les années qui suivirent, Jeanneret ne chercha plus ses références à Munich ou à Berlin, mais à Paris.

Quelques objets nous suffiront à comprendre cette évolution. Le banc fixe installé sur le palier de l'étage de la Maison blanche fait de toute évidence partie de l'aménagement de 1912. Il a pour modèle direct le *settee*, canapé placé dans les halls d'entrée des maisons anglaises du tournant du siècle, repris dans les espaces de distribution de la nouvelle architecture allemande, avec des variations. Ce courant architectural s'en servit pour remédier au manque de confort, même si, comme le fit remarquer à juste titre Hermann Muthesius, il ne prêtait souvent à l'objet qu'une « signification symbolique »[10]. Or c'est exactement le rôle que joue le banc de bois avec ses planches latérales à découpe ornementale dans la zone du corridor de la Maison blanche, adroit agencement de passages plus ou moins larges.

Les matériaux de construction nouveaux (Eternit et linoléum) appartiennent également à la première phase, marquée par la nouvelle architecture allemande. Dans la Maison blanche comme dans la villa Favre-Jacot, Jeanneret imagina différentes manières d'employer les plaques d'amiante-ciment, dont la fabrication en Suisse n'avait commencé qu'en 1903, en les utilisant non seulement pour la couverture, mais aussi pour des revêtements de plafonds (dans la loggia de l'étage) ou comme panneaux dans les structures à cadre et remplissage (la porte d'entrée est faite d'une seule plaque d'Eternit)[11]. Le matériau a été laissé brut et

André Groult, papier peint à motif de roses, n° 5047, impression Alfred Hans & fils, Paris, 1911. Fragment provenant du salon de la villa Jeanneret-Perret.
Photo Eveline Perroud, 2006

Charles-Edouard Jeanneret, villa Jeanneret-Perret, La Chaux-de-Fonds, 1912. Le salon avec le piano à queue, le canapé et les bergères à paille.
Photo vers 1915–1919, FLC

Petit fragment d'étoffe du revêtement primitif du canapé du Salon.
Collection particulière, Zurich

Revêtement d'étoffe d'origine pour le mobilier conçu par Charles-Edouard Jeanneret en 1915 pour Hermann Ditisheim.
Photo Arthur Rüegg , MBA

Charles-Edouard Jeanneret, villa Jeanneret-Perret, La Chaux-de-Fonds, 1912. Le salon avec le secrétaire et le piano à queue.
Photo vers 1915–1919, FLC

comme exposé pour les visiteurs au moyen de deux éléments de remplissage décoratifs flanquant le miroir du hall d'entrée, détail parfaitement conservé, y compris la peinture bleu foncé sur le bois. L'usage généralisé du linoléum dans les pièces de séjour et les chambres à coucher est aussi une expression de l'enthousiasme que nourrissaient alors certains architectes pour le potentiel des matériaux nouveaux. Il présentait l'avantage de pouvoir être posé sans joints, d'être résistant et facile d'entretien. Quoique le produit choisi fût allemand – un linoléum de Delmenhorst[12] – Jeanneret renonça aux motifs géométriques alors en vogue dans les milieux du Werkbund et notamment influencés par l'écriture manuscrite de son maître Behrens, pour n'appliquer que des tons unis : gris vert dans le séjour, avec des rayures légères, orange (original conservé dans la bibliothèque) et bleu (dans la chambre des parents, mais seulement attesté par les documents écrits).

Quant aux papiers peints à motif floral du séjour, résultat d'une phase d'aménagement ultérieure, ils viennent de Paris, bien sûr. Jeanneret était alors un adepte convaincu des revêtements muraux décoratifs, dessinés, dit-il, « par d'autres plus malins que moi, les Süe, les Drésa, les Carlègle »[13]. Le motif de roses, dont des fragments sont conservés, est un témoignage presque sensationnel de l'admiration du jeune architecte pour André Groult, qu'il cite dans son *Carnet bleu*. Groult n'avait pas seulement dessiné ce motif en trois couleurs pour manifester sa volonté de participer au renouvellement des arts décoratifs, il en avait aussi tapissé son propre petit salon[14]. Süe et Huillard, qui faisaient aussi partie des Coloristes, appliquèrent ces papiers peints dès 1911 dans un bureau exposé

Le secrétaire de Marie-Charlotte-Amélie Jeanneret-Perret dans la villa Jeanneret-Perret. Photo vers 1915–1919, FLC

au Salon d'Automne[15]. Jeanneret les remarqua sans doute lors d'une tournée d'achats et dut y voir un complément parfait au gris tendre des autres pièces, comme le montre, de manière saisissante, la récente restauration, qui a utilisé des papiers peints imprimés d'après l'original en Belgique[16].

Charles-Edouard Jeanneret, esquisse pour le secrétaire de sa mère, vers 1915. BV

Les recherches expérimentales sur le mobilier

De même que l'aménagement intérieur, les meubles dessinés par l'architecte lui donnèrent l'occasion de recherches expérimentales. Le meuble le plus spectaculaire est le secrétaire créé pour sa mère, qui sur des photographies est placé, sans raison bien compréhensible, devant le rideau séparant le séjour du petit salon. Plus tard encore, dans la Petite maison, construite en 1924 pour les parents Jeanneret à Corseaux, au bord du Léman, et où le secrétaire se trouve encore, il était placé sans rapport avec l'architecture à côté de la fenêtre allongée, vers la cloison de la chambre d'amis. Un meuble tout à fait « mobilier » donc, mais malgré cela chargé de thèmes architecturaux[17].

Le regard est d'emblée frappé par le gradin. On peut y ranger des livres et des bibelots dans un casier conçu comme un portique classique à arcades : le socle est fait d'un caisson à tiroirs légèrement saillant sur lequel reposent quatre arcs d'inégale grandeur portant un panneau mince à faible saillie. Les deux arcs latéraux sont plus étroits et séparés des arcs médians par une colonnette engagée. Il en résulte un effet de symétrie, mais à l'encontre des règles classiques, il y a ici un pilier central. Ce motif architectural traditionnel décliné de manière personnelle voisine sans transition avec un prisme « pur », légèrement plus élevé, aux arêtes vives, comprenant des tiroirs miniature et qui à tous égards, y compris la niche qui y est ménagée, fait un contraste manifeste avec l'arcade. Deux mondes s'affrontent ici, parfaite illustration du balancement auquel Jeanneret s'exposait consciemment et dans lequel il puisait une motivation à sa création.

Mais l'exploration porte aussi sur le potentiel morphologique du secrétaire lui-même et ses limites. Trois pieds sont en cône élancé, alors que le quatrième se présente comme une pyramide tronquée dont la forme évoque très directement sa fonction de casier basculant. Il n'y a pas ici seulement une quasi-légitimation de la forme conique par un nouvel usage, mais aussi, par cet usage même, remise en question provocatrice des formes traditionnelles. L'intérêt de Jeanneret pour le rapport entre la forme idéale et la fonction mise en scène avec emphase s'exprime dans ce meuble tout autant que dans l'étude qu'il menait en même temps sur les thèmes archétypiques du dessin de meuble et de l'architecture.

Il s'agissait plus précisément de thèmes du mobilier classique français, principalement Louis XVI, Empire ou Directoire. Le piano à queue (retrouvé depuis), également conçu pour sa mère vers 1914, présente « six [pieds] sveltes, qui harmonisent le piano à l'échelle générale des autres meubles »[18]. Il est en bois naturel précieux, comme le secrétaire. Selon la volonté du fils, la caisse du piano devait avoir une forme très simple et reposer sur six pieds cannelés de style Louis XVI afin d'intégrer l'instrument dans l'atmosphère de la salle de séjour. La réalisation n'en a pas moins laissé un dossier de cinquante-huit lettres, et Jeanneret factura ses frais à sa mère à raison de 10 % du prix d'achat[19].

Le canapé enfin a rejoint son emplacement d'origine après un cheminement mouvementé qui l'avait mené du chalet occupé à Blonay par les parents Jeanneret en 1919 à la Petite maison à Corseaux en 1924[20] puis à la cure de Vevey[21]. Ce meuble représente une tentative de recréer le type classique du lit de repos à deux chevets en le réduisant à l'essentiel de sa forme. Conformément à son type, il a été construit sans la structure de bois qui soutient les coussins dorsaux, mais rapidement transformé en un véritable sofa. De même que les précieux exemplaires que Jeanneret créa vers 1914–1916 pour les industriels horlogers de sa ville, celui-ci reçut un revêtement rayé de soie et coton. Mais en 1919, lors de la vente de la Maison blanche, Jeanneret conseilla à Fritz-Ernst Jeker de

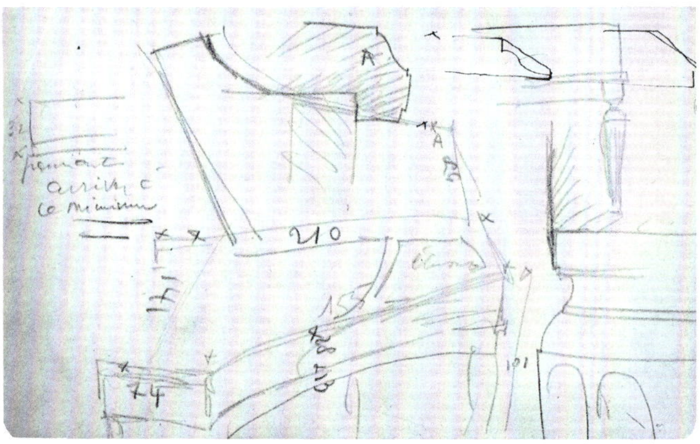

Charles-Edouard Jeanneret, esquisses pour le piano à queue de sa mère, 1914 (*Carnet A2*, p. 67). FLC

Charles-Edouard Jeanneret, piano à queue, marque « Ibach » avec meuble spécial en acajou, nº 75.849, achevé le 23 novembre 1914 à Barmen (Allemagne).
Photo Eveline Perroud, 2006

Note d'honoraires de Charles-Edouard Jeanneret à sa mère, du 3 mai 1915, pour la conception et la livraison du piano à queue de la villa Jeanneret-Perret.
BV (copie)

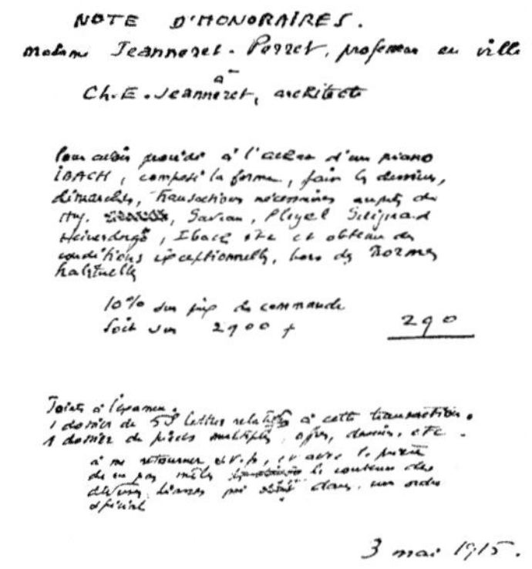
NOTE D'HONORAIRES.
Madame Jeanneret-Perret, professeur en ville
à
Ch. E. Jeanneret, architecte

Pour [illegible] à l'achat d'un piano IBACH, composé la forme, fait les dessins, démarches, transactions nécessaires auprès des [illegible], Gaveau, Pleyel, [illegible], [illegible], Ibach etc et obtenu des conditions exceptionnelles, hors des normes habituelles

10 % du prix de commande
soit sur 2900 f — 290

Joints à l'examen :
1 dossier de 53 lettres relatives à cette transaction.
1 dossier de pièces multiples, offres, dessins, etc.
à me retourner s.v.p., [illegible]

3 mai 1915.

lui substituer un revêtement uni, « de préférence à une rayure qui rappelle trop les styles anciens »[22]. C'est par fidélité à ce choix que les restaurateurs ont adopté un velours vert.

Ready mades

Le mobilier que la famille possédait déjà fut relégué dans des pièces périphériques, dans la chambre des parents par exemple (notamment l'armoire conservée aujourd'hui dans la Petite maison), dans la salle à manger ou dans l'atelier du père installé au sous-sol. Seule une superbe pendule de l'atelier d'Aimé Billon et datant de 1840 environ eut droit à une place d'honneur dans la salle de séjour (elle a été remplacée par un exemplaire provenant du Musée international de l'horlogerie de La Chaux-de-Fonds). Mais pour des raisons financières, seule une partie du nouveau mobilier pouvait être acquise dans la qualité d'exécution des pièces décrites ci-dessus, et pour le reste, Jeanneret dut se contenter d'antiquités bon marché. Il évoque un de ces meubles dans une lettre de 1919 à Jeker : « Une confusion de mon père lui a fait écrire dans la liste des meubles vendus la table ovale de ma chambre. Je tiens à cette table que j'ai toujours eue ; elle ne vaut du reste pas cher et si sa forme vous plaisait, EGGER, l'ébéniste pourrait vous en refaire une à très bon compte »[23]. Et en effet, ladite table ovale Biedermeier, aux pieds coniques, fait partie de ces meubles dont Le Corbusier ne se sépara jamais (elle se trouve actuellement encore dans l'appartement au 24 de la rue Nungesser-et-Coli à Paris). À l'origine, elle avait sa place dans la chambre à coucher jaune des fils, devant un banc aujourd'hui disparu, dans une niche semi-circulaire à fenêtre.

Le carnet d'esquisses A1 de Jeanneret nous permet de le suivre chez les antiquaires de Lausanne et de Genève[24], où il dénicha notamment diverses « bergères à paille » du début du XIXe siècle, « qui sont toujours d'un goût parfait, très confortables et faciles à manier »[25]. Il notait soigneusement le prix et l'état du paillage. Les fauteuils qui meublaient le séjour se trouvent aujourd'hui dans la Petite maison, mais il a été possible de retrouver des exemplaires de ces sièges, répandus en Provence surtout, pour la restauration de la Maison blanche, dont l'ameublement a été intentionnellement laissé fragmentaire. On saisit sans peine l'importance des bergères paillées pour l'évolution future de Jeanneret : expression de l'art vernaculaire, elles lui révélaient une forme antérieure à la civilisation industrielle et anonyme de son temps. C'étaient des objets types, légitimés en quelque sorte par une production séculaire et pour lesquels la question du style ne se posait pas du tout. La première liste de meubles types, publiée dans la revue *L'Esprit nouveau*, contient encore des « chaises de paille à 5 francs » [26], copies en plus fruste des meubles d'antiquaires, mais présentant les mêmes caractéristiques. L'étape suivante consista à trouver des produits industriels contemporains montrant la même maturité et la même charge iconique familière.

Jeanneret avait déjà fait semblable expérience décisive en 1911, lorsque, entre Budapest et Belgrade, la céramique régionale lui fit entrevoir comment le folklore pouvait représenter une alternative aux beaux-arts ou aux arts décoratifs, trop « élevés ». La seconde « lettre » de son récit de voyage est entièrement consacrée à cette découverte : « Je viens pour te parler de vases, de vases paysans, de poterie populaire. [...] Tu connais ces joies ; palper la bedaine généreuse d'un vase et caresser son col gracile, et puis explorer les subtilités de son galbe. Les mains remises au fond des poches et les yeux mi-clos, se laisser doucement griser de la féerie des émaux, l'éclat des jaunes, le velouté des bleus ; s'attacher à la lutte mouvementée des masses noires brutales et des éléments blancs victorieux » [27]. Conservées pour une bonne part à la Fondation Le Corbusier, ces céramiques remarquables répandaient autrefois dans les pièces de la Maison blanche une atmosphère sensuelle tout en incitant à la réflexion intellectuelle.

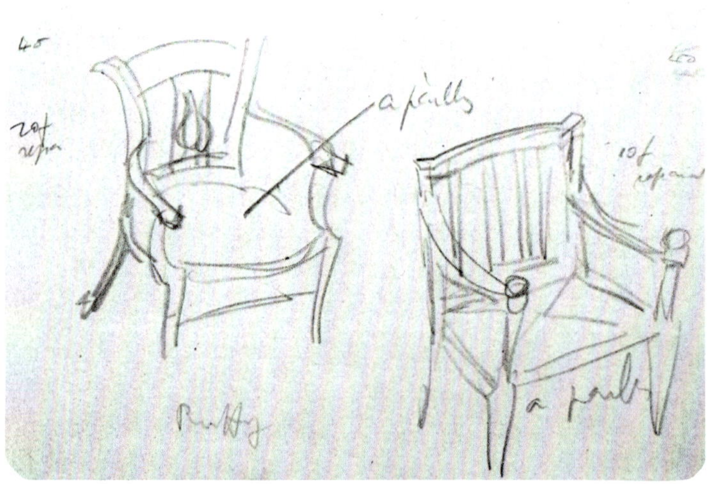

Charles-Edouard Jeanneret, esquisses de bergères à paille du commerce d'antiquités Ruffy, vers 1915 (*Carnet A1*, p. 24).
FLC

André Groult, chaise en poirier à dossier encastré, dessinée vers 1910.
Tiré de : Félix Marcilhac, *André Groult (1884–1966). Décorateur-ensemblier du XXe siècle*, Paris : Les Editions de l'amateur, 1997

Bergères à paille provenant de la villa Jeanneret-Perret, conservées à la villa Le Lac à Corseaux.
Photo Franz Xaver Jaggy

Intertextualité

À propos de la synthèse des influences opérées dans la Maison blanche, Bruno Reichlin parle de « test architectural d'un niveau élevé d'intertextualité, qui en fait la croix et le délice des exégètes »[28]. Et de fait, il n'est guère d'analyse qui ne présente les résultats d'une recherche plus ou moins spéculative des sources ensevelies de cette création originale. Aussi ne résisterons-nous pas non plus à cette tentation, en nous contentant toutefois de prendre pour témoin principal un cas relativement évident.

Cela concerne l'aménagement de l'antichambre qui précède le salon. Le banc installé ultérieurement par Jeanneret sous la fenêtre panoramique et la table rectangulaire qui l'accompagnait ont été reconstitués selon un projet de l'auteur de ces lignes[29], et cela bien que la disposition d'origine ne soit connue que par une photographie à contre-jour et par une vue perspective de Jeanneret, qui par ailleurs diverge de l'aménagement réalisé. Il nous a en effet paru qu'il s'agissait d'un moyen indispensable pour recréer la perception de la succession des pièces dans la disposition en T de l'ensemble.

Le scénario spatial commence à l'extérieur déjà, et conduit par une promenade variée à travers le jardin en terrasse vers la partie amont de la maison. Ce cheminement soigneusement étudié se poursuit à l'intérieur. De l'entrée, on passe dans le vestibule puis dans l'antichambre, dont la fenêtre panoramique donne de côté sur la pente. Dans la direction opposée, le regard est invité à traverser deux portes vitrées qui ouvrent successivement sur le salon et la chambre à manger, d'où la vue donne sur la terrasse. On ne pénètre qu'ensuite dans le salon, puis, après un nouveau changement de direction, on découvre la vue sur la vallée. Du côté amont, une cheminée en faïence dessinée par Jeanneret (et dont la frise, peinte en 1913, a disparu) fait face à la grande baie du salon, rythmée de fins croisillons métalliques.

Charles-Edouard Jeanneret, villa Jeanneret-Perret, La Chaux-de-Fonds, 1912. L'antichambre.
Photo prise avant 1919, BV

L'antichambre avec le banc et la table reconstitués, après la restauration. Détail de la table.
Photos Eveline Perroud, 2006

Proposition d'ameublement de Charles-Edouard Jeanneret pour l'antichambre, vers 1919.
FLC

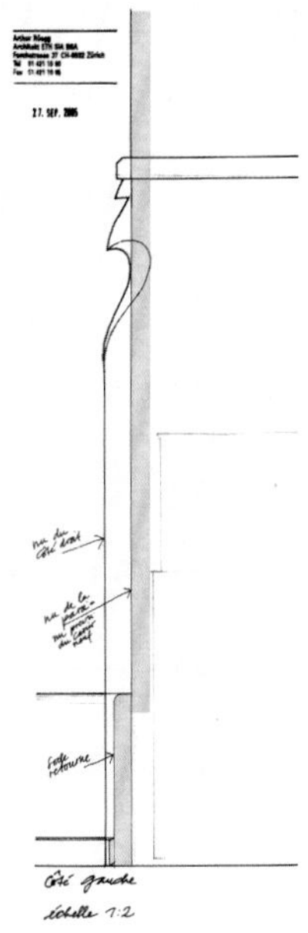

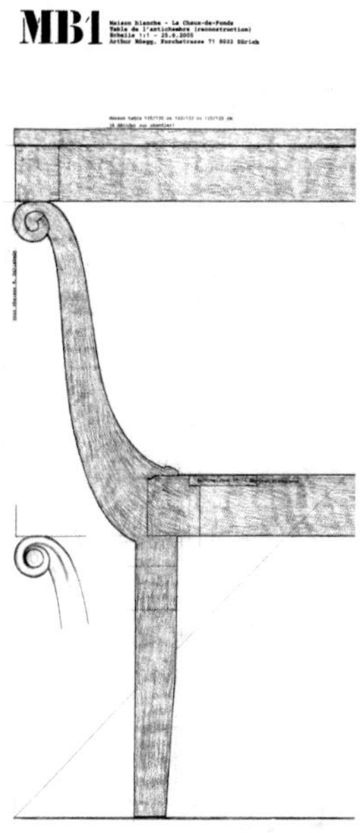

Reconstitution du banc sous la fenêtre de l'antichambre. Profil des parois latérales.
Plan Arthur Rüegg, 2005

Table de l'antichambre reconstituée d'après une photographie antérieure à 1919.
Plan Arthur Rüegg, 2005

Dans cette mise en scène, notre banc revêt une signification à la fois fonctionnelle et symbolique. Il dirige le regard vers la terrasse et donne une dimension théâtrale à la vue sur l'ancienne carrière. Il offre un lieu idéal et agréable pour la conversation et la contemplation des superpositions de la nature et de l'architecture. Mais il est aussi la concrétisation très précise d'une note écrite dans le premier carnet d'esquisses du voyage en Orient : « Dans les chambres de Kasanlic, il y a de grands sofas qui tiennent toute la paroi. Ils sont bâtis en planches de sapin. Des coussins de paille de maïs, dessus de tapis divers, ou une étoffe de fil blanc tendue. Ils sont placés juste sous les fenêtres, et le dossier bas est en très bonne proportion »[30]. La reconstitution du banc, et même de la table, n'ont guère posé de problèmes, contrairement à celle des parois du banc, qui a nécessité un décodage minutieux de la syntaxe formelle de Jeanneret[31]. Pour être bien reconnaissable comme meuble reconstitué, le banc et la table construits en bois massif ont été peint en gris.

Esquisse faite par Charles-Edouard Jeanneret pendant son voyage en Orient en 1911 et montrant un banc sous une fenêtre à Kazanlăk, en Bulgarie (*Carnet 1*, Orient, p. 73). Une disposition analogue a été réalisée plus tard dans l'antichambre de la Maison blanche.
FLC

L'éclairage

Jeanneret conçut un certain faible pour les problèmes nouveaux posés par la lumière électrique. Lors de ses achats en France, il s'enthousiasmait pour des coupelles de verre précieuses, souvent de couleur[32], et au milieu de l'année 1914, il se lança dans sa première aventure de fabricant en fondant la firme « Lumière »[33]. Le vestibule de la Maison blanche était éclairé par une coupelle de verre fixée au mur (aujourd'hui disparue). L'antichambre possède encore un plafonnier encastré spécialement conçu, précisément centré dans la pièce, encadré d'un bandeau peint ocre rouge et qui forme un motif quadrangulaire répondant au motif noir et blanc du linoléum du petit salon. Le petit salon carré possédait un plafonnier à verre rectangulaire (!), centré, qui a été retrouvé dans le grenier lors de la restauration et que les traces sur le plâtre du plafond ont permis d'attribuer sans hésitation à cette pièce.

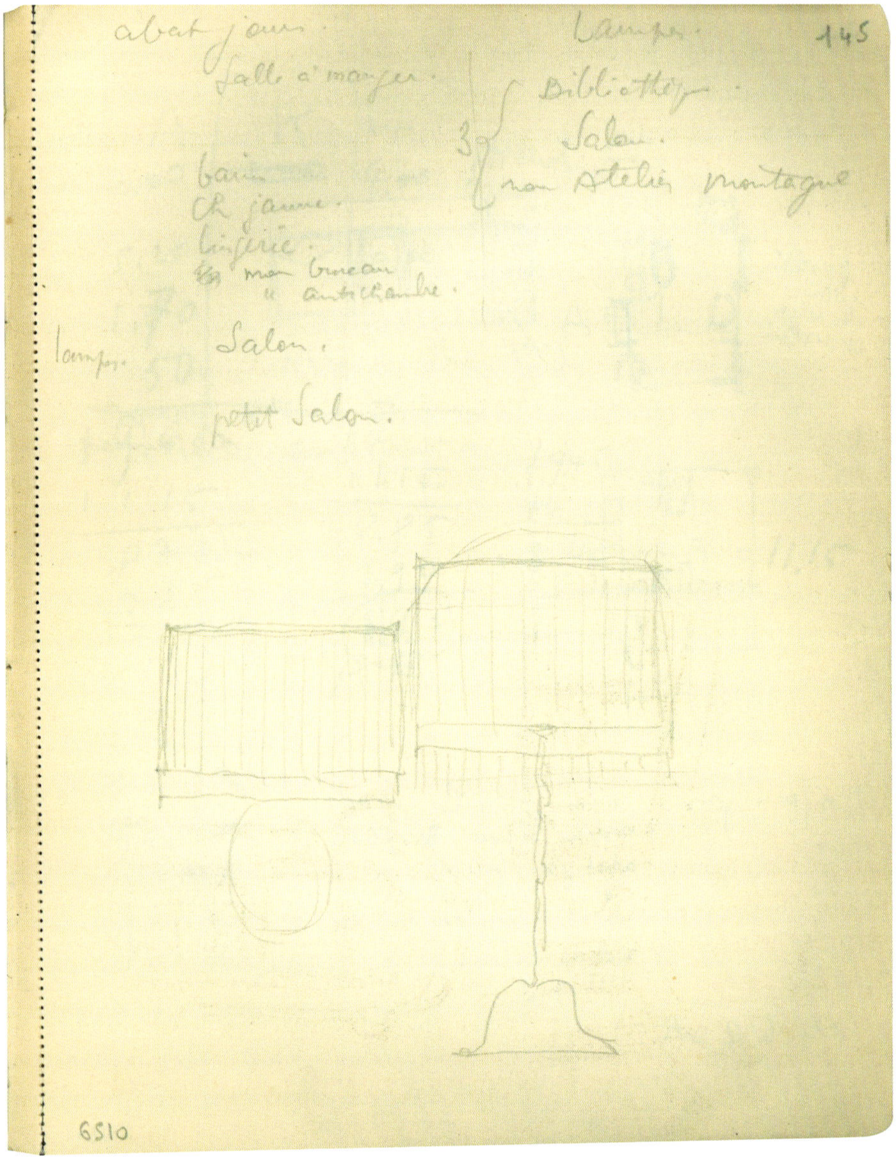

Charles-Edouard Jeanneret, esquisse de lampadaires, vers 1912–1914 (*Carnet bleu, T-71*, p. 145).
FLC

Le secrétaire de la mère de Charles-Edouard Jeanneret, avec la lampe et l'horloge de la villa Jeanneret-Perret dans la villa Le Lac à Corseaux.
Photo de 1953 (détail), collection particulière

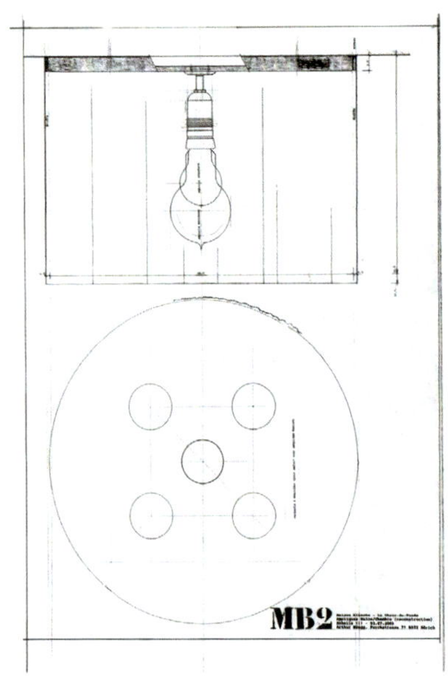

Reconstitution du plafonnier du salon d'après une photographie prise vers 1916–1919 et une esquisse de Jeanneret du *Carnet bleu, T-71*.
Plan Arthur Rüegg, 2005

Le plafonnier reconstitué dans le salon.
Photo Eveline Perroud, 2006

Le jeune Jeanneret était fasciné non seulement par ces corps lumineux d'aspect austère et résolument architectural, mais aussi par les lampes plus primitives et d'effet plus frivole à abat-jour en tissu telles qu'il les avait vues et dessinées en Allemagne [34]. L'étoffe tombante des abat-jour, dont la forme fait penser à une jupette, fut choisie selon l'atmosphère souhaitée pour chaque pièce – solution avantageuse et simple que les documents photographiques ont permis de reconstituer ainsi : blanc cassé pour le plafond du salon, blanc à bordures bleues pour le corridor de l'étage, motif exotique pour la chambre jaune. Une esquisse du *Carnet bleu* [35] nous montre que Jeanneret prévoyait de compléter ces faibles sources de lumière par des lampadaires de différentes hauteurs. Pour le nouvel aménagement, l'auteur de ces lignes a dessiné un lampadaire d'aspect résolument neutre fait d'un tube de fer à vernis gris et d'un réflecteur du commerce sur lequel est accrochée l'étoffe. Le pied original d'un lampadaire utilisé dans la Maison blanche a d'ailleurs été retrouvé récemment à la Fondation Le Corbusier [36].

Plafonnier d'origine dans l'antichambre après la restauration.
Photo Eveline Perroud, 2006

Le nouvel aménagement de 2005

Le but de la restauration ne pouvait être une présentation muséographique d'une maison d'habitation. Il a néanmoins paru nécessaire de suggérer l'atmosphère des lieux et de rendre visible le travail d'ensemblier de Jeanneret, même si les meubles emportés en 1924 par les parents à la Petite maison s'y trouvent toujours.

Le projet devait aussi permettre des équipements adaptés aux usages prévus pour la maison, encore que cela concerne uniquement les pièces de réception du rez-de-chaussée. À l'étage, la chambre jaune a pu être réservée aux expositions d'œuvres prêtées par le Musée des beaux-arts. L'ancien studio de Jeanneret abrite désormais une salle de documentation d'aménagement très simple fidèle à la conception d'origine. Dans la chambre des parents enfin, une table allongée, de forme neutre, dessinée par l'architecte zurichois Silvio Schmed, a reçu son emplacement définitif, où elle peut en tout temps servir pour des réunions, des discussions ou des séminaires [37]. Au rez-de-chaussée, il est possible de placer, selon les besoins, soixante chaises empilables pour des concerts, ou une trentaine autour de tables pliantes pour des dîners [38]. Ces meubles très légers sont rangés à la cave. La Maison blanche peut ainsi servir aussi bien à des présentations muséographiques qu'à des usages respectueux de la qualité des lieux et participant de la vie culturelle chaux-de-fonnière.

1 Cf. « *Nouvelle Section » de l'École d'Art. Prospectus*, La Chaux-de-Fonds, 1912, p. 7 : « Cours de Monsieur Ch.-E. Jeanneret : [...] Applications diverses à l'architecture, au mobilier, à divers objets [...]. Exécution pratique d'œuvres d'architecture, de décoration d'intérieur et d'objets divers. »

2 Charles-Edouard Jeanneret, *Étude sur le mouvement d'art décoratif en Allemagne*, La Chaux-de-Fonds : Editions Haefeli, 1912.

3 Publication posthume : Le Corbusier, *Le Voyage d'Orient*, Paris : Forces Vives, 1966.

4 Cf. Arthur Rüegg, « La fin de l'Art nouveau. Perspectives nouvelles : Charles-Edouard Jeanneret », dans : Helen Bieri Thomson (éd.), *Une expérience Art nouveau. Le Style sapin à La Chaux-de-Fonds*, catalogue d'exposition, La Chaux-de-Fonds, Paris : Somogy, 2006, p. 155–167.

5 Cf. note 4.

6 Les angles sont également traités de manière apparentée, de même que le remplissage des surfaces comprenant des éléments métalliques ; voir les fig. dans : *Deutsche Kunst und Dekoration*, vol. 18, 1906, p. 457.

7 Cf. Nancy J. Troy, *Modernism and the Decorative Arts in France. Art Nouveau to Le Corbusier*, New Haven – London : Yale University Press, 1991, p. 116 sqq., et H. Allen Brooks, *Le Corbusier's Formative Years. Charles-Edouard Jeanneret at La Chaux-de-Fonds*, Chicago – London : The University of Chicago Press, 1997, p. 344–346. – Le premier voyage, commencé le 8 décembre 1912, dura trois semaines. Jeanneret remplit un cahier entier de notes sur des meubles du pavillon de Marsan au Louvre et sur des détails du château de Versailles.

8 *Carnet bleu*, FLC T-71. Contient, outre les notices sur plusieurs voyages à Paris, des esquisses pour la Maison blanche.

9 Cf. Troy, *Modernism and the Decorative Arts in France*, op.cit., p. 70–74.

10 Hermann Muthesius, *Wie baue ich mein Haus*, München : F. Bruckmann, ^{3}1919, p. 171.

11 Cf. Arthur Rüegg, « Le Corbusier : ‹ Monsieur Eternit ›. Entre une mise en œuvre pragmatique et une impulsion visionnaire », dans : Michael Hanak, Marie-Anne Lerjen (éds.), *Eternit Suisse. Architecture et culture d'entreprise depuis 1903*, Zurich : gta, 2003, pp. 98–105.

12 Cf. la contribution d'Elisabeth et Michel Muttner dans le présent volume, et Gerhard Kaldewei (éd.), *Linoleum. Geschichte, Design, Architektur 1882–2000*, Ostfildern-Ruit : Hatje Cantz, 2000.

13 Charles-Edouard Jeanneret à Théophile Robert, 1er avril 1915, Archives Théophile Robert. Je remercie Corinne Charles, à Genève, de m'avoir transmis cette citation (2002).

14 Il existe au moins une photographie de Nicole Groult dans son petit salon (prise vers 1912 par Henri Manuel, archives de la famille, Paris) et une aquarelle attribuée à André Groult représentant le même sujet (collection privée), cf. Félix Marcilhac, *André Groult (1884–1966)*, Paris : Les Éditions de l'amateur, 1997, pp. 44, 62.

15 Cf. *L'Art décoratif*, 1911, p. 262, cit. dans : Bernard Jacqué, « Le papier peint et le mur au XXe siècle », dans : id., *Papiers peints du XXe siècle*, catalogue d'exposition, Musée du papier peint, Rixheim, 2004, p. 23. Sur la page 22 se trouve une illustration du même motif, dans des teintes plus sombres, provenant de la collection du musée (n^{o} inv. 988 pp. 7-54 et 55).

16 Le motif a été reconstitué sur ordinateur d'après un échantillon conservé sur le bâtiment et avec l'aide d'anciennes photographies. L'impression a été réalisée en sérigraphie par Geert Wisse, à Zwalm.

17 Cf. Arthur Rüegg, « 30. Writing Desk », in : Stanislaus von Moos, Arthur Rüegg (éds.), *Le Corbusier before Le Corbusier. Applied Arts, Architecture, Painting, Photography, 1907–1922*, New Haven – London : Yale University Press, 2002, pp. 236–237.

18 Charles-Edouard Jeanneret à Fritz-Ernst Jeker, 11 septembre 1919, FLC. Écrit en vue d'un renouvellement du mobilier de la Maison blanche. – En 2006, l'AMB a pu acheter le piano. De 1979 à 2006, ce piano n'a cessé d'émerveiller les mains artistiques de Marinette De Siebenthal.

19 Note d'honoraires du 3 mai 1915 (copie à la BV). Le montant fut remboursé le jour même (FLC R1-5). Des dessins pour ce projet sont publiés dans : *Le Corbusier Sketchbooks. Vol. 1, 1914–1948*, London : Thames and Hudson – Paris : Fondation Le Corbusier, 1981, n° 106, 107, 151.

20 Cf. Arthur Rüegg, « Le Corbusiers Wohnungen und sein Zürcher Pied-à-terre », dans : Karin Gimmi et al. (éds.), *SvM. Die Festschrift – für Stanislaus von Moos*, Zürich : gta, 2005, pp. 210–233.

21 Le canapé a été retrouvé et rapatrié en 2005, grâce aux recherches de Martine Voumard, de La Chaux-de-Fonds, tout comme le piano à queue en 2006.

Charles-Edouard Jeanneret, villa Jeanneret-Perret, La Chaux-de-Fonds, 1912. Esquisses d'aménagement du salon, vers 1916. Il était prévu de condamner le passage menant au petit salon pour y installer un orgue.
BV

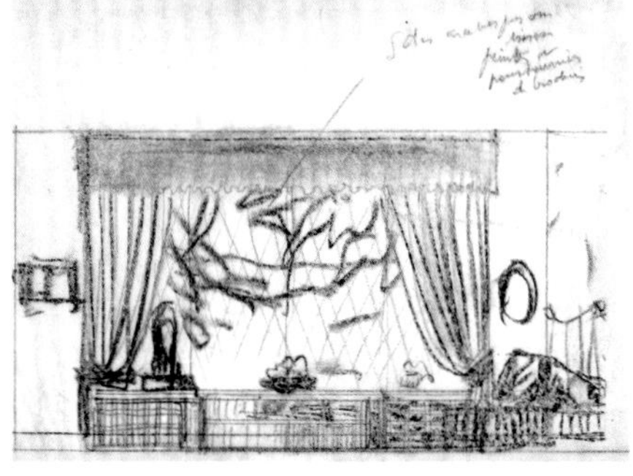

22 Charles-Édouard Jeanneret à Fritz-Ernst Jeker, 11 septembre 1919, FLC. Le tissu original était identique à celui du mobilier de Hermann Ditisheim (1915, au Musée des beaux-arts de La Chaux-de-Fonds), comme le montre un minuscule fragment prélevé pendant la restauration par Massimo Scurti, de Montreux.

23 Charles-Édouard Jeanneret à Fritz-Ernst Jeker, 11 septembre 1919, FLC.

24 Cf. *Le Corbusier Sketchbooks. Vol. 1*, op.cit., n° 18, pp.20–24.

25 Charles-Edouard Jeanneret à Fritz-Ernst Jeker, 11 septembre 1919, FLC. Cf. aussi Arthur Rüegg, « 38. Antiques », dans : Von Moos, Rüegg, *Le Corbusier before Le Corbusier*, op. cit, pp. 252–253, et Jean-Jacques Bourgeois, *L'âge d'or du siège paillé*, Paris : Éditions Massin, 1997.

26 Le Corbusier, « Des yeux qui ne voient pas... Les avions », *L'Esprit nouveau*, n° 9, 1921, p. 980.

27 Le Corbusier, *Le voyage d'Orient*, op.cit., pp. 13–15. Cf. aussi Arthur Rüegg, « 37. Folk Art : Vases », dans : Von Moos, Rüegg, *Le Corbusier before Le Corbusier*, op.cit., pp. 250–251.

28 Bruno Reichlin, préface à Pierre Minder, *Restauration de la Maison Blanche. Étude préparatoire, rapport de synthèse*, 2003, p. 1.

29 L'encadrement de fenêtre, les profils ornementaux sur le mur et quelques empreintes dans le linoléum ont permis de préciser la localisation des observations faites sur les photographies. Des maquettes en bois à l'échelle 1 : 1, réalisées par l'ébéniste Gilles Marclay, ont servi à vérifier les plans. Le matelas a été recréé par Francis Fontaine.

30 Cf. Giuliano Gresleri (éd.), *Ch.-E. Jeanneret – Le Corbusier. Voyage d'Orient. Carnets*, Milan : Electa – Paris : Fondation Le Corbusier, 1987, carnet 1, p. 73. Kazanlăk (nom exact de « Kasanlic ») se trouve en Bulgarie, près de Stara Zagora.

31 Il a fallu échancrer les parois du banc pour pouvoir y loger le socle profilé.

32 Cf. par exemple *Le Corbusier Sketchbooks. Vol. 1*, op.cit., n° 91–92. La première feuille comprend au bas la note « pEAH », ce qui signifie « pour Ernest-Albert Ditisheim » et témoigne sans doute d'un choix fait en 1915 pour l'aménagement intérieur de la maison Ditisheim à La Chaux-de-Fonds, dont il avait reçu le mandat.

33 Cf. Arthur Rüegg, « 31. Lumière », dans : Von Moos, Rüegg, *Le Corbusier before Le Corbusier*, op.cit., pp. 238–239. « Lumière, Société pour la fabrication de lustrerie d'Art » était une entreprise formée dans l'entourage de Charles-Édouard Jeanneret et de son ami le sculpteur Léon Perrin, qui s'étaient associés à des artisans doués de la région dans l'intention de fabriquer des luminaires électriques.

34 Cf. Giuliano Gresleri (éd.), *Ch.-E. Jeanneret – Le Corbusier. Les voyages d'Allemagne. Carnets*, Milan : Electa – Paris : Fondation Le Corbusier, 1994, p. 49 (Berlin), et Gresleri, *Ch.-E. Jeanneret – Le Corbusier. Voyage d'Orient*, op.cit., pp. 20 (Berlin) et 42 (Vienne).

35 *Carnet bleu*, op. cit., p. 145. Il est fait mention en particulier de : « Bibliothèque, Salon, mon Atelier Montagne » et de la « chambre jaune », avec une distinction entre abat-jour et lampes (lampadaires). Le carnet contient des dessins d'un lampadaire avec pied en céramique et d'un autre avec pied en laiton.

36 Aujourd'hui perdu, l'abat-jour en étoffe est bien reconnaissable sur des photographies de la Petite maison.

37 La table, qui mesure 340 × 139 cm, est de construction légère ; elle a été réalisée par la firme Ph. Oswald à Oberglatt. Les pieds sont aux angles, le plateau est autoportant.

38 Il s'agit de chaises empilables teintes en noir modèle « Laleggera » éditée par Alias et de tables pliantes « Gimbande » éditée par Wogg, toutes de construction légère et aisément transportables.

Peter Wullschleger

LE JARDIN DE LA VILLA JEANNERET-PERRET

Charles-Edouard Jeanneret, villa Jeanneret-Perret, La Chaux-de-Fonds, 1912. La chambre d'été avec la montée d'escalier et le pavillon de jardin.
Photo Eveline Perroud, 2006

Sur le premier papier à lettre qu'il fit imprimer en 1912, à l'âge de vingt-cinq ans, Charles-Edouard Jeanneret énumère les domaines dans lesquels il prétendait réaliser des projets en qualité d'architecte indépendant. Parmi ces domaines figure l'« architecture de jardin ». Il est dès lors permis de penser que l'aménagement du jardin de la Maison blanche n'est ni une simple réponse aux contraintes dictées par la topographie et l'espace naturel, ni une réalisation imputable à la passion du père, Georges-Edouard Jeanneret, pour les jardins, mais résulte d'une conception soigneusement étudiée, même si aucun plan n'en conserve la trace.

Influences

L'architecture de jardin au début du XXe siècle Au tournant du siècle, l'architecture de jardin se trouvait à la croisée des chemins[1]. Répandu dans toute l'Europe, l'idéal du jardin paysager à l'anglaise connut également une vogue considérable à La Chaux-de-Fonds, en particulier au Bois du Petit-Château (1889–1890) et au Parc des Crêtets (1905–1906), œuvres de l'architecte paysagiste local Charles Mattern, mais encore dans nombre de jardins privés et de villas.

Ce style pourtant, qui avait atteint son apogée avec les créations de Peter Joseph Lenné (1789–1866) et Evariste Mertens (1846–1907), était dépassé depuis longtemps. L'art européen des jardins passait de plus en plus sous l'influence d'architectes, allemands principalement. Ceux-ci se firent les propagateurs d'une architecture de jardin de prestige aux plans strictement géométriques, présentés notamment aux expositions fort remarquées de Darmstadt en 1905 et de Mannheim en 1907. Cette année-là, la parution du livre de Hermann Muthesius *Landhaus und Garten* (*Maison de campagne et jardin*), mit en avant l'unité que devaient constituer la maison et le jardin[2]. La pergola dont Muthesius équipa sa propre maison en 1909 concrétisa ses aspirations. Toujours en 1909, Paul Schultze-Naumburg assimila lui aussi le jardin à une extension de la maison[3]. Ce nouveau style compta parmi ses propagateurs Peter Behrens, auprès duquel Jeanneret effectua cinq mois de stage en 1910–1911, durant lesquels il travailla au projet de hangar à bateaux « Elektra » et peut-être à celui de la maison Wiegand à Berlin-Dahlem[4].

Cour à pergola, femme avec enfant, Kazanlăk, Bulgarie. Photo prise par Charles-Edouard Jeanneret pendant son voyage en Orient en 1911.
Photo Charles-Edouard Jeanneret, 1911, BV

A la même époque, Jeanneret s'intéressa aussi à la pergola, dont il rencontra plusieurs exemples durant son séjour en Allemagne, dans les jardins Sanssouci à Potsdam, dans la cité-jardin conçue par Heinrich Tessenow à Hellerau, et plus tard encore dans les Balkans et en Italie, au point que l'on peut presque parler d'un leitmotiv de ses années d'apprentissage et de voyage.

Le voyage en Orient Particulièrement attentif aux relations entre maison et jardin, Jeanneret ne pouvait manquer de s'intéresser aux nombreux exemples qu'il rencontra en voyage, surtout dans les Balkans. Depuis la Bulgarie jusqu'à Pompéi, il dessina des esquisses et photographia ces constructions légères en bois et ces parois en treillage semi transparentes dans lesquelles il voyait en quelque sorte les modèles historiques et vernaculaires de sa conception du jardin. C'est dans ce contexte aussi, à propos de jardins clos en terrasse, qu'il utilisa pour la première fois le terme de « chambre d'été »[5]. Il visita divers jardins et des villas de la Renaissance en Italie, principalement à Rome et dans les environs. La villa Jeanneret-Perret porte la trace de ces modèles : structuration de l'espace, création de diverses atmosphères reliées par des murs et des escaliers, dialogue sur divers modes entre maison, jardin et paysage.

Le jardin d'origine

La parcelle sur laquelle est construite la maison est près d'une ancienne carrière. La topographie se caractérise par la pente du terrain, depuis la lisière de la forêt, et l'exposition au sud-est avec vue sur la ville et, par-delà, sur la chaîne du Jura entre le Chasseral et le Chasseron. La différence de niveau entre le rez-de-chaussée et le portail du jardin au chemin de Pouillerel est de 9 m pour une distance de 40 m, ce qui donne une pente moyenne de 22 %. La parcelle était plantée de quelques bosquets de taille non négligeable de hêtres, avec des troncs d'une circonférence de 30 à 50 cm.

Heinrich Tessenow, Institut Jaques-Dalcroze, Dresde-Hellerau, 1910–1911. Patio du solarium des femmes.
Collection privée, Zürich

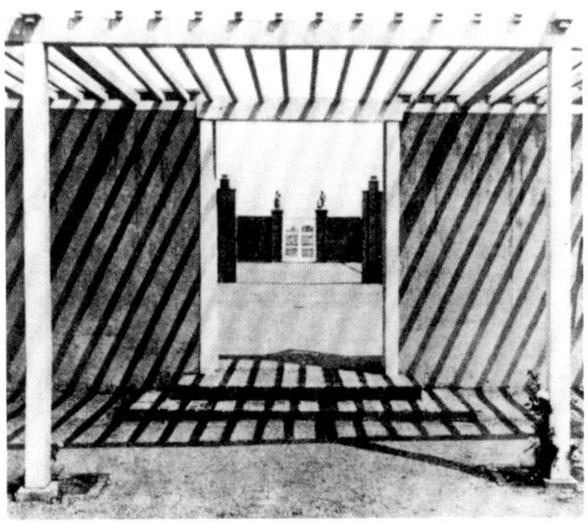

Terrasse avec pergola dans les jardins royaux de Potsdam.
Tiré de : Paul Schultze-Naumburg, *Kulturarbeiten. Ergänzende Bilder zu Band 2, Gärten*, München : Callwey, 1904

Friedrich Bauer, « Au bord de l'Elbe », projet lauréat du concours de jardins privés organisé par la revue *Die Woche*, publié dans : *Hausgärten. Skizzen u. Entwürfe aus dem Wettbewerb der Woche*, Berlin : August Scherl, 1908. Tiré de : Marc Dubois, « Villa Jeanneret-Perret – ‹ La Maison Blanche ›, 1912 : Le Corbusier vóór Le Corbusier », in: *Interbellum*, jg. 26, nr. 3, mei-juni 2006, p. 7–15

Le projet de jardin Il n'existe aucun plan historique de la conception du jardin. Les plans établis par Charles-Edouard Jeanneret pour la demande de permis de construire se terminent aux façades de la maison. Mais il existe quelques esquisses et de nombreuses photographies de l'époque de la construction qui permettent de reconstituer quelque peu les intentions de l'architecte[6]. Plusieurs éléments ont présidé au projet d'aménagement du jardin : les données de la topographie et de l'espace naturel, le profit optimal que l'on pouvait tirer de la vue et de l'ensoleillement, enfin l'utilisation du jardin comme un prolongement direct et une extension du volume habitable de la maison. Jeanneret a placé l'entrée à l'arrière, au nord, ce qui permet de réserver le soleil et la vue aux pièces de séjour et d'aménager une voie d'accès relativement directe avec une pente praticable depuis le chemin de Pouillerel. Mais ce cheminement représente un détour considérable pour les piétons, qui peuvent emprunter le chemin tracé tout droit à travers le jardin.

Par son langage formel, le choix des couleurs et des matériaux, le jardin supérieur, qui forme une unité avec la maison et que Jeanneret appelait la « chambre d'été », se distingue nettement de l'aménagement de la partie inférieure. Le haut reflète l'inventivité et le goût de l'expérimentation qui caractérisent la maison elle-même, alors qu'en bas dominent la tradition et le répertoire uniforme régional d'inspiration néoclassique. D'un côté, des couleurs claires, un espace conçu avec rigueur, des axes qui dirigent le regard, de l'autre le gravier et la marne, des pierres de diverses tailles et emplois, des formes approximatives, l'accent mis sur l'utilité, l'improvisation. Comme si le concepteur, accordant moins d'intérêt au jardin inférieur, lui avait soustrait toute dimension architecturale, comme s'il s'agissait d'un paysage, d'un terrain à maîtriser.

La promenade architecturale Passé l'imposant portail du jardin, le chemin conduit par un petit escalier de béton et monte vers un mur de pierre sèche. Il tourne ensuite à droite et une rampe raide mène à une grande terrasse à revêtement de

La chambre d'été avec la pergola et le pavillon de jardin.
Photo été 1914, BV

Dessin de la chambre d'été par Charles-Edouard Jeanneret, vers 1913.
FLC

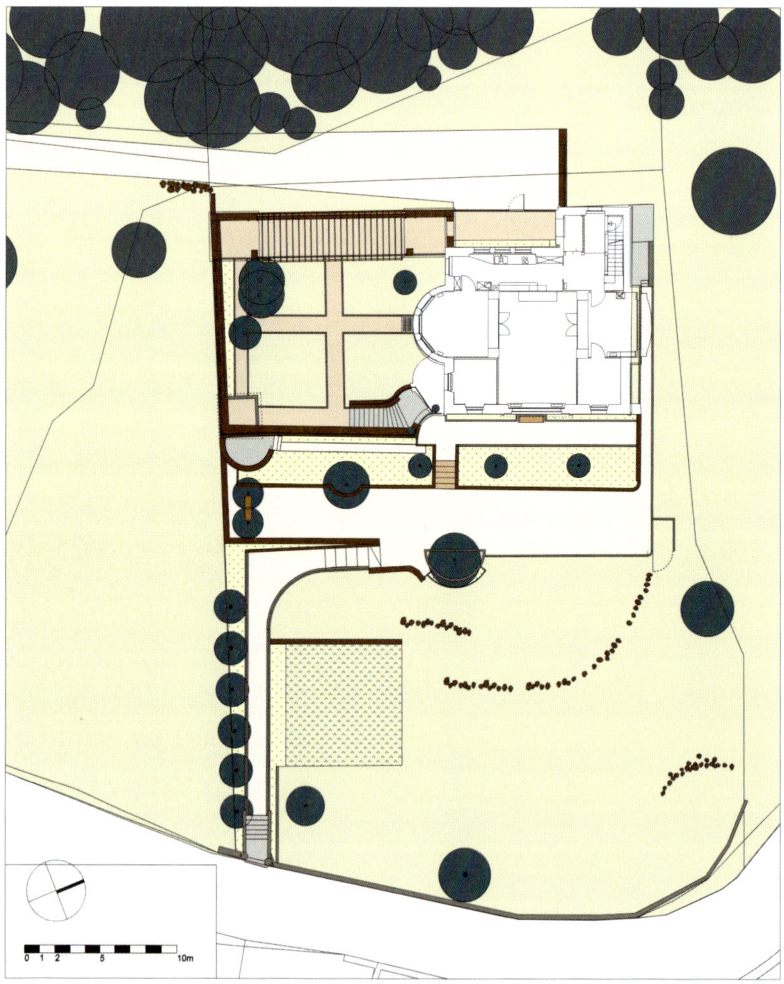

Plan de reconstitution de l'état de 1913 à 1919, établi en 2002 sur la base des sources et documents disponibles. Les travaux de sondage et de restauration ont obligé à corriger ensuite plusieurs détails.
Plan Planum/Peter Wullschleger, 2002

Entrée du jardin avec la montée vers la terrasse inférieure.
Photo avant 1919, BV

marne. De là, cinq marches de pierre naturelle conduisent à l'accès vers la chambre d'été, dans laquelle on pénètre « de l'intérieur », derrière le grand mur de soutènement. On se trouve alors sur le réseau de chemins en croix, à revêtement en briques recuites (klinker). En tournant deux fois à droite, au haut de l'escalier et sous la pergola de bois, on arrive à une porte à deux battants par laquelle on quitte le jardin. Enfin, un chemin court et étroit, le long de la façade ouest, séparé par une grille de la place qui termine la voie d'accès pour les voitures, amène le visiteur à la porte de la maison.

Ce cheminement depuis le portail du jardin jusqu'à la porte d'entrée est original et paradoxal par la confrontation qu'il offre entre la simplicité de l'espace vu et la complexité de l'espace vécu. Quoique la topographie eût dicté un tracé direct entre le chemin de Pouillerel et la maison, le chemin réalisé, par la succession d'escaliers, de rampes et de terrasses, par les variations de matériaux, par l'alternance entre espaces ouverts et espaces fermés, par la gradation du caractère privé, devient une expérience unique et fait l'effet d'une mise en scène spectaculaire. L'imbrication de diverses perceptions de l'espace, qui commencent dès l'abord, peut être interprétée comme une sorte de prodrome, d'avant-projet endémique d'une promenade architecturale qui ne trouvera sa formulation explicite que dans la villa La Roche/Jeanneret (1923–1925).

La chambre d'été En 1913, un jardin prolongeant directement le domaine habité était encore une nouveauté à La Chaux-de-Fonds. Au tournant du siècle, il est vrai, les immeubles d'habitation à l'intérieur du damier urbain et les villas à l'extérieur possédaient tous un jardin, généralement dans le style alors très en vogue du jardin paysager romantique à chemins incurvés, rocailles et buissons de lilas. Mais le jardin y est toujours un espace démarqué du bâtiment. A la Maison blanche, sa délimitation matérielle par une pergola et une paroi de treillage est une conception importée qui fait écho au paysage environnant et établit un lien aussi bien avec les alentours immédiats qu'avec l'horizon. Le regard est guidé, la vue équilibrée. La chambre d'été est comme un manifeste de la relation entre intérieur et extérieur, entre intimité et paysage. Jeanneret puise dans

La montée vers la terrasse inférieure. L'homme occupé à jardiner est Georges-Edouard Jeanneret, le père de l'architecte.
Photo avant 1919, BV

La terrasse inférieure.
Photo avant 1919, BV

le répertoire formel des images et des expériences spatiales accumulées dans sa mémoire et ne tient guère compte de la rudesse du climat. La maison est l'étalon des valeurs et le centre d'intérêt. C'est de là, du noyau de l'œuvre bâtie que se cherche le contact avec le paysage, que sont tracés les cadres des fenêtres et définies les vues. Il n'y a aucune interaction. L'ouvrage bâti entretient avec le paysage un rapport totalement différent de celui du paysage avec la maison. Le regard dirigé vers l'extérieur semble chercher une intégration et une relation avec le paysage. Il en va autrement de la position du paysage envers la maison : la villa paraît occuper une position défensive, elle détonne sur le versant de Pouillerel avec lequel elle n'entretient aucune familiarité.

Le choix des matériaux Le recours à des matériaux inhabituels dans le Jura neuchâtelois est rigoureusement limité, pour ce qui concerne le jardin, à la chambre d'été. Les dalles de brique, par exemple, étaient jusqu'alors inconnues dans la région. Les modèles sont à rechercher d'une part dans l'espace méditerranéen, mais d'autre part aussi dans le nord de l'Allemagne, où l'usage de la brique recuite a une longue tradition dans la construction de maisons et les revêtements d'aménagements extérieurs. L'utilisation du béton préfabriqué pour les bordures des chemins était également une nouveauté. Quant aux pergolas et aux treillages, ils sont une gageure à plus de mille mètres d'altitude.

La plantation La hauteur et le diamètre des troncs des arbres visibles sur les photographies de 1914 à 1919 autorisent à penser que la végétation sauvage qui avait pris naissance sur l'ancienne carrière fut maintenue et intégrée à l'aménagement du jardin. Il s'agit concrètement d'un arbre situé en contrebas du mur de soutènement de la chambre d'été et d'un bosquet (de hêtres) à l'angle sud-ouest du même espace. Sortes de « sauvages domestiqués », ces arbres contrastent

Le treillage de la chambre d'été.
Photo avant 1919, BV

avec la rigueur géométrique des surfaces jardinées. La quête du paysage dans le jardin n'est donc pas seulement optique, elle est aussi physique.

Sur la terrasse supérieure d'une part, dans le jardin inférieur d'autre part, la conception de la couverture végétale est le reflet d'« attributions » distinctes. En haut, c'est le domaine de la restriction et de la rigueur, en bas de la diversité et de l'improvisation. Dans la chambre d'été, la végétation est limitée à un petit nombre d'éléments, outre les arbres « sauvages » : quatre plates-bandes de gazon bordées par des rosiers, des bordures de fleurs (avant tout des dahlias) devant la paroi en treillage au sud et de la vigne vierge contre les piliers de la pergola. Le jardin inférieur est non seulement beaucoup plus vaste (près de 900 m^2 contre 200 m^2 pour la chambre d'été), il a aussi une couverture végétale beaucoup plus diversifiée. C'était le « royaume » de Georges-Edouard Jeanneret, grand amateur de jardins et expérimentateur passionné dans ce domaine. On y rencontre divers types d'aménagement qui se chevauchent en partie : promenade, jardin en terrasse, jardin potager, verger avec baccifères, jardin de fleurs et jardin alpestre.

Tous deux ont en commun la densité de leur couverture végétale, faite de plantes exigeant pour la plupart beaucoup de soins. Les possibilités de développement des plantations étaient donc limitées et elles semblent avoir pris dès le début la forme d'une lutte contre l'envahissement, raison probable de la coupe rase effectuée vers 1959.

Vue dans la vallée de La Chaux-de-Fonds à travers le treillage de la chambre d'été.
Photo hiver 1913–1914, BV

Les modifications apportées de 1913 à 1919

C'est le propre de tout jardin que de se prêter aisément à des transformations radicales. Il suffit de quelques jours à quiconque dispose de l'outillage nécessaire et de quelques plantes pour transformer profondément et durablement le caractère d'un jardin. Si la villa elle-même avait subi jusqu'en 2002 des mutations d'ampleur comparable, l'Association Maison blanche aurait pu s'épargner tout son travail et il ne serait plus resté que quelques vestiges à faire inventorier par

Vue depuis la chambre d'été vers la maison.
Photo avant 1919, FLC

La maison de Salluste à Pompéi. Le portique et le jardin. Dessin réalisé par Charles-Edouard Jeanneret pendant son voyage en Orient en 1911. FLC

les archéologues. Car il est vrai que le jardin a été constamment modifié, et cela dès l'époque des Jeanneret-Perret. Son achèvement même a duré nettement plus longtemps que la construction de la maison. Au début de l'hiver 1912, alors que la famille était déjà installée, il n'y avait encore que le mur de pierre sèche de la grande terrasse dans le jardin inférieur, le mur de soutènement de la chambre d'été et le mur arrière de la pergola. L'année suivante, on crépit le mur, bétonna les pavillons d'angle de la pergola et aménagea les chemins. En 1914, on agrandit le jardin, construisit la pergola avec sa paroi de treillage, posa les rampes métalliques (la rampe du côté intérieur, contre l'escalier, n'est visible que sur des photographies ultérieures) et planta des espèces grimpantes et des rosiers. Les aménagements en pierre naturelle dans le jardin inférieur, les bordures et les consolidations de talus furent probablement réalisés encore cette année-là. Le pavillon d'angle au sud ne fut couvert de son toit de tôle qu'en juin 1914. Les plantations de Georges-Edouard Jeanneret devenaient toujours plus denses. Il nota encore des travaux assez importants dans le jardin en 1915 et 1916.

Les photographies anciennes montrent par exemple qu'à l'origine, le sentier passant devant la façade à l'est était bordé de pierres de taille, alors que plus tard, on y reconnaît nettement des bordures de béton. Il est loisible de supposer que c'est aussi à ce moment que furent aménagés la large plate-bande qui termine la grande terrasse du jardin inférieur et l'hémicycle marquant la transition avec la rampe d'escalier. Les vestiges découverts lors de la restauration ont montré que la marche inférieure de cet escalier a été conformée à la bordure du chemin et non le contraire comme il aurait été plus normal. Cette preuve de l'antériorité des bordures du chemin en béton par rapport à l'escalier invite à penser que la conception d'origine ne prévoyait pas de marches, mais une rampe escarpée pour mener à la grande terrasse, solution qui après quelques années d'usage se révéla peu pratique et dangereuse. De même, après peu de temps, Jeanneret père transforma le muret de pierre sèche au-dessus de ce chemin en rocaille à niches garnies de plantes, dans le style du jardin paysager alors très

La chambre d'été et les abords de la maison. Au premier plan, les parents, à l'arrière-plan, Charles Edouard et Albert Jeanneret. Photo avant 1919, BV

répandu, à La Chaux-de-Fonds aussi. Les dessins et les photographies conservés ne permettent de suivre que très partiellement ces étapes de transformation, et encore moins de les dater précisément.

Cet état de fait laisse une large place à la spéculation et à l'interprétation. Sans oublier la question de l'auteur de la conception du jardin, et de la part à faire entre ce qui revient au père Jeanneret et ce qui revient à son fils. Il ne fait guère de doute que le jeune Charles-Edouard a défini dans le détail, sinon par des plans, du moins par sa présence sur le chantier, la conception du jardin d'été, qui, prolongeant l'espace habitable, faisait partie intégrante de son projet architectural. De même peut-on supposer que c'est lui qui a dessiné, dans le jardin inférieur, entre la route et la façade est, le modelé du terrain et le tracé du chemin. En revanche, la rupture de style survenue dans la réalisation des détails est probablement à mettre au compte de l'influence que le père exerça sur l'aménagement, l'utilisation et le développement du jardin.

Le jardin Cornu-Welti

La terrasse inférieure. L'homme occupé à jardiner est Georges-Edouard Jeanneret, père de l'architecte.
Photo avant 1919, BV

En 1959–1960, Edmée Cornu transforma complètement l'aménagement paysager pour en faire un jardin d'agrément du type « jardin à vivre » (Wohngarten). Ce type, développé en Suisse dans les années 1930, atteignit son apogée lors de l'Exposition nationale de 1939 et dans divers aménagements réalisés ensuite, comme le parc du pavillon social (Wohlfahrtsgebäude) de la fabrique de machines Oerlikon (1942), par Gustav Ammann[7]. Il a pour caractéristiques l'usage de dalles en pierre naturelle, notamment du granit du Tessin, assemblées sans régularité pour former des chemins et des places. La production de légumes ou de fruits ne joue plus aucun rôle : l'accent est mis sur l'agrément et la détente que peut offrir le jardin pour une dépense d'entretien minimale.

On ignore le nom de l'auteur de l'aménagement du jardin Cornu-Welti, et aucun plan n'en est conservé. Cette transformation fit disparaître des éléments essentiels de l'aménagement d'origine, en recouvrit ou en compléta d'autres : plantations, grillages, chemins, revêtements, bordures en pierre calcaire. La chambre d'été fut désormais dominée par un imposant pavillon en dur à cheminée et toit de tuiles. Il n'est pas possible d'établir si c'est à ce moment ou plus tôt déjà que la pergola originale en bois fut remplacée par une construction en béton. Des chemins, des escaliers et des petites terrasses en granit furent ajoutés dans le jardin inférieur, mais aussi autour de la place près de l'entrée de la maison. Du premier jardin ne furent conservés que la structure de base des terrasses à mur de soutènement, les pavillons d'angle de la pergola, le chemin menant du portail vers l'escalier de la chambre d'été, enfin les accès. Quant aux plantes, seuls subsistèrent les six tilleuls bordant le chemin à l'entrée, qui permettaient à la fois de délimiter l'espace et de séparer le jardin de la prairie voisine au sud. Au nord-est, les arbres continuèrent à se développer en forêt. On planta de petites essences à feuilles persistantes du genre if, conifère nain et cotonéaster, typiques de ces jardins à vivre.

L'état en 2002

Au cours des années, la croissance des arbres avait transformé l'ancien « nid d'aigle » dominant la ville en « maison forestière ». Privé de soins depuis la vente

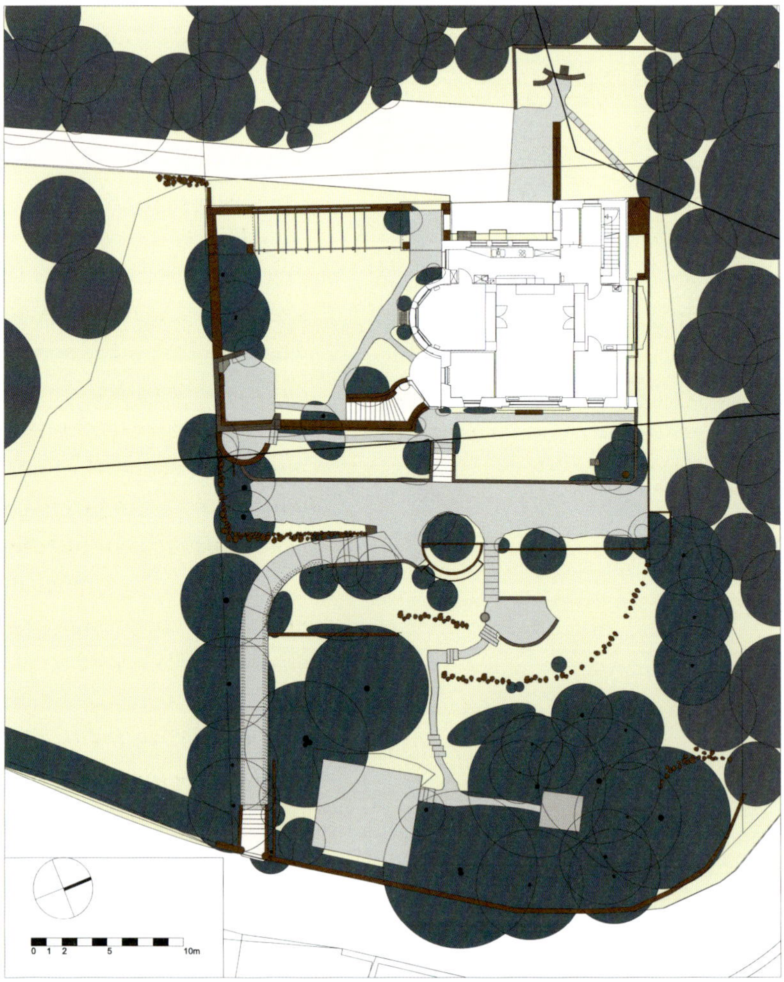

La montée vers la terrasse inférieure et la chambre d'été avec le pavillon de jardin avant le début des travaux de restauration.
Photos Peter Wullschleger, 2002

Plan de l'état avant la restauration. Les changements essentiels sont dus à la transformation en jardin à vivre à la fin des années 1950. Les arbres au sud-est ont fini par former un boqueteau.
Plan Planum / Peter Wullschleger, 2002

et le quasi-abandon de la maison en 1988, le jardin tomba, un peu comme la Belle au Bois dormant, dans une sorte de léthargie. Du fait de l'altitude, la croissance spontanée de la végétation, plus marquée sur le versant de la prairie, ne porta pas atteinte à la substance du jardin, tout au plus recouvert d'une accumulation de feuillage, tandis que progressait la « limite de la forêt » à l'intérieur du jardin. Les quatre tilleuls survivants, faute d'avoir été régulièrement taillés, posaient problème, leur cime étant devenue disproportionnée. Les frênes pleureurs de la grande terrasse (dont le revêtement de marne avait entre-temps été remplacé par des dalles de granit) étaient dans un état encore plus précaire, la forme sauvage ayant pratiquement effacé la forme tombante.

L'étude préliminaire

En 2002–2003 fut établie une expertise sur le jardin en tant que monument historique, dans le cadre d'une étude préliminaire globale. L'expertise devait surtout reconstituer l'aménagement original du jardin, principalement à l'aide des photographies anciennes. Le journal, très détaillé, de Jeanneret père fournit également des informations, en particulier sur les plantations[8]. Beaucoup d'espèces végétales étaient connues ou identifiables, mais l'incertitude demeure sur quelques sortes ou variétés, parfois aussi sur l'emplacement exact. Troisième pilier de l'étude enfin, le relevé détaillé de l'état actuel permit de reconnaître de nombreuses parties plus ou moins bien conservées de l'aménagement original. Deux anciennes dalles de brique furent exhumées dans la chambre d'été. Il subsistait encore quelques murets en pierre de taille, qui avaient été complétés par du granit lors de la transformation en jardin à vivre. A en juger du moins d'après les divers sondages effectués, le chemin d'origine menant du portail du jardin à la première terrasse était en bonne partie conservé sous les dalles de granit, y compris des vestiges de la bordure en béton.

Plan du projet de 2005, fondé sur les observations faites durant les fouilles et la démolition du jardin à vivre.
Plan Planum / Peter Wullschleger, 2005

L'étude de l'aménagement original, le relevé de 2002 et l'état du jardin servirent de base à une évaluation. Deux raisons essentielles motivèrent la décision de ne pas restaurer le jardin à vivre mais de prendre pour référence l'état d'origine. D'abord le souci de tenir compte de l'unité formée par la maison et la chambre d'été afin de rendre à nouveau perceptible l'œuvre d'art totale voulue par la conception première ; les éléments et vestiges conservés et toute la documentation d'archives étayèrent cette décision. Ensuite, le jardin à vivre, en tant que réalisation paysagère considérée pour elle-même, ne fut pas jugé d'une qualité suffisante pour justifier sa conservation.

Mais après le choix du parti à prendre, il fallut encore obtenir de pouvoir élaguer les arbres sur le terrain de la Maison blanche et sur les parcelles voisines afin de rendre la villa à nouveau visible et de recréer les vues.

Le projet de restauration et de reconstitution

La chambre d'été devait être reconstituée aussi fidèlement que possible. Dans le jardin inférieur, la reconstitution s'est limitée aux éléments structurels et à une interprétation simplifiée des éléments végétaux, parce que l'entretien ne sera plus désormais assuré par un propriétaire passionné de jardinage, mais par une équipe de professionnels disposant de moyens financiers restreints. L'évolution qu'a connue le jardin entre 1914 et 1919 a contraint à des choix quant à l'état à reconstituer. Partout où cela était possible, comme par exemple dans la rocaille à murets de pierre sèche, la restauration devait rendre visible la succession des modifications.

Brique découverte lors des sondages dans la chambre d'été en automne 2002. Elle a servi de modèle pour la recherche de produits approchants pour la reconstitution.
Photo Peter Wullschleger, 2002

La chambre d'été

La reconstitution du jardin supérieur ne pouvait s'appuyer que sur les photographies anciennes. Deux dalles en brique rouge de l'ancien pavage ont été retrouvées sur place. Au cours de la phase de démontage, les observations se sont précisées seulement par rapport à la situation du chemin le long de la paroi de treillage au sud. On a pu en repérer l'extrémité vers le pavillon d'angle de la pergola. Près de la bordure sous la pergola, qui se termine par un pavage en arêtes de poisson, deux états successifs ont été identifiés : d'abord des briques, puis du béton. Pour des raisons techniques, le choix s'est porté ici sur une bordure en briques réfractaires. La reconstruction de la pergola en bois, de la paroi de treillage et du garde-corps en tubes d'acier a été confiée à l'architecte, de même que la remise en état des murs.

Reconstitution du pavage de la chambre d'été avec la brique d'origine.
Photo Eveline Perroud, 2006

Le choix des matériaux Pour la brique réfractaire, il a été possible de trouver sur le marché un produit assez proche de l'original. La teinte, la texture, la longueur et la largeur correspondent à celles de la brique originale, laquelle avait toutefois un centimètre de plus en hauteur, ce qui se remarque à la bordure.

Les photographies prises pendant le chantier de 1914 et les traces des joints montrent que pour les extrémités du chemin en dalles de brique vers les parterres de gazon, on avait utilisé des planches de béton préfabriquées, aujourd'hui disparues. Il a été décidé de confectionner spécialement pour cet usage des planches de béton de même composition que les restes des bordures trouvés dans le jardin inférieur.

Le nouveau chemin pavé de briques dans la chambre d'été.
Photo Peter Wullschleger, 2006

La plantation On ignore quelle sorte de rosiers furent plantés en 1913 et de quelles teintes ils étaient. Il a donc fallu procéder à une réinterprétation. Il a été décidé de créer une pure roseraie avec pour seule autre espèce des clématites contre les piliers de la pergola. Dans les plates-bandes de gazon ont été plantées des roses anglaises à fleur blanche (*Glamis Castel*), culture assez récente dont l'aspect ressemble à celui des roses plantées à l'origine, mais à plusieurs floraisons, ce qui prolonge l'attrait du jardin pour les visiteurs. Au début du XXe siècle, les espèces à plusieurs floraisons étaient encore inconnues. La bordure le long de la paroi de treillage blanc a été plantée de rosiers un peu plus hauts, à fleur rouge (*William Morris*), et contre les piliers de béton des pavillons d'angle de la pergola s'élèvent des rosiers grimpants à fleur jaune (*Leverkusen*). Le bosquet sauvage n'a pas été replanté. La végétation produit donc aujourd'hui un effet plus aéré que dans le jardin d'origine.

Le jardin inférieur

Les travaux de démontage du jardin à vivre ont offert l'occasion non seulement de quelques surprises, mais aussi de découvertes véritablement sensationnelles qui ont considérablement changé l'image que l'on se faisait de l'aménagement original, et de ce fait le projet de reconstitution. Ainsi, lors de la démolition du

La chambre d'été après la restauration, avec le pavillon reconstitué et le nouveau treillage, tous deux conçus par l'architecte directeur des travaux, Pierre Minder, sur la seule base des photographies anciennes. Pour la construction, on a recouru aux techniques actuelles.
Les teintes et la qualité des couleurs sont des interprétations.
Photo Peter Wullschleger, 2006

mur de granit au pied du talus bordant la grande terrasse de marne, est apparue, quasiment intacte, la rangée de grandes pierres calcaires dont on pensait qu'elle avait été sacrifiée pour faire place au mur de granit. Sur la terrasse elle-même, les dalles de granit une fois enlevées ont fait apparaître la bordure en béton d'une grande plate-bande qui marquait l'extrémité du côté de la prairie en pente. La plate-bande semi-circulaire au départ de la montée vers la terrasse paraissait ainsi non plus isolée, mais comme un élément d'un système de plates-bandes destiné à marquer le bord du talus. On avait seulement cassé la partie supérieure de la bordure pour pouvoir poser les dalles de granit. Cette plate-bande n'était visible sur aucune photographie ancienne. Autre surprise enfin, la découverte de la rampe à marches de béton sous l'escalier de granit menant à la grande terrasse de marne.

Le choix des matériaux Une fois le jardin à vivre entièrement démonté et une bonne partie des bosquets éliminée, le terrain vers la prairie en pente a été remblayé et remodelé selon une forme régulière. Dans cette partie du jardin, la remise en état des murs a demandé beaucoup d'efforts. Il a fallu reconstruire, réparer ou compléter plusieurs murs en pierre sèche, en pierres de taille ou en béton, de même que les escaliers. En particulier l'achèvement de la bordure de la plate-bande sur la grande terrasse et la reconstruction de la rigole de bordure d'après les fragments conservés ont représenté une tâche très exigeante pour les maçons.

Les revêtements originaux de marne ont été rétablis, et, dans la pente, stabilisés au moyen de chaux hydraulique et revêtus d'une fine couche de protection en gravillon calcaire.

La plantation Vu les moyens très limités à disposition pour l'entretien, il a fallu se résoudre à des plantations d'une diversité nettement moins riche que dans l'aménagement d'origine. On a renoncé à replanter le jardin potager et décidé d'ensemencer cette surface avec des engrais végétaux. Le chemin menant du portail du jardin à la rampe d'escalier est bordé de diverses plantes vivaces. Les quatre tilleuls ont été conservés, leur cime taillée harmonieusement en deux étapes ; la rangée a été complétée par la plantation de deux nouveaux arbres à l'emplacement des tilleuls disparus. Dans les plates-bandes de la grande terrasse ont été plantés des belles-d'un-jour et des iris. Entre la terrasse et la façade, respectivement le mur de soutènement, ont été plantés des arbres fruitiers et des baccifères pour évoquer la partie anciennement utilisée comme jardin de rapport. On a remis des pommiers et des poiriers en espalier, avec des variétés qui étaient usuelles en 1914.

Le dégagement de la vue

L'élagage des bosquets sur le terrain de la Maison blanche et sur les parcelles voisines au nord, à l'est et à l'ouest a permis de dégager la vue sur la villa et de recréer les coups d'œil que la végétation avait peu à peu masqués. Les nouveaux bosquets rétablissent une limite nette avec la forêt au nord-est. Le seul élément conservé du jardin à vivre est la haie d'ifs sur le mur du côté du chemin de Pouillerel, et encore a-t-elle été fortement taillée. Pour ce secteur non plus, on ne disposait pas

La terrasse inférieure après la restauration. Le revêtement lié à l'eau est couvert d'une couche de gravier calcaire concassé.

La terrasse inférieure et les talus après la restauration. Les plates-bandes devant la terrasse ont été plantées d'iris et d'hémérocalles.

L'entrée côté chemin de Pouillerel et la rampe montant vers la terrasse inférieure. Seule la marche supérieure de l'escalier est neuve. On reconnaît aussi les deux tilleuls nouvellement plantés.

La terrasse inférieure après la restauration. Le calcaire fragmenté est redevenu l'élément dominant de l'aménagement.

Photos Peter Wullschleger, 2006

de renseignements historiques, et d'ailleurs il était indispensable de clôturer le jardin le long du mur, ne serait-ce que pour des raisons de sécurité.

Pavot oriental

En 1911, Charles-Edouard Jeanneret avait rapporté de son voyage en Orient quelques graines de pavot oriental (*Papaver orientale*) pour son père. Les graines furent effectivement semées, à un endroit que l'on ne connaît pas; elles donnèrent des fleurs et survécurent. En quittant la Maison blanche, Georges-Edouard et Marie-Charlotte-Amélie Jeanneret-Perret emportèrent des graines qu'ils semèrent en 1925 dans le jardin de la Petite maison à Corseaux[9]. Les soins attentifs apportés au jardin par le couple en charge de la maison ont permis en automne 2005 de rapporter quelques descendants de ces pavots à la Maison blanche.

Dans la chambre d'été.
Photo avant 1919, BV

Pour résumer, il semble bien que l'intérêt du jeune Charles-Edouard Jeanneret pour les jardins et l'architecture paysagère a été marqué par ses voyages et ses stages de formation. On reconnaît sans peine les jardins historiques et les jardins de son temps qui lui servirent de modèles. Le rôle du jardin reste néanmoins un peu flou, et il ne se précisera guère dans son œuvre ultérieure. Peut-être l'inexistence de plans de projet ou d'exécution pour le jardin de la Maison blanche est-il un indice du rapport ambivalent que Jeanneret/Le Corbusier entretenait avec le jardin en tant qu'œuvre architecturale. Plus tard, il paraît s'être efforcé plutôt de surmonter, voire de sublimer la jonction entre paysage et architecture. Le jardin de la Maison blanche est ainsi une sorte d'étape sur la voie vers l'autonomisation de l'espace architectural.

1 Cf. Annemarie Bucher, « Vom Landschaftsgarten zur Gartenlandschaft – Schweizerische Gartengestaltung auf dem Weg in die Gegenwart », dans : Archiv für Schweizer Gartenarchitektur und Landschaftsplanung (éd.), *Vom Landschaftsgarten zur Gartenlandschaft*, Zürich : vdf Hochschulverlag, 1996, pp. 35–83, en part. 50 sqq.
2 Hermann Muthesius, *Landhaus und Garten*, München : Bruckmann, 1907.
3 Cf. par ex. Paul Schultze-Naumburg, *Kulturarbeiten*, München : Callwey, 1901–1917, édition en neuf volumes.
4 Cf. H. Allen Brooks, *Le Corbusier's Formative Years. Charles-Edouard Jeanneret at La Chaux-de-Fonds*, Chicago – London : The University of Chicago Press, 1997, pp. 240–243.
5 Ibid., p. 311.
6 Parmi les rares dessins figure une vue de la chambre d'été, conservée à la Fondation Le Corbusier (FLC 30282).
7 Cf. Udo Weilacher, « Entre naturalisme et minimalisme. Evolution de l'architecture du paysage suisse du XXe au XXIe siècle », dans : Udo Weilacher, Peter Wullschleger, *Guide suisse de l'architecture du paysage*, trad. Didier Debord et Ursula Gaillard, Lausanne : Presses polytechniques et universitaires, 2005, pp. 26–55, en part. 30sqq. Sur Ammann, ibid., pp. 261–262.
8 « Journal de Georges-Edouard Jeanneret-Perret », BV.
9 Après avoir vendu la Maison blanche en 1919, les parents Jeanneret s'établirent au bord du Léman, et en 1923–1924, leur fils – devenu entre-temps Le Corbusier – leur construisit une maison beaucoup plus modeste à Corseaux, près de Vevey, la Petite maison ou villa Le Lac.

LE JARDIN DE LA VILLA JEANNERET-PERRET APRES LA RESTAURATION

Charles-Edouard Jeanneret, villa Jeanneret-Perret, La Chaux-de-Fonds, 1912. L'entrée côté chemin de Pouillerel et la rampe montant vers la terrasse inférieure.

La rampe montant vers la terrasse inférieure, le mur de soutènement et la chambre d'été avec le pavillon de jardin.

Photos Eveline Perroud, 2006

Ouverture en plein cintre entre la chambre d'été et les abords de la maison.

La chambre d'été.
Photos Eveline Perroud, 2006

La chambre d'été et la pergola, vue en direction de la maison.
Photo Eveline Perroud, 2006

Etablie par Catherine Courtiau

Charles-Edouard Jeanneret/ Le Corbusier et la Maison blanche : une chronologie

1906 construction de la villa Fallet à La Chaux-de-Fonds avec l'architecte René Chapallaz, le sculpteur Léon Perrin et le peintre André Evard, une sorte de première « synthèse des arts ».

1907, septembre à novembre voyage en Italie.

1907 novembre à mars 1908 séjour à Vienne en Autriche.

1908 mars à décembre 1909 séjour à Paris.

1908 juillet à novembre 1909 employé chez les frères Perret, Auguste, Gustave et Claude, à Paris.

1909 achat des terrains sur la colline de Pouillerel par les Jeanneret.

1910 création par Charles L'Eplattenier, Charles-Edouard Jeanneret, Léon Perrin et Georges Aubert des Ateliers d'art réunis à La Chaux-de-Fonds.

1910, 27 mars certificat des frères Perret[1] : « Nous soussignés PERRET Frères, Architectes et Entrepreneurs Généraux demeurant à Paris, 25 bis Rue Franklin. Certifions que Ch. E. Jeanneret a été pendant deux ans notre collaborateur pour l'exécution d'importants travaux d'Architecture et de Béton Armé tant au point de vue de la conception que de la réalisation. Nous citerons parmi ces travaux : La Cathédrale d'Oran, un Immeuble de quatorze étages à Paris, les Palais de l'Algérie, Tunisie, Afrique Occidentale Française à l'Exposition de Londres (3000 mètres carrés), les Docks de Saïda et Sidi Bel Abbès près Oran, etc., etc. L'Ossature de tous les bâtiments qui précèdent est en béton armé.

Nous déclarons que nous avons eu qu'à nous louer de la collaboration éclairée et active de Ch. E. Jeanneret au cours de ces travaux.

En foi de quoi nous lui avons délivré le présent certificat pour lui servir en tant que de besoin. »

1910 avril à mai 1911 voyage en Allemagne.

1910 novembre à avril 1911 stage chez Peter Behrens à Neubabelsberg près de Berlin.

1911, 13 février lettre de Charles-Edouard, de Neubabelsberg, à August Klipstein[2] ; projet du voyage d'Orient avec Klipstein : « Mon cher Klipstein, [...] Vous rêvez à Constantinople ; j'y ai depuis longtemps rêvé. Mais ma vie d'études repoussait toujours le dôme de Sainte-Sophie dans le bleu des mirages. Or voici qu'aujourd'hui les circonstances ont changé ! Je quitte Behrens le 1er avril et ai décidé de finir mes études... dans le rêve. J'avais pour cela songé à Rome. Je maintiens Rome, mais serais d'accord d'y aller par Constantinople. Donc si vous voulez de moi comme compagnon, soyez sérieusement à cette grosse entreprise. D'emblée, cependant, je vous dis ceci : c'est que, auparavant, je devrai faire mon voyage d'étude en Allemagne : Hambourg, Weimar, Düsseldorf, Stuttgart, Munich, Dresden, en vue des rapports que nos autorités m'ont chargé de faire. Constantinople viendrait donc de suite après, et je rêverais un départ de Dresden, avec route par Prague à travers la Bohême, puis Vienne et Budapest, et la suite. Il faudrait puisque vous avez du temps et que je n'en ai point du tout que vous songiez un peu à ce que nous coûtera cette promenade, et aux moyens que nous employerions pour faire un voyage-modèle. Ueberlegen Sie sich also die Sache, lieber Herr, et puisque je suis tant pressé ce soir ne m'en voulez pas si je vous quitte déjà en vous serrant bien cordialement les phalanges. Votre Ch. E. Jeanneret. »

1911, 3 juillet « Journal »[3] : « Albert est arrivé fin juin et nous avons grand plaisir à l'avoir avec nous ; il a obtenu le diplôme d'enseignement à l'Institut Hellerau et l'engagement comme professeur. »

1911, 14 septembre lettre de Mme Jeanneret à son fils Charles-Edouard pendant son voyage d'Orient[4] : « Désir d'une petite bicoque où nous serons seuls. »

1911, 15 octobre « Journal » : « Nous venons de passer par une des phases les plus pénibles de notre vie. Dans la nuit du 4 au 5 octobre, la maison rue de la Loge 6, où j'avais mon atelier fut incendiée. Ce fut terrible : ma sœur dut se sauver à ... et moi fus mis sur la rue. Me voici logé maintenant au nr 169 rue du Doubs, ayant 12 minutes de trajet à faire – local trop grand, trop cher, mais il n'y avait pas de choix à faire dans les 24 heures. Ce furent des journées extrêmement pénibles pour le corps et l'esprit... Nous voilà donc séparés, ma sœur et moi, après avoir vécu côte à côte depuis 25 ans. »

1911, 22 octobre lettre de « Mutty » à son fils Charles-Edouard, pendant le voyage d'Orient[5] : « Enchanté de William Ritter, de sa mentalité, de sa belle vie artistique, de ses aspirations, tout cela dans un atelier de banlieue, sans convoitises mondaines. Albert est donc installé maintenant pas à Hellerau même, mais un peu en dehors, sur la colline, dans un endroit charmant, rustique, village de Klotsche [...] Nous-mêmes, père et mère, entrevoyons la solution tant désirée de cette petite maison convoitée, et ardemment rêvée, et dans laquelle nous pourrons si nous le voulons vivre et passer d'heureux jours. »

1911, 1er novembre retour de Charles-Edouard à La Chaux-de-Fonds où il habite dans un premier temps chez L'Eplattenier et où il enseigne à la Nouvelle Section de l'Ecole d'Art. Elaboration des premiers plans de la Maison blanche.

1911, 14 novembre « Journal » : « Edouard est arrivé le soir du 1er novembre en bonne santé après un voyage de 7 mois. Le voici donc avec l'idée de se fixer ici pour exercer sa carrière d'architecte. Bonne nouvelle d'Albert toujours emballé de sa nouvelle direction..... à l'Institut de gymnastique rythmique d'Hellerau, ... fondé et dirigé par Emile Jaques-Dalcroze. »

1911, 12 décembre carte postale de La Chaux-de-Fonds, de Charles-Edouard à William Ritter, à Munich, lui décrivant sa nouvelle habitation dans le « couvent »[6] : « Habite à 5 minutes de la table paternelle (où il se faut aller gaver) en pleine campagne, une chambre qu'on m'a faite dans une grange, avec des murs tout blancs, immense, 7×5 : nous partageons la maison avec 2 amis, l'ami Octave [Matthey], entre autres, dont je vous parlerai. Je suis pleinement heureux ici, parce que dans ce silence d'ermitage, j'oublie qu'il y a la ville. – Oh, horrible et les gens. Les gens de chez nous c'est beaucoup plus triste que vous ne vous le figurez. »

1911, 15 décembre carte postale de La Chaux-de-Fonds, de Charles-Edouard Jeanneret à William Ritter, à Munich[7] : « Pendant un mois, je vis alors L'Eplattenier trop atteint par la politique (vous savez que nous aurons une commune socialiste au printemps) et occupé à de grandes peintures décoratives pour le crématoire. Il a fait beaucoup de peinture cet été, du paysage pour vendre, en général mauvais ; ici et là quelque morceau qui le trahit maître consommé de son métier. Je l'accuse de n'être point assez moderniste et de demeurer insensible aux œuvres de notre époque (littérature, musique et peinture). »

1911, 18 décembre lettre de Charles-Edouard à August Klipstein[8] : « Mon vieux Klip, [...] Envoyez-moi au plus vite soit les clichés, soit les copies au bromure (vous recommandez de laisser un bord noir, il faut donc couper exactement le cliché au bord de l'image) des Balkans, Knajewatz, Radejevatz, couvents Bucarest, Kasanlik et surtout terrasse du Skite Sainte-Anne. J'en ai besoin pour une villa dont je fais les projets actuellement. »

1911, 27 décembre « Journal » : « Nous ne voyons Edouard qu'aux repas et nous sommes contents déjà de cela – homme aux idées faites souvent pas les nôtres, mais inconvertissable. Il travaille à un volumineux rapport qu'il doit présenter à l'Ecole d'Art et aux autorités qui lui avaient fourni les fonds pour son voyage en Allemagne au printemps. Il élabore des plans pour une maisonnette qu'il va nous construire au versant de Pouillerel, enfantement de lui et de sa maman. Nous allons au devant de la plus grave décision et de la plus grande entreprise de notre vie ! Ma vie n'est pas facilitée avec l'éloignement de mon atelier. »

1912, 8 février lettre de Charles-Edouard à August Klipstein[9] : « Mon vieux Klip, [...] J'ai beaucoup à faire comme travail : la villa de mes parents pour laquelle j'ai trouvé un plan amusant et préparé une chambre d'amis où vous êtes invité pour le Noël prochain. J'ai aussi fini les plans d'un atelier de photographie et j'aurai peut-être à faire encore cette année la Villa d'un des plus célèbres industriels d'ici, et une immense maison locative de luxe avec locaux industriels. »

1912, 13 mars « Journal » : « Edouard est très occupé, outre notre maison qu'il va bientôt commencer, il a l'entreprise d'une belle villa au Locle pour M. [Georges] Favre-Jacot de la grande fabrique Zénith. Le grand et beau rapport qu'il a présenté à l'Ecole d'Art sur son voyage d'études en Allemagne va être livré à l'impression, très apprécié par cette institution. »

1912, 14 mars lettre de Charles-Edouard de La Chaux-de-Fonds aux frères Perret à Paris[10] : « Chers Messieurs Perret, [...] Où mènerait la vie d'ici si nos pères n'avaient inventé le travail, la chiourme ? C'est le fruit des vergers de chez nous, avec les cônes des sapins. Rien d'autre, de l'herbe rase, et des robes austères sous des horizons bornés, taillés en dents de scie. Il y a donc des fabriques en des rues droites avec des gens qui s'y tuent le jour et se terrent la nuit dans l'américaine apparence de nos maisons. On m'a mis un avion dans les pattes : une grande villa pour l'un de ces géniaux fabricants de montres, qui, de zéro, ont atteint les millions. L'homme est un titan ; il me fait danser et ma volonté est tendue comme une voile. Une autre villa, des ameublements, et 12 heures d'enseignement par semaine, de quoi, n'est-ce pas, relier un dimanche à un autre ! Un miracle donc, que je puisse vous écrire un mot, vous dire que dans quelques répits égrenés, je regarde dans Manet le Déjeuner sur l'Herbe, parce qu'il y a là, assis, ‹ mes patrons › (comme je dis à mes amis), Monsieur Auguste et Monsieur Gustave. Ai-je été seul à trouver cette ressemblance ? Il me parle donc chaque fois de peinture et de vous, le Manet du Pavillon de Marsan. »

1912, 17 avril – « Journal » : « On a donné le premier coup de pioche pour notre maison à la rue de la Montagne 3. Nous voilà donc définitivement engagés. Avons-nous raison ou faisons-nous une bêtise ? Il n'y a pas à revenir en arrière, allons donc en avant ! »

1912, 20 avril lettre de Charles-Edouard, architecte des Ateliers d'art réunis, La Chaux-de-Fonds, au directeur des Travaux publics Paul Mosimann, concernant la Maison blanche[11] : « Ayant été retardé par d'autres dans l'élaboration des plans pour une maison à la rue de la Montagne, et d'autre part, m'étant engagé à commencer les travaux de maçonnerie ce mardi 23 ct., je vous prierais de bien vouloir m'accorder un sursis de 10 jours pour la soumission de mes plans à la sanction. Je m'engage à vous livrer lesdits pour le 3 mai au plus tard. »

1912, 30 avril « Journal » : « [...] la maison de la rue de la Montagne sort de terre, les fondations sont avancées. »

1912, 2 mai remise des plans signés Charles-Edouard Jeanneret de la Maison blanche au directeur des Travaux publics de La Chaux-de-Fonds.

1912, 14 mai lettre du Conseil communal[12] : « Nous avons l'avantage de vous retourner, sanctionnés, les plans que vous nous avez remis relatifs à la construction d'une nouvelle maison d'habitation à la rue de la Montagne. Cette sanction est toutefois accordée à la condition que les poutraisons ne reposent pas sur les massifs de cheminées. En outre, certaines poutraisons prévues, trop faibles, devront être renforcées. »

1912, mai lettre d'Albert, de Dresde, à son père Georges[13] : « Mon père, à l'aimé, à celui qui n'a pas eu la vie qu'il méritait, arbre auquel le Destin n'a pas laissé épanouir toutes ses fleurs, je t'aime. [...] Aime la petite maison, aime Edouard qui y met tout son cœur, et soutiens-le dans la grande preuve d'affection de la vie, maintenant. »

1912, 21 mai « Journal » : « La maison avance, le sous-sol est fini, le rez-de-chaussée en partie – nous y allons tous les soirs. Edouard mène bien son affaire. Il est très occupé au Locle aussi et à d'autres projets. Il reçoit de plusieurs notabilités de différents lieux des félicitations sur la haute valeur de son rapport d'études en Allemagne. »

1912, 28 mai « Journal » : « On termine le rez-de-chaussée de la maison ; c'est grand, bien grand, ça va nous coûter combien ! »

1912, 18 juin rapport de E. Castioni du DTP, police des constructions[14] : « Maison d'habitation. Gros œuvre à peu près terminé. Pose de la charpente. Du point de vue de la Police du Feu, mauvaise construction de la cheminée ouest à partir du plancher du 1er étage. Une des parois de la dite étant construite en briques ciment ou bien de briques cuites. »

1912, 25 juin – « Journal » : « La maison est sous toit depuis quelques jours ; on a fêté la ‹ levure › jeudi passé 21 juin dans la maison même, avec une trentaine d'ouvriers et amis ; collation : cervelas et fromages, vin, bière, gâteaux à la rhubarbe, cigares le tout fourni par la brasserie de la Grande fontaine, coût fr. 103.– parmi lesquels 2 pourboires de fr. 10 chacun à deux contre-maîtres. Ça a bonne façon, mais c'est bien grand pour une petite famille et regrettable de ne pouvoir encore établir aucun compte de construction. »

1912, 2 juillet « Journal » : « On travaille à l'intérieur de la maison, mais il y a des retards, les charpentiers embêtent, le ferblantier en souffre, le gypseur travaille peu ; on installe l'eau, l'électricité. »

1912, 17 juillet – « Journal » : « Depuis 8 jours, grève des maçons, ce qui arrête leur travail à notre maison ; ça avance lentement ; demain on va couvrir le toit d'éternit ; l'apparence est que le budget sera dépassé, d'une somme assez forte ; quoiqu'avec des matériaux tout simples, on y introduit tout le confort moderne. »

1912, 1er août – « Journal » : « La bâtisse avance tout doucement, c'est énorme ce qu'il y a à y faire, intérieur, extérieur et des terrassements qui vont nous coûter gros. »

1912, 2 août – lettre de Charles-Edouard de La Chaux-de-Fonds aux frères Perret à Paris[15] : « Chers Messieurs, [...] A la dernière exposition de peinture à Neuchâtel, je briguais l'honneur de me présenter au peintre de Meuron dont j'estime beaucoup le talent. Dans notre Société des artistes suisses, je me sentais gêné par mon titre d'architecte. On les méprise, car ils n'ont d'artiste que le nom de la profession et leur apport dans les manifestations d'art est ce que vous pensez bien. Or, j'envoyai, pour ce, en guise de carte de visite, 16 aquarelles à l'exposition. Le but fut atteint, de Meuron satisfait ; mais ‹ homais » auquel je n'avais pas songé ! Homais me traita de fou et de pornographe. Et mes collègues architectes rirent sous cape et la réputation s'établit peu à peu jusque chez les hommes de métier, les entrepreneurs ; parce que j'ai ma volonté et non la leur, j'essuie des misères sans fin, sans fin ! A en désespérer, à en soupirer follement après un répit, une fuite, une éclipse. [...] Et nous sommes ici une dizaine de décorateurs rompus à la tâche, animés d'une volonté unitaire, prêts à de grandes besognes... et écrasés par l'impossibilité de vivre dans cette petite ville. Une bande de 10 garçons tous plus différents les uns que les autres, tempéraments fougueux et juvéniles. Il nous faudrait un chantier où aller dépenser nos énergies. Sculpture, peinture, céramique, mobilier, etc. La cohorte serait vivante en un milieu favorable.

Je voulais vous demander un service, chers Messieurs : ce serait, s'il est temps encore, de m'inscrire comme participant au Salon d'Automne (Section peinture). Je vous enverrai une seizaine de notes de voyage qui ont, je le sens, un peu de la poésie des lieux évoqués. Je vous expédie cela. Vous jugerez vous-mêmes ce que cela vaut. Vous devez trouver cela comique ou ridicule. C'est pour moi comme une tentative pour m'arracher d'ici. Vous m'inscririez sur les bulletins de participation et m'écririez si je n'arrive pas trop tard. Si j'avais su à quel secrétariat m'adresser, croyez bien que je ne vous aurais pas accablés de cette corvée.

Mon frère, le musicien, est rentré tout à l'heure d'Allemagne. C'est comme une voix du large qui m'arrive. C'est le désir et la volonté de réaliser la vérité à tout prix. C'est le Scherzo dans la vie. Il y a là-bas, à Hellerau, dans cette grande entreprise de Jaques Dalcroze, des vérités qui naissent et se débarrassent des brumes. La vie s'y agite... »

1912, 19 août « Journal » : « La maison avance régulièrement ; on pose les fenêtres, les stores de bois, on fait la gypserie ; il y a encore beaucoup à faire. »

1912, 20 août lettre de Charles-Edouard à August Klipstein[16] : « Mon vieux Klip, [...] Mon frère est revenu depuis 15 jours. Ça me fait un sacré plaisir. C'est devenu un type enthousiaste et juvénile et il me redonne du courage. Il veut à tout prix qu'à côté de mon travail abrutissant je m'occupe intellectuellement, et comme nos socialistes d'ici, qui ont le pouvoir maintenant, exigent que j'aie en poche un brevet de dessin, il faut que je m'occupe à cela. Puis je reprendrai mon travail sur les villes pour en faire des conférences cet hiver. L'idée m'en est venue ainsi : Un client m'a donné à faire le parcellement de son terrain et rien que cela m'oblige à retoucher le plan actuel de la ville. Or, je ne pourrai le faire qu'en prouvant que les méthodes nouvelles prévalent les anciennes, et plutôt que de voir imprimées noir sur blanc mes éjaculations, je préfère les débiter avec la lanterne à projections. [...]

Drames psychologiques, coups du sort et surprises de l'impondérable. Maeterlinck résoudrait ce cas : C'en est fini entre l'Eplattenier et moi ! Oui il y a eu, je ne sais quoi. Comment cette sympathie s'était-elle établie sur la durée des ans ? Il a suffi de 6 mois pour tout anéantir. Il me dit encore : ‹ Mon ami ›. Mais je n'y crois.

Des ans ont échafaudé une amitié basée sur l'intérêt. Je ne me suis douté de rien. Lui m'attendait avec impatience. Lorsqu'on se vit, eh bien on fut étonné l'un et l'autre et stupéfait. Des concepts d'art trop divers, trop opposés ont peu à peu congelé toute sympathie.

Il ne reste plus entre nous que le masque. Et voilà fauchée la seule fleur qui m'ait attiré ici qui m'eût retenu ! »

1912, 24 août lettre de Charles-Edouard de La Chaux-de-Fonds à William Ritter à Munich[17] : « Mon frère qui ressuscite m'apporte des espoirs. [...] Il a fallu terrasser. Oh oui, écraser et jeter loin, beaucoup des choses, des espoirs et des gens que j'aimais, que je croyais qui m'aimaient, qui croyaient m'aimer. [...] il a fallu briser avec L'Eplattenier. Déchirer, émietter d'abord. Déchirer (me déchirer) arracher (les masques aux multiples rictus) – Rejeter. 10 mois de souffrance. Un ami ! Et le masque ! [...] Le moderne ! C'est de l'avoir senti fort, de plus en plus, que j'ai senti m'affranchir. Sous une fleur vivace, il y a toujours le cadavre de l'an dernier ; pour élever une tour, il faut d'abord creuser. J'ai commis sur les maisons que je bâtis cette année des anachronismes. J'ai été vieux, désuet. J'ai écouté d'une oreille poltronne des on-dit et des aphorismes douteux. J'ai été scandaleusement inconvenant.

L'absence de convenance qui m'a jeté dans un gouffre cette année, m'a révélé tout à coup le noir de cet état. Et je vois blanc ! La musique est le promoteur de joie. »

1912, 15 octobre lettre de Charles-Edouard de La Chaux-de-Fonds à Ritter à Munich[18] : « Les ‹ Quilles › au Salon d'Automne, axe de la grande salle ; Maurice Denis les trouve bien et celle de Francfort aussi... Oui, dans un moment de désir intensif de m'arracher d'ici, j'ai envoyé mes aquarelles et la vôtre. Vous me pardonnerez. Je vous la renverrai de suite après. Au fond, voici plus de 6 mois que je vous l'ai prise. Il s'est même trouvé un acquéreur pour mes aquarelles. J'ai répondu que si je ne savais que la valeur des cadres, ça vaut bien 2,50 fr pièce, et deux sous de papier. C'est curieux, au fond, comme malgré toute ma morgue, j'ai le respect de mes aquarelles. Je ne voudrais pas les vendre ; les donner, oui. Jamais vous ne m'avez dit un mot de l'Etude du Mouvement d'art décoratif. Vous comprendrez la raison de cette question [...] Ici, plus de 400 exemplaires distribués : on ne m'en a jamais dit un mot : personne ! De Paris, Berlin, Bruxelles, il m'en est venu des échos, et parfois si enthousiastes que j'aurais voulu leur envoyer... ma photo..., rien que les faire (dé-bander) ! Alors comme on me bassine avec des demandes et que je n'en ai plus d'exemplaires, je voudrais faire rééditer. Vous me direz, s.v.p., ce que vous en pensez. »

1912, 29 octobre emménagement des parents dans la maison de la rue de la Montagne.

1912, 1er novembre aménagement de l'atelier dans le soubassement de la Maison blanche.

1912, 17 novembre – lettre de Charles-Edouard de Berne (tampon) à William Ritter à Munich[19] : le Salon de l'automne fermera le lendemain. « Il fait horriblement froid et gris. Ma chambre à coucher est demi-ronde et jaune ; par l'hémicycle des fenêtres on voit un grand sapin. La chambre de mon père et de ma mère est bordée de 4 fenêtres adjacentes soutenant un grand avant-toit blanc et uni. Cette chambre est blanche et le paysage, des bois jusqu'au Mont-Racine, grande ligne troublée, est bleu. Le sol est bleu. C'est ennoblissant. On a l'impression d'être très haut, de dominer, et ça rappelle un peu l'Athos – moins la mer ! [...] La maison blanche de mon père, contre le bois de hêtres, la dernière de la ville contre le coteau de Pouillerel, me donna la première fois satisfaction. J'y reconnus des lignes et y redécouvris mes intentions. Car de tout ce qu'on rêve hélas, la grande part ne se réalise pas. Quelle différence entre œuvrer et juger ! Quel apprentissage sont toutes choses, deviennent toutes choses ! [...] A quoi l'on mesure beaucoup de ses joies : j'ai la toquade des chats : ce matin on nous a apporté un petit, futur gardien de notre demeure : parce qu'il était laid et mal peint ce chat me reste indifférent. – Combien aussi de femmes, peut-être généreuses, qui passant sans frapper parce qu'elles ne sont pas belles. [...] Hier soir me promenant avec ma mère au-dessus de la maison blanche de mon père, nous regardions les arbres sous la neige : les sapins. Moi distrait et inattentif irrémédiablement à ces spectacles (les plaines m'ont atteint). Mais ma mère s'émouvant à chaque pas. »

1913, 14 janvier lettre de Charles-Edouard de La Chaux-de-Fonds à Ritter à Munich[20] : « Il n'y a rien de plus bête que de bâtir une maison pour les siens. On se fait houspiller d'infecte façon. La colère m'étouffe. »

1913, 10 février lettre de Charles-Edouard de La Chaux-de-Fonds à Ritter à Munich[21] : « J'écris avec les doigts noirs d'un monsieur qui a manié le fusain, pour vous dire que ci-jointes, une ou deux photos de la maison paternelle, photos qui me trahissent et accentuent encore la lourdeur de mes fautes. [...] (Les fenêtres si noires doivent être peintes de blanc afin de garder le mur, et les colonnes de béton aussi, afin d'aider au cube. Le mur de jardin idem, et attend sa barrière.) [...] Vrai, il y faudra sa chemise, relevée jusqu'au nombril, avec dans la grande fenêtre du centre du modelage bourrant ce grand trou et ce cadre et marquant la matrice de cette maison, puisque c'est derrière cette vitre-là, qu'on se tient et que, regardant dehors, on sent à son dos le vaste volume des pièces réunies, le transept de ‹ la cathédrale ›, comme dit mon père errant dans ces vastitudes ! (14 mètres à franchir d'une haleine !) »

1913, 10 mars lettre de Charles-Edouard à Auguste Perret[22] : « Cher Monsieur Auguste, [...] Du moins avons-nous le matin le réveil des oiseaux et à travers le linon blanc des nombreuses et grandes fenêtres, des horizons rapprochés ou éloignés forment tapis de feuillage ou vaste champs de nuages, suivant qu'on regarde à l'est, au sud ou à l'ouest. Et j'ai cherché que chaque chambre ait sa signification et son âme données par son cube d'air et la percée de ses ou de sa fenêtre. D'une chambre à l'autre, on parcourt un organisme que j'ai désiré normal. Les murs ont la sérénité de leur crépi blanc et l'on mange bien dans le blanc et l'on y dort tranquille avec le bleu d'un plancher. La pièce où l'on cause et se tient a sa grande baie placée comme le nombril de la maison. C'est là que les fauteuils, le grand tapis et le piano se groupent devant les ramures des arbres, le moutonnement de l'horizon neigeux. Des parois vitrées tombent à l'occasion, donnant quatorze mètres de parcours dont l'extrémité est à l'est, un immense vitrage situé sur l'à-pic d'une carrière, dans lequel s'encadre, vis-à-vis, la majestueuse forêt de sapins qui nous abrite des vents. Cézanne peindrait, de là, l'étrange stratification de la carrière abandonnée, au fond. A l'autre bout, trois portes fenêtres d'un cul-de-four s'ouvrent sur un jardin carré, juché sur une haute terrasse, et depuis le grand vitrage de l'est sous lequel est un grand banc pour se coucher, on verra, cet été, se prolonger au-delà des quatorze mètres, le carré de roses, la grande vasque et un treillage limpide ouvrant de côté, et à cru, dans les grands hêtres de l'ouest.

De la chambre de mon père et de ma mère, à l'étage, sur ce flanc élevé de montagne, on voit toute la chaîne des monts par les quatre fenêtres qui se touchent, formant galerie sous un long avant-toit plat de plâtre qui limite le ciel et semble diriger la vue plus loin. Dans ma chambre, la lumière est au plafond : un grand carré de verre mat qui empêche de voir le bout du grand sapin qui s'agitait cet été alors qu'on bâtissait.

Ça a, chez moi, le nu austère d'une clinique ou d'un cloître. Voici deux jours que j'habite cette pièce et j'augure ici des heures de sérénité qui me permettront de me toiser et de laver la salissure quotidienne et renouvelée de cette ville, de cette province et de cette Suisse !

[...] Quand je suis rentré de Paris où j'étais allé voir Trianon, j'ai bien souffert à revoir le toit de la maison de mon père et ses murs qui sont des témoins d'impuissance. »

1913, 18 avril lettre de Charles-Edouard à Auguste Perret[23] : « Cher Monsieur Auguste, [...] Depuis longtemps déjà, je serais loin si je n'avais commis l'immense et peu réparable gaffe de construire à mon père une maison où son modeste avoir a disparu. Il y avait pour moi l'Amérique puis un retour à Paris où j'aurais aimé revenir travailler avec vous. Lorsque nous nous vîmes à Constantinople, vous ne vous êtes pas douté qu'après votre départ ce fut chez moi une véritable lutte entre ce que je croyais un devoir vis-à-vis de mon maître [L'Eplattenier] de mieux, et l'impérieux désir de revoir Paris et d'y faire de l'architecture d'aujourd'hui. »

1913, 1er mai lettre de Charles-Edouard de La Chaux-de-Fonds à Ritter à Monruz[24] : « Ce soir, le jardin était exquis, sous un brouillard humide, générateur de sève. Tout s'ouvre, les arbres, les plantes, les courtilles noires s'étoilent de giclées vertes. Comme des bras refermés, le brouillard concentre tout intérêt sur les objets [?] et la figure courbée de mon père, dans le jardin supérieur, appuyée à la sobre balustrade, donne d'en bas une étonnante âme à toutes les choses, mur blanc, tonnelle de bois, maison accotée, forêt dominante. Au fond, vous ne connaissez rien de cette maison estropiée par quelques tares irréparables, mais dont plusieurs endroits vivent et s'animent. Un anachronisme de lieu, une dépaysation qui n'est pas pour m'anéantir puisqu'au contraire, elle suggère d'autres terres et surtout des eaux, surtout la mer, appelant de loin le regard. Je vous ferai un jour des photos ou à défaut des croquis. Ce soir, le jardin s'émeut et j'y retourne dans la nuit. »

1913, 9 juin lettre de Charles-Edouard de La Chaux-de-Fonds à Ritter à Munich[25] : « ...Albert est loin depuis 10 ans. Alors, j'ai constaté que j'étais un homme de 25 ans, mes parents des gens de 50, c'est-à-dire qu'une génération nous sépare. On est très bon pour moi. La gaffe de cette maison, fait comme le rapprochement nécessaire et instinctif de 3 êtres qui sont sous le coup d'un malheur. Gaffe. [...] On ne me donne pas de talent que L'Eplattenier qui en a peu. Et deviendrai-je comme lui, membre du Sapin et de la Loge ? Après 15 ans ? Ou plus tôt. Ce que j'appelle laisser s'éteindre la petite flamme. »

1913, 25 juin « Journal » : « De grands travaux ont été exécutés durant ce temps aux alentours de la maison, terrasses, murs de soutènement, peinture des boiseries, tout cela augmentera dans des proportions considérables le coût primitif de l'entreprise et nous mènent certainement à 50'000 fr. Quelle charge ! Edouard parti hier pour un voyage en Allemagne Leipzig-Dresde-Munich. »

1913, 27 septembre lettre de Charles-Edouard de La Chaux-de-Fonds (Lausanne) à Ritter à Munich[26] : « Hier s'est fondée ici [Hôtel de la Paix, Lausanne] une association prenant pour type le Werkbund. Ma brochure sur le mouvement d'Art en Allemagne me vaut d'être de la commission des statuts. Misère que de nous ! Nous étions réunis une trentaine et ça représentait tout l'effort suisse romand ; il y avait là-dedans 5 femmes déjà ! »

1913, 21 octobre procès-verbal du Conseil communal, fo 20[27] : « En date du 9 septembre, M. Jeanneret-Perret, rue de la Montagne, avait rendu attentif aux dangers que les explosions de mines à proximité de son immeuble susciteraient ; des ordres donnés aussitôt par les Travaux publics au contre-maître de la carrière avaient fait cesser les dégâts. Mais en date du 16 octobre, M. Jeanneret-Perret signale que l'explosion des mines produit un ébranlement du terrain et cause des fissures à sa maison. Une expérience faite le 18 octobre avec une mine profonde de 1,6 m et chargée de 1 kg de dynamite n'a provoqué aucune secousse dans l'immeuble, ce que le propriétaire a pu constater. Néanmoins, à l'expiration du bail avec les Armes Réunies en juin prochain, l'exploitation cessera et d'ici là, toutes les précautions continueront à être prises. M. Jeanneret-Perret sera avisé de ces décisions. »

1913, 19 novembre lettre d'Albert, de Hellerau, à ses parents[28] : « ... et j'ai pensé à notre maison, toute blanche, sous la lune, et j'ai béni Edouard de ce qu'il ait voulu cette blancheur. Et je le bénirai de vouloir un jour une maison noire dans des falaises de chaux, ou petite et rose dans des frondaisons de feuillets, ou vermillon, au faîte d'une ville. »

1914, 9 juin « Journal » : « Les plantations faites sur notre terrain ne progressent pas ; nos petits pommiers ont fleuri ; on a planté plusieurs arbres – marronniers, sorbiers, tilleuls, épines, pruniers du Japon – 50 rosiers. Par contre, le petit bois me fait le plus grand plaisir et toute ma petite végétation se signale ; j'y ai introduit nombre de plantes des forêts – des fougères. »

1914, 21 juillet lettre de Charles-Edouard à August Klipstein[29] : « Mon cher Auguste, J'y songe : Puisque tu te maries, c'est que tu vas t'installer. Tu as la chance d'avoir de vieux meubles. Bravo. Au cas où tu auras besoin pour compléter de faire faire quelques meubles, je suis à ton entière disposition pour te donner un coup de main, si, par exemple il te fallait un dessin ou un croquis. Je connais les marchands. Ce sont des rosses, et si on ne met pas les points sur les i, on n'a que des crève-cœurs. Ainsi donc ne te gène pas, ni toi, ni ta fiancée. D'autre part, en matière d'éclairage, tu sais qu'il ne reste à peu près rien dans le commerce. Si bien que moi, j'ai été obligé de faire fabriquer toute la lustrerie dont j'avais besoin pour mes installations. C'est alors quelque chose qui a très bonne façon, excessivement sobre et de bon goût : en bois, en pâte de verre, et tissus, etc. C'est même très intéressant de pouvoir appliquer de vieilles choses, des vases, des chandeliers, etc. Ici encore c'est à ton grand service. [...] Salut mon vieux poteau. »

1914, 13 septembre « Journal » : « Guerre Europeenne depuis le 1er août. » Commentaires sur la guerre. Présence des éléphants à La Chaux-de-Fonds, de la ménagerie Hagentsch, « cantonnée depuis plus de 6 semaines, ne pouvant rentrer en Allemagne, ni se rendre ailleurs. Ces éléphants, au nombre d'une vingtaine, font des transports pour le compte de la commune et des particuliers. »

hiver 1914/1915 dans son journal, le père se plaint amèrement, davantage que l'année précédente, des grosses chutes de neige, du froid dans la maison et du travail d'entretien que tout cela engendre.

1915, 25 mars lettre de Charles-Edouard à August Klipstein[30] : « Mon cher Auguste, Je t'avais écrit une longue lettre : on me l'a jetée loin en faisant ma chambre, je ne la retrouve plus ; et force m'est de récidiver ! J'y émettais le vœu que la guerre qui désunit et sème la haine laisse notre amitié aussi chaude, aussi vive et manifeste qu'auparavant. Nous sommes pris par un tourbillon irrésistible. Le malheur est que tu sois d'un bout et moi de l'autre. Toute notre intimité est basée sur des mois de longue connaissance, pendant lesquels nous avons mesuré jour après jour que nous pouvions nous estimer. [...] Ton silence ne m'inquiète pas. On n'écrit plus en temps de guerre. On n'ose plus ; ce serait trop répéter des lieux connus, et l'on n'ose pas entrer au cœur de la question. Et pour moi, neutre – c'est-à-dire non soldat – une lâche prostration s'est ingérée en moi ; je suis un inactif. Et après en avoir souffert, je laisse couler les jours machinalement, mélancoliquement. Je sais que je n'aurai plus droit (et que je ne saurai pas avoir droit) à être ‹ en avant ›, à être de ceux qui seront les jeunes et les vivants, les hardis et les forts, les triomphants et les bons champions ; je n'aurai plus aucun droit en face de ceux qui auront tout donné, tout sacrifié et fait de leur cœur le don complet. [...] Et, vieux Fakir, puisque dorénavant nos pensées ne vont plus en sœurs vers Stamboul, dis-moi pourtant, écris-moi un peu de ta vie, et dis-moi ton bonheur de marié. »

1915, 25 avril Georges-Edouard annonce dans son journal la visite d'Emile Jaques-Dalcroze à Albert.

1915, mai et juin Georges-Edouard décrit les travaux dans le jardin, à transformer, compléter, ainsi que la réfection de toute la terrasse.

1915, juillet à septembre le père trouve le jardin fort beau, énumère les variétés (roses, œillets, dahlias, capucines, bleuets, etc.), mais se plaint également du temps assez frais, de gelées et du calorifère qui ne fonctionne pas très bien et qui coûte cher.

1915, septembre Georges-Edouard dépose un recours contre les dommages causés par l'exploitation de la carrière des Armes Réunies, située à proximité de la Maison blanche, rue de la Montagne 30b, plainte qui sera refusée.

1915, 17 octobre le père écrit dans son journal qu'à 3 heures de l'après-midi, « un avion qu'on suppose Boche a lancé 8 bombes sur La Chaux-de-Fonds, près de l'Hôtel de l'Ours. »

1916, 19 mai lettre de Charles-Edouard à Auguste Perret[31] : « Bien cher Monsieur, Sous l'immense clair de lune, la maison de mon père prend tout de même certaines qualités. En ai-je eu honte, l'ai-je détestée ! Les ans passent ; à côté du rêve échappé, vous laissant tout pantelant et déchiré, passés ces heures, ces mois qui suivent, vient la cicatrice, et réapparaît le vrai qu'on y a mis, la poésie, le petit peu de poésie, le beaucoup d'amour. Au pied du bois, dans la hêtraie, et face à la longue chaîne jurassique étendue non point mollement, les murs blancs, poursuivis en terrasses, son prisme, son rythme, son esprit, sont d'Orient. Et cela, pour moi, chaque an davantage, plus s'effondrent les souvenirs de là-bas. Et j'en suis ravi. Et je mesure que plus jamais je ne referai de ça, le temps est passé. Et je suis reconnaissant envers mon père, de ce que ce soit chez lui – chez nous – que vive ce sourire d'Orient... Oh qui fait parfaitement crisper les maisons d'autour, dans leur ‹ dégaine › compassée. Je m'en f.... ! ... »

1916, 20 juin Charles-Edouard dessine dans sa lettre à Auguste Perret[32] le plan de la maison et du jardin supérieur de la Maison blanche. Il lui explique ses plans de la construction du cinéma La Scala et lui demande conseil.

1916, 21 juillet Charles-Edouard explique dans sa lettre à Auguste Perret[33] le plan de la villa Schwob ou villa Turque, dont il va entreprendre la construction.

1916, 7 décembre livraison de la salle de cinéma La Scala, de 1000 places, dont la construction a mis quatre mois.

1917, 13 février « Journal » : « un peu moins froid, l'eau de la citerne a beaucoup baissé, il n'y a plus un mètre, le toit ne donne plus rien depuis longtemps, pas de fonte mais il y a des masses énormes de glace qui obstrue les chenaux ; j'y suis allé plusieurs fois et ai pu débarrasser les chenaux au sud ; du côté nord, elle sertit les chenaux et les plaques, on ne peut la casser tant elle est dure ; les barres à neige que j'ai fait poser n'ont pas donné tant de résultat que j'en attendais, elles retiennent bien la neige, mais favorisent la glace ; en tout cas, au sud elles ont préservé les arbres dessous en ce qu'il n'y a pas eu d'avalanches. Depuis, il y a eu des avalanches et des petits pommiers gâtés. Le dôme sous le toit souffre beaucoup des infiltrations et il s'en détache de grandes plaques de plâtre ; c'est là qu'on aurait dû faire un revêtement d'éternit et non de plâtre, et faire un toit en tuiles. Edouard est reparti pour Paris où il ouvre un bureau à demeure en conservant celui d'ici ; il engage bien son avenir. »

1917, mai à octobre le père se plaint dans son journal de la grêle ayant provoqué des dégâts dans le jardin d'agrément comme dans le potager, ainsi que des dommages électriques continuels dans la maison.

1917, 4 octobre départ définitif de Charles-Edouard de La Chaux-de-Fonds, après avoir fermé son bureau, pour s'établir à Paris. Son père écrit dans son journal : « [...] c'est le cœur gros que nous nous séparons de ce fils aimé et qui nous a fait honneur ; mais sa culture et ses goûts ne convenaient pas à notre public. Son entreprise de la Scala lui a procuré des ennuis inouïs, un procès [...]. La villa Schwob est une merveille au dire des gens qui savent se soustraire à la routine, au déjà vu et au parti pris ; il laisse deux œuvres intéressantes, chacune en son genre. Il augure de belles perspectives à Paris. » – Le père annonce en outre l'achat d'une parcelle de forêt de 750 m² derrière la maison qui mettra celle-ci à l'abri de l'exploitation de la carrière.

1918, 22 avril « Journal » : « Depuis 3 jours, chute de neige et retour de froid accentué. Nos platesbandes, le long de la maison, toutes fleuries depuis 15 jours, sont couvertes et pour partie fichues ; on avait commencé depuis 4 jours toute la réfection du jardin, bordure en ciment, redressement du chemin etc., il faut tout arrêter, pourvu que le cimentage déjà fait ne soit pas compromis par la gelée ! Impossible de chauffer, le calorifère est bouché et il n'y a du reste plus de sac de coke. »

1918, 22 mai « Journal » : « D'Edouard, nouvelles peu détaillées, on ne sait pas ses occupations, s'il réussit. Ce qu'on sait mieux c'est qu'il prépare un procès contre Anatole Schwob qui ne veut pas lui payer les honoraires qu'il réclame et bien plus élevés que prévu parce que le devis a été dépassé dans d'énormes proportions, grâce aux demandes renouvelées constamment d'embellissement durant la construction. On dit que l'intérieur est une merveille. On fait d'énormes transformations au jardin [de la Maison blanche] et posage des terrasses, refait le portail. »

1918, octobre Georges-Edouard précise dans son journal, qu'ayant renoncé au chauffage central, il a acheté trois fourneaux au prix de 118 francs l'an et qu'il y aura encore toute la tuyauterie à payer à des prix fous – le central aurait par contre consommé 1800 francs de coke. Mais ces petits fourneaux ne chauffent que les pièces où ils sont installés.

1919, 21 janvier notice relative à la vente de la Maison blanche, destinée à l'avocat et ne devant pas être soumise à l'acquéreur[34] : « En résumé, le prix du bâtiment a quintuplé. C'est donc demeurer bien en dessous des prévisions probables que d'admettre une plus-value pour après-guerre sur le coût de 1912 de 30%, c'est-à-dire de 10 à 20 fois moins que la plus-value actuelle. Cette évaluation est notoirement en dessous de la réalité future ; elle permet d'établir le prix de revient suivant de la construction en question, soit frs. 90'762,15. En toute justice, cette augmentation devrait être d'au moins 50% ; le prix ci-dessus atteindrait alors le chiffre de 105'000.–. La valeur du plan, signalée au début de cette note, doit intervenir aussi ; encore une fois, cette construction est d'un ordre spécial et porte une signature ; elle se différencie totalement de celles de la région. Ce facteur doit intervenir pour une somme d'au moins 10'000.-. En résumé, le prix minimum à proposer pour la vente de cette propriété doit être basé sur les évaluations précédentes et doit atteindre 115'000.–. »

1919, 31 mai après de nombreux problèmes de chauffage, de manque de combustible, ayant renoncé aux petits fourneaux qui ne tiraient plus pour reprendre le central, problèmes de cheminée, de cuisinière, de four, du réservoir d'eau ayant sauté, inondant les plafonds de la lingerie, du buffet à linge, de la bibliothèque ; s'ajoutant à cela les intempéries, puis le temps sec, Georges-Edouard annonce dans son journal : « De nouveau en pleines réparations ; on a recrépi le grand mur qui se délabrait complètement ; on a rafraîchi l'atelier qui fait un joli petit appartement, réparé le dôme du toit ; on installe la cuisinière électrique ; on dépense, dépense, on est un peu fous. Et on cherche à vendre la maison... ! ! »

1919, 25 juin « Journal » : « Nous venons d'insérer dans les journaux une annonce pour la vente de notre villa ; tout cela est trop grand, trop coûteux et de rendement nul, sauf la petite location d'Albert qui parle aussi de s'en aller prochainement ; c'est notre plus beau rêve qui s'évanouit ; la chose eut été viable si au moins un des fils avait fondé une famille pour y habiter et en assumer la plus grosse charge, mais puisque ce n'est pas le cas et que tout est sur nos épaules, la sagesse et la prudence nous poussent à cette décision ; nous devenons vieux, je ne gagne plus rien. Marie fatiguée et qui a fait plus que sa part va aussi abandonner l'enseignement, il faudra donc vivre de nos économies et les manger graduellement et ça ira vite avec le coût de la vie. » – Deux semaines plus tard, Georges-Edouard se plaindra que les annonces n'avaient rien donné, alors qu'il avait déboursé 40 francs en tout.

1919, 21 juillet – acte de vente de Georges-Edouard Jeanneret-Gris à Fritz-Ernst Jeker, acte notarié par-devant René Jacot Guillarmod, notaire à La Chaux-de-Fonds[35] : « Monsieur Georges-Edouard Jeanneret-Gris, fils de Edouard, originaire du Locle, émailleur, domicilié à La Chaux-de-Fonds. Le comparant a déclaré que par le présent acte il s'oblige à vendre l'immeuble ci-après désigné à Monsieur Fritz-Ernst Jeker, fils de Emile, originaire de Bärschwyl (Soleure), industriel, célibataire, domicilié à La Chaux-de-Fonds, ici présent et qui s'engage à l'acquérir en son nom personnel [...]. Ce bâtiment, le sol sur lequel il repose et ses terrains de dégagement sont estimés en Cadastre, ensemble à 40'300 francs [...]. Entrée en jouissance : 31 octobre 1919. [...] Aux conditions qui précèdent, la présente promesse de vente est conclue pour le prix total de 60'000 francs que l'acquéreur s'engage à payer comme suit : fr. 6000 en espèces le 31 octobre prochain ; fr. 37'000 en s'engageant à souscrire au profit du vendeur le 31 octobre aussi, une obligation de pareil montant aux conditions suivantes :

1° Le débiteur s'engage à payer un intérêt de 6% l'an sur le dit capital à partir du 31 octobre. Cet intérêt sera payable chaque semestre échu, soit les 30 avril et 31 octobre de chaque année, la première fois le 30 avril 1920.

2° Il s'engage à effectuer le remboursement du prêt par un amortissement semestriel de fr. 1500 la première fois le 30 avril 1920. A partir du 31 octobre 1924, chaque partie pourra exiger que l'amortissement semestriel soit porté à fr. 3000.

3° Le non paiement de l'intérêt ou de l'amortissement ou de tous les deux, dans les 60 jours suivant l'échéance permettra au créancier d'exiger le remboursement immédiat de la totalité de sa créance.

4° Le capital laissé en prêt sera garanti :

a) par une hypothèque en second rang au profit du vendeur sur les immeubles faisant l'objet de la vente. Cette hypothèque profitera des cases libres ;

b) par le nantissement de 25 actions de fr. 1000 chacune de la Record Dreadnought Watch Co S.A. avec sièges à La Chaux-de-Fonds et Tramelan. Ces titres resteront déposés en mains du mandataire du vendeur, Monsieur le Docteur Tell Perrin, avocat et se libéreront à raison d'une action par chaque amortissement de fr. 1500 ; et fr. 17'000 en s'obligeant à payer de ses propres deniers à la décharge du vendeur le titre hypothécaire du 15 novembre 1912 du capital primitif de fr. 20'000 réduit à fr. 17'000 en chiffres ronds, dus au Crédit foncier neuchâtelois. »

Le même jour, Georges-Edouard écrivait dans son journal : « Une des raisons qui nous a décidés, c'est l'enthousiasme de ce jeune homme pour le style de la maison et son intérieur, c'est un des rares qui comprend cela et c'est en voyageant beaucoup qu'il s'est formé à ce genre un peu spécial. Cela fera plaisir à Edouard. C'est une bonne moyenne comme prix ; nous n'y perdons rien financièrement, mais nous y laissons des lambeaux de cœur, oh oui ! mais la chose n'était plus tenable, les charges trop lourdes, financières et d'entretien. De cette façon, nous pourrons vivre plus paisibles, mais nous voilà délogés et dans trois mois, il faudra avoir retrouvé un toit. Nous allons partir pour la région de Montreux-Clarens en tournée de reconnaissance et nous rapprocher de mon frère qui s'y établira l'an prochain pour 6 mois de l'année dans sa petite maison. Ce sera un déchirement pour notre chère sœur. »

1919, 23 août arrivée à La Chaux-de-Fonds de Charles-Edouard de Paris avec, pour la première fois, Amédée Ozenfant, ainsi que d'Albert venant de ses vacances à Genève.

1919, 26 août visite de toute la famille avec Ozenfant du chalet en location aux Châbles au-dessus de Montreux pour les parents.

1919, 4 septembre le père précise dans son journal que « notre Edouard vient de repartir pour Paris avec son ami [...]. Nous avons eu un grand plaisir à les avoir, notre fils est un homme de grande volonté, d'un optimisme tenace et nous a été très utile pour régler bien des choses concernant notre transplantation et nos affaires pécuniaires ; il a de bien grosses affaires sur les bras. Reçu un télégramme qui conclut l'arrangement pour les Châbles. »

1919, 11 septembre lettre de Le Corbusier à Jeker[36] concernant l'aménagement futur de la Maison blanche, lui dictant d'impératifs conseils tout en proposant des noms de fournisseurs et ses propres services moyennant paiement :

« [...] Il est bien entendu que vous ferez l'usage que vous voudrez des renseignements ci-dessous. Toutefois, ayant habité pendant deux ans cette maison, j'ai eu l'occasion de la connaître suffisamment à fond pour que mes idées concordent à son style et corrigent même certaines des installations précédentes :

Salon : Je vous conseille de maintenir le canapé que j'ai dessiné et qui convient parfaitement. Le tissu pourrait être éventuellement uni de préférence à une rayure qui rappelle trop les styles anciens (je vous achèterai à Paris ce dessus).

Sieges : Mon idée est que vous devez admettre deux séries de sièges : des sièges très légers semblables à ceux de ma mère, c'est-à-dire des bergères de paille qui sont toujours d'un goût parfait, très confortables et faciles à manier ; à côté de cela, le vrai siège moderne pratique et confortable, c'est-à-dire le Morris Chair, avec matelas d'un velours à assortir à la moquette et aux murs et que je pourrais vous choisir ici ; ces Morris Chairs peuvent être achetés à Paris chez Waring & Gillon ou chez Mapples chez qui vous trouverez une exécution parfaite ; pour éviter les frais, vous pourrez acheter un modèle dans l'une de ces maisons et faire exécuter les autres en copie conforme.

Le sol sera recouvert d'une moquette que je vous déconseille en noir absolu, le noir étant un ton trop brutal et donnant une impression trop dure ; je vous conseille un ton « tête de nègre » ou ‹ cachou ›, ‹ gris foncé noirâtre › (j'ai fait exécuter à plusieurs reprises de ces tonalités qui ont donné un confort très grand). A ce sujet, prière de vous faire faire par votre marchand une offre de qualité et de me soumettre les échantillons de couleur qui pourraient vous être proposés. Je pourrais fixer d'accord avec votre fournisseur la tonalité exacte ; j'insiste tout particulièrement sur cette question qui joue un rôle capital ; en effet, un ton défini sonnant mal compromettrait tout l'ensemble. Vous pourriez aussi éventuellement prendre purement et simplement une moquette havane foncé, mais je suis, en principe, d'accord avec un ton noirâtre. Sur cette moquette, vous placerez par exemple deux peaux d'ours blanc dans le salon.

Antichambres : Je me contenterais pour l'antichambre de la table actuelle recouverte d'un tapis ajusté, coupé exactement à la grandeur en toile lamée d'or ou d'argent très discrète (que je vous achèterais à Paris). Le divan sera recouvert d'un velours uni de préférence à un tapis bariolé d'un ton rouge oranger classique ; ce ton fait un effet remarquable et donnera une grande opulence à la pièce ; le siège sera tendu lisse ; le dossier matelassé ; les deux rouleaux lisses avec faces en rayons (Le Progrès pourra vous exécuter cela).

Comme sièges, je ferais simplement quelques tabourets bas de 0,35 de hauteur, ronds, couverts de même tissu dont je vous établirai le dessin ; ces sièges, je les ai expérimentés en Turquie, et je sais combien ils sont confortables ; comme vous laisserez toujours ouvertes les grandes portes donnant sur le salon, votre mobilier se complètera de deux Morris Chairs remplaçant les fauteuils d'osier d'autrefois.

Salle a manger : Une table ronde pouvant s'agrandir par des feuillets supplémentaires et exécutés sur dessin ou à trouver chez un antiquaire (style Louis XVI ou Directoire, extrêmement sobre et sans aucune sculpture), en acajou foncé ou en palissandre. Six demi-fauteuils à accoudoirs et sans dossiers tels que j'en ai exécuté un chez Hermann Ditisheim pour son bureau de travail ; ces sièges bas sont extrêmement confortables et donneront beaucoup de grandeur et d'espace à la pièce et seront recouverts du même velours que l'antichambre ; aucun autre meuble, sauf une petite desserte à côté de la porte de la cuisine. Ne regrettez pas le grand bahut qui occupait la salle à manger et qui n'a été installé que dernièrement ; il écraserait totalement la pièce.

Dans ces trois pièces, évitez de mettre au mur des tableaux. Restez dans la sobriété la plus grande ; c'est le seul moyen de conserver aux pièces leur proportion et d'avoir un intérieur digne. Je vous recommanderais, dans la salle à manger, sur le grand panneau demeuré libre, une belle œuvre de peinture moderne puriste que vous pourrez avoir lors de votre passage à Paris et qui fixerait le véritable esprit de cette pièce. J'insiste beaucoup à ce sujet et je vous rappelle ce que je vous disais concernant la peinture des artistes indigènes. A part les quelques amis dont je vous ai parlé qui sont de vrais artistes, vous ne trouverez rien en ville qui puisse s'harmoniser avec cette maison. Evitez les engouements pour certains peintres trop célèbres de la ville que je ne cite pas (mon ami Humbert vous dira de quoi il s'agit).

Conservez l'axe du lustre du salon tel qu'il est actuellement ; le déplacer serait une faute architecturale puisque ce lustre fixe la direction générale de toute la maison.

Comme lampes portatives nécessaires à installer sur les guéridons du salon ou de l'antichambre, mon ami Perrin sculpteur possède une collection de choses très agréables dont j'avais du reste donné l'idée il y a trois ou quatre ans ; ces lampes sont d'une exécution qui permet, je crois, des prix très avantageux.

Bibliotheque : J'approuve votre idée d'installer des rayons comme je l'ai fait dans la villa Anatole Schwob dans la même pièce. Faites-moi parvenir un relevé exact de cette pièce à l'échelle de 1 : 20, plan et murs : je vous installerai le dessin en bonne proportion.

Piano du salon : Celui-ci peut s'installer soit comme il est actuellement, et c'est certainement sa meilleure place, soit dans le petit salon qu'il occupait antérieurement et disposé comme l'indique le croquis ci-joint. Je vous répète ce que je vous ai dit au sujet d'un piano noir : n'achetez pas de piano noir à trois grands pieds ronds ; ces modèles sont beaucoup trop gros et détruisent totalement la proportion de la pièce ; j'en ai fait l'expérience, puisque ma mère a eu pendant une année l'un de ces pianos. Celui que j'ai fait construire sur le même format (sur la même table) est réduit dans ses proportions au stricte nécessaire ; de plus, au lieu de trois grands pieds, il y a en six, sveltes, qui harmonisent le piano à l'échelle générale des autres meubles ; j'attire très particulièrement votre attention sur ce fait. Pleyel m'a construit en 1915 un piano sur un dessin beaucoup plus épuré encore que celui de ma mère ; il s'agit d'un piano ‹ crapaud › dont les proportions seraient bien entendu à ramener à l'échelle générale d'un grand piano dont la sonorité est évidemment supérieure.

Petit salon : Je vous proposerais, si vous décidez de ne pas installer le piano dans le petit salon, de meubler celui-ci au moyen d'un objet de grande fantaisie que j'avais aménagé il y a trois ans et qui se trouve actuellement chez Perrin sculpteur où il doit être réparé après avoir été dans une exposition circulante ; il s'agit d'un meuble que j'avais étudié très sérieusement et qui consistait en un trépied portant une vasque de jade remplie d'eau avec poissons vivants ; le dessus de la vasque étant éclairé par une ampoule noyée dans un vase contenant des roses. La lumière éclairait, d'une part, les roses qui apparaissaient en transparence, et, d'autre part, la vasque dans laquelle les poissons scintillaient donnant une impression véritablement très rare ; cet objet n'avait, bien entendu, eu de succès qu'auprès d'une certaine catégorie de personnes. Je crois ne pas me tromper en disant qu'il est disponible encore chez [pas lisible]lin. Ce meuble qui constitue en même temps un appareil d'éclairage ferait une impression très délicate dans cette petite pièce tout à fait carrée, où vous pourrez tout au plus mettre une ou deux peintures ou dessins de grand choix ou, mieux encore, laisser les murs absolument vides.

Chambre a coucher : Je vous ai établi un petit croquis donnant l'aspect général de la chambre à coucher de l'étage. Il s'agit d'une chambre « d'honnête homme» pour y faire tout au plus des [pas lisible] Evidemment, c'est la chambre pour dormir et rien de plus. Suivant un vœu de vous, il me sera facile d'en transformer totalement le caractère, mais fixez-moi le programme ; de cette chambre saine et claire, on peut en faire une chambre confortable, aux lumières atténuées, et je vous proposerais ce que j'ai moi-même chez moi à Paris, un papier noir aux murs avec certains ramages de couleurs qui donne l'impression de confort et de silence. Nous discuterons de cela à votre passage à Paris.

Une question vous préoccupe à juste titre : c'est celle des menus objets, vases, tableaux, dessins, estampes, bibelots, etc.... Ne vous inquiétez pas à ce sujet. Surtout ne vous pressez pas d'acheter ; vous ne trouverez rien chez vous, tandis qu'ici je puis vous comprendre dans la liste de certains de mes amis et de mes clients qui m'ont donné mandat de leur acheter diverses choses, mandat qu'il m'est très facile à remplir dans un centre comme Paris, où tout se trouve pour qui sait le chercher en bonne place et à des conditions de bas prix étonnants. Plus que cela, je vous l'ai déjà dit, j'estime que ce genre d'achats doit toujours se faire avec l'idée non pas seulement d'orner sa demeure, mais d'acquérir des valeurs rentables. Or, en achetant avec discernement des estampes, des miniatures, des toiles, des bronzes, etc.... modernes ou anciens, en les prenant aux bonnes sources, il est toujours possible d'acquérir à bas prix des objets dont la valeur double, triple ou décuple. C'est ce que j'ai toujours fait et ce que je ferais avec plaisir pour vous. A ce sujet, je vous prierais seulement, si cela pourrait vous agréer, de m'allouer un crédit dont je vous donnerais la justification au fur et à mesure des achats. Il serait même opportun de profiter du change extrêmement bas pour réaliser, en somme, le bénéfice de 00% [sic] sur des valeurs qui seront appelées à monter d'elles-mêmes.

Quelques observations diverses : J'estime inutile d'installer des moquettes à l'étage. Vous pourrez installer une garde-robe dans la loggia à côté de la chambre à coucher, si vous jugez que les deux placards de la chambre à coucher sont insuffisants pour y installer, dans l'une un système de penderie ‹ Innovation ›, dans l'autre un système de tiroirs et rayons pour linge de corps système ‹ Innovation ›.

Garage : Envoyez-moi le plan de votre architecte que je referai s'il y a lieu. Concernant l'achat du terrain à l'Ouest et la descente de la terrasse de ce terrain, je vous établirai le croquis nécessaire pour le défoncement de la palissade de lattis dès que vous aurez effectué cet achat. Le défoncement de ces lattis est une des questions des plus importantes qui doit être faite très sérieusement, de crainte d'abîmer l'aspect de la terrasse. Le dallage de la terrasse devrait être conservé en brique rouge tel qu'il est actuellement. Mr. A. Schwob a, contre mon gré, fait un dallage cimenté et l'aspect est loin d'en être satisfaisant. Dites-vous bien que la brique cuite a été à travers tous les âges le matériau admirablement harmonisé au paysage et la qualité de cette matière dans sa rusticité est encore la plus somptueuse qu'on ait pu trouver.

Cheminee du salon : Je vous ai établi un croquis annexe de mon idée sur la modification à apporter à la cheminée côté de la cuisine pour assurer le tirage qui, à mon avis, ne fait point de doute. Trompé par les informations formelles d'un fumiste qui avait prétendu que le tirage sur le côté suffirait, j'avais voulu réparer cette erreur, mais ma mère s'y est toujours opposée, parce que l'un des placards de la cuisine devait être supprimé. Faites exécuter cela par un bon ouvrier de Calories venant de Neuchatel, ville dans laquelle les installations de cheminées sont courantes.

Concernant les travaux de tapissier, le ‹ Progres › pourrait vous les faire, mais je sais d'autre part qu'ils exigent toujours de fournir les tissus et comme le plus mauvais goût règne chez eux et que d'autre part les promesses ne leur coûtent rien, ils répéteraient pour vous les aventures qui ont déjà valu pour moi autrefois, c'est-à-dire qu'ils fourniraient des tissus soi-disant conformes à vos échantillons et qui ne le seraient pas du tout. Vous auriez meilleur temps, pour le peu de travaux de tapisserie que vous avez à envisager, d'acheter à Paris, où le choix est immense, ou de charger mon ancien petit tapissier Jacob d'exécuter le travail sur des données précises que je lui fournirais. Il est bien entendu que pour tous les achats que vous pourrez me charger de faire, je vous fournirai les factures originales à l'appui ceci en évitation [sic] de toute ambiguïté.

Vous remarquerez peut-être que j'insiste beaucoup sur la question de la sobriété, mais je sais que je m'adresse à un homme de ma génération et que ce n'est pas un langage nouveau pour vous. Mes parents qui étaient d'un goût extrêmement sûr savaient malgré moi déjà exagérer du côté du décor et de l'encombrement et vous avez vu la maison beaucoup trop remplie d'objets de toutes sortes : il vaut mieux avoir ses collections dans des tiroirs et dans des armoires plutôt qu'étalées au mur. On a le plaisir de changer son décor du tout au tout et chaque objet se trouve en belle place et ne nuit pas à son voisin. De plus, quand l'architecture d'une maison est bien conçue, la proposition à elle seule est une éloquence suffisante. D'autre part, cette maison a été tracée en vertu même du paysage environnant et vous aurez certainement remarqué que le véritable décor de chaque pièce est fourni par les fenêtres qui encadrent des sites tous différents et tous très beaux.

Un dernier mot au sujet de mon confrère Mr. Monnier [?], dans l'aménagement de cette maison. Je dois vous dire sans modestie que j'évalue très fortement la distance qui sépare ses goûts des miens ; il y a là une question de culture générale et d'intuition qui ne se discute pas. En conséquence, si cette maison devait être remaniée par une main étrangère, je craindrais beaucoup que la clarté qui en a dicté tous les détails en soit détruite par les effrayantes influences germaniques qui inondent tout le pays. Je préférerais de beaucoup recevoir toutes vos questions et y répondre avec plaisir plutôt que de savoir que le détail ou l'ensemble de cette maison se transforme à l'encontre de l'esprit qui en a dicté la construction.

Vous me pardonnerez d'apporter tant de sollicitudes à une question qui, depuis l'acte de vente que mon père a passé avec vous, doit être devenue parfaitement étrangère. Dans ma carrière, je différencie nettement mon travail en deux catégories : celui exécuté pour n'importe qui et n'importe comment avec le seul but de gagner de l'argent ; l'autre où l'on met tout le cœur possible dans son travail à seule fin de créer une œuvre durable et portant le témoignage de tous ses moyens. La maison que vous avez achetée a été faite par moi il y a longtemps, il est vrai, mais à un moment où rentré d'un long voyage en Grece, en Asie, en Turquie et en Italie, j'étais encore plein de grande architecture claire et formelle des pays méditerranéens, les seules architectures que je reconnaisse. Je ne dissimule donc pas que je sois attaché à l'immeuble 30 B rue de la Montagne et je ne vous cache pas la grande [...un blanc...] que j'ai eue d'apprendre à vous connaître et de sentir que vous étiez compréhensif de cette œuvre et que nos relations ébauchées dans le court instant d'un voyage pourrai[en]t se poursuivre avec un intérêt certain de part et d'autre.

Croyez, cher Monsieur, à mes sentiments les meilleurs.

[signature]

P.S. Une confusion de mon père lui a fait écrire dans la liste des meubles vendus la table ovale de ma chambre. Je tiens à cette table que j'ai toujours eue ; elle ne vaut du reste pas cher et si sa forme vous plaisait, Egger, l'ébéniste, pourrait vous en refaire une à très bon compte. Vous ne m'en voudrez pas de cette réclamation posthume [sic]. Je vous demanderai également un petit service. Certains des meubles m'appartenant me rejoindront à Paris. Vous m'obligeriez vraiment jusqu'au moment de leur expédition en m'autorisant à les entreposer dans un des galetas sous le toit. J'attends que mon ébéniste ait terminé les réparations de l'un de ces meubles pour donner l'ordre d'emballer et d'expédier. »

1919, 25 au 28 octobre « Journal » : déménagement des parents de La Chaux-de-Fonds aux Châbles, au-dessus de Vevey. Le 2 décembre, le père fait dans son journal une longue description des circonstances pénibles de ce déménagement : trop d'objets et de meubles, routes à moitié verglacées, incidents et accidents, dégâts au portail des Aubert, propriété située en face de la Maison Blanche, au piano à six pieds de la maman, fatigue, etc. Il ajoute que « Jeker n'a pas terminé de payer ce qui devait l'être au 1er novembre ; il reste encore le règlement des objets à lui vendus – mobilier etc. – puis un solde de vente d'immeuble. [...] Grand seigneur, il a ses petits côtés et l'avocat Perrin qui me l'a procuré et doit signer mes intérêts n'y met pas le zèle qu'il faudrait. J'ai touché à ce jour 38'600 sur une somme totale de 82'600 prix de vente.

Les frais de réparation à La Chaux-de-Fonds [...] doivent être payés par l'entrepreneur Ackermann de Genève, mais je n'ai aucune nouvelle de lui, non plus des gens de métiers qui ont fait ces réparations. ... notamment le piano dont le couvercle est en réparation à Vevey »[37].

1920 de janvier de cette année à mai 1922, le père énumère scrupuleusement tous les événements liés au litige avec Jeker qui ne paie pas, ou peu.

1920, décembre la rue de la Montagne est rebaptisée chemin de Pouillerel.

1921, 29 juin pacte successoral[38] signé par le notaire Jules Mottier, à Montreux pour le district de Vevey, entre les époux Georges-Edouard Jeanneret-Gris, fils d'Edouard Jeanneret et de Elise née Rauss, originaire du Locle (Neuchâtel), sans profession, et sa femme Marie-Charlotte, fille de Frédéric-Louis-Marie Perret et de Amélie, née Pingeon, tous de Neuchâtel, qui déclarent donner mutuellement « l'usufruit, sa vie durant et pendant son veuvage, de la totalité de mes biens qui seront dévolus à nos descendants communs ».

1921, 25 septembre lettre de Madeleine Lévy, de Genève, à la maman Jeanneret[39] : à la demande de Marie-Charlotte, elle a fait un pèlerinage à la Maison blanche et décrit la maison abandonnée. « [...] La maison paraissait pleine de silence, les stores étaient baissés, aux fenêtres, il n'y avait point de géraniums, personne, nulle part n'apparaissait. Et je suis entrée. Quelques petits œillets sauvages poussaient, isolés entre les pierres et semblaient regretter leur entourage disparu. Certains arbres même, comme si eux aussi voulaient prendre part à la tristesse du jardin abandonné, se desséchaient et mouraient doucement. [...] Et la seule rose du jardin, je l'ai cueillie : elle avait un parfum délicat et pénétrant, elle était belle ; et puis, je l'ai prise en souvenir de vous, car je sais qu'à l'époque des roses, vous ne m'eussiez pas laissé partir sans me fleurir ! – Et je m'en suis allée dans la tristesse [...]. »

1921, 27 octobre Georges-Edouard écrit dans son journal que le procès que Jeker a intenté contre lui en raison de ses rappels successifs de paiements – les banques refusant les traites de Jeker – est momentanément suspendu, car ce dernier est écroué au secret à Lörrach, suite à son arrestation pour contrebande en Allemagne.

1922, 15 mai vente aux enchères de la maison, adjugée à 38'000 francs à Jean-Ernest Welti, directeur du Bureau fédéral des assurances accidents. Deux jours plus tard, le père décrit dans son journal sa présence à La Chaux-de-Fonds du 12 au 15 mai : « Suis allé à la Montagne 30 B accompagné d'un employé de l'Office des poursuites. L'intérieur est en parfait état et Jeker y a fait de nombreuses transformations ou améliorations. Toutes les parois ont été couvertes de papiers peints, sauf le vestibule ; la petite loggia inachevée a été terminée, en blanc, avec grands demi-placards pour les vêtements et le linge ; le corridor du haut a été passé à la couleur. La chambre de bain a été complétée d'un ‹ bidet ›, une boîte de ramonage ajoutée au fourneau et une cheminée spéciale de tirage sur le toit, une ‹ chasse › aux WC du sous-sol. Une nouvelle chaudière Sulzer pour le chauffage, le téléphone y est installé. J'ai constaté avec satisfaction l'état général de l'intérieur. Par contre la terrasse et les jardins en état délabré et abandonné [...]. » Il décrit ensuite sa rencontre avec Welti et sa réaction lors de la visite de la maison : « [...] il a l'air un peu « estomaqué » de la disposition de l'intérieur, me dit ‹ qu'ils sont des gens de goûts simples › que sa famille se compose de lui, de sa femme et d'une petite fille, puis de ses deux beaux-parents, deux vieux qui ne peuvent plus vivre seuls, qui prêteraient leur petit capital à mettre sur l'immeuble et vivraient ainsi en famille. [...] C'est une page tournée ou plutôt arrachée de notre vie. La Chaux-de-Fonds m'a paru bien triste le samedi par un brouillard et froid, les maisons peu avenantes ; j'ai repris contact avec tous les quartiers de la ville et les environs immédiats. Aucune envie d'y retourner. »

1925, 11 janvier emménagement des parents dans la petite maison à Corseaux, construite en 1923/24 par leur fils Le Corbusier.

1925, 5 août lettre de Le Corbusier à l'architecte néerlandais Hendrikus Theodorus Wijdeveld[40] dans laquelle il prétend n'avoir connu l'œuvre de Frank Lloyd Wright qu'en 1914/15 et faisant l'éloge de cette architecture et l'utilisation du béton. Et pourtant, l'éditeur Wasmuth avait publié en 1910 le portfolio *Ausgeführte Bauten und Entwürfe von Frank Lloyd Wright*, puis en 1911 l'ouvrage *Frank Lloyd Wright. Ausgeführte Bauten*, alors que Charles-Edouard Jeanneret travaillait chez Behrens.

1926, 13 janvier décès de Georges-Edouard Jeanneret.

1928, 21 janvier homologation du pacte successoral du 29 juin 1921 en audience du Juge de paix du Cercle de Corsier, suite au décès de Georges-Edouard Jeanneret-Gris[41].

1932, 8 septembre mariage d'Edmée, fille de Jean-Ernest Welti, avec Jacques Cornu, docteur en droit, avocat et notaire, qui vient s'installer dans la Maison blanche.

1940, 28 février lettre de Raymond McGrath, B-Arch – Ariba, Londres, à la mère[42] : « Je vous remercie beaucoup de m'avoir envoyé [tampon postal du 20 novembre 1939] l'album de la Maison de La Chaux-de-Fonds. Nous avons maintenant tout ce qu'il nous faut pour faire une sélection définitive du contenu illustratif du livre. [...] » – De toute évidence, ce livre n'a jamais paru, le seul livre publié par McGrath étant : Raymond McGrath, A.C. Frost, *Glass in Architecture and Decoration*, London : The Architectural Press, 1937 (new ed. rev. 1961).

1943 Notice manuscrite concernant les travaux de toiture[43] : « tél. Willy Moser 31.1.1994. Souvenirs à confirmer : tout le toit de la villa était en éternit blanc, petites plaques confirmées, diamètre 20 × 30 cm. Ferblanterie en tôle plombée. Réfection du toit en 1943, par Costé, couvreur (sans maîtrise). Difficulté d'obtenir les tuiles, à cause de la guerre. M. Costé n'a pas refait l'arrondi du toit de l'abside (il ne savait pas le faire), mais avec des arêtiers en tuiles. »

1944, 21 janvier transfert immobilier de Jean-Ernest Welti à sa fille Edmée Cornu, épouse de Jacques Cornu depuis 1932. Cette dernière consent, en faveur de ses père et mère, jusqu'au décès du dernier survivant, un droit d'habitation dans une partie de la Maison blanche, soit de loger, leur vie durant, à l'étage inférieur qu'ils occupent déjà, comprenant une grande pièce, cuisine et de jouir de toutes les dépendances[44].

1946, 20 septembre départ de Jean-Ernest Welti et de son épouse Elisabeth de La Chaux-de-Fonds pour Corseaux VD.

1959, transformation du jardin en jardin d'agrément de type « jardin à vivre »

1960, 15 février décès de Marie-Charlotte-Amélie Jeanneret-Perret, la mère de Le Corbusier.

1960, 25 juillet lettre dactyl. de Le Corbusier, de Paris, à Angelo Mangiarotti, à Milan : « Monsieur, J'ai votre n° 368 de *Domus*, de juillet 1960. [...] laissez-moi vous prier de ne jamais donner l'information sur les clichés de la page de titre (de *Domus*) où se trouve reproduite une maison de 1911 qui a été scandaleusement abîmée par un nouveau propriétaire. Je suis mécontent que vous vous soyiez permis de donner de tels documents. La toiture qui était en éternit lisse est devenue maintenant une toiture de fausses vieilles tuiles avec faîtière rustique, etc... Je vous répète que je désire expressément que vous ne communiquiez à personne cette sorte de documents. »

1964/65 Edmée Cornu fait poser une mosaïque autour des fenêtres de la façade sud, réalisée par une amie artisane et artiste, Mati Val (Hongroise, active avant et après-guerre, décédée à Paris vers 1985, première femme du peintre Kolos-Vary[45]).

1965, 27 août décès de Le Corbusier à Roquebrune-Cap-Martin.

1979, 11 septembre classement de la Maison Blanche, réq. 741/1979 : extérieur, volume, façades, terrasse et pergola nord-ouest, et la totalité de l'intérieur[46].

1985, 24 mars décès de Jacques Cornu ; la propriété passe à sa femme Edmée[47].

1985, 2 mai visite des lieux : description et état de la maison et des jardins[48].

1988, 19 août et 13 décembre vente de la propriété par Edmée Cornu aux deux frères Reinhard et Josef Borer, en propriété commune. Assurance incendie : fr. 455'000.– + 15'000.–[49].

2000, 31 janvier création de l'Association Maison blanche.

2000, 16 mai et 7 juillet vente immobilière conditionnelle de la société simple Borer & Borer à l'Association Maison blanche, représentée par Martine Voumard, photographe, et Christophe Stawarz, président de l'Association ; prix de vente fixé à fr. 650'000.– ; assurance incendie : fr. 855'000.–[50].

octobre 2005 inauguration de la Maison blanche entièrement restaurée, placée sous le patronage de la Commission suisse pour l'Unesco et inscrite sur la liste des œuvres de Le Corbusier retenues par la Suisse pour figurer au patrimoine mondial.

1 IFA, Fonds Perret.
2 Archives de Regula Bandi-Klipstein.
3 « Journal de Georges-Edouard Jeanneret-Perret », BV.
4 BV, Fonds Albert Jeanneret.
5 BV, Fonds Albert Jeanneret.
6 FLC.
7 FLC.
8 Archives de Regula Bandi-Klipstein.
9 Archives de Regula Bandi-Klipstein.
10 IFA, Fonds Perret.
11 Document chez Jean-Daniel Jeanneret, Service d'urbanisme, La Chaux-de-Fonds.
12 Document chez Jean-Daniel Jeanneret, Service d'urbanisme, La Chaux-de-Fonds.
13 BV, Fonds Albert Jeanneret.
14 Document chez Jean-Daniel Jeanneret, Service d'urbanisme, La Chaux-de-Fonds.
15 IFA, Fonds Perret.
16 Archives de Regula Bandi-Klipstein.
17 FLC.
18 BN, Archives littéraires suisses (ALS), Fonds William Ritter.
19 FLC.
20 BN, ALS, Fonds William Ritter.
21 BN, ALS, Fonds William Ritter.
22 IFA, Fonds Perret.
23 IFA, Fonds Perret.
24 BN, ALS, Fonds William Ritter.
25 BN, ALS, Fonds William Ritter.
26 BN, ALS, Fonds William Ritter.
27 Document chez Jean-Daniel Jeanneret, Service d'urbanisme, La Chaux-de-Fonds.
28 BV, Fonds Albert Jeanneret.
29 Archives de Regula Bandi-Klipstein.
30 Archives de Regula Bandi-Klipstein.
31 IFA, Fonds Perret.
32 IFA, Fonds Perret.
33 IFA, Fonds Perret.
34 BV.
35 BV.
36 FLC.
37 D'après la notice du 29 mai 1920 dans le journal du père, Ackermann n'avait apparemment jamais payé.
38 BV.
39 BV, Fonds Albert Jeanneret.
40 Documentatiecentrum voor de Bouwkunst, NDB, Amsterdam, lettre publiée par Paul Venable Turner, « Frank Lloyd Wright and the Young Le Corbusier », *Journal of the Society of Architectural Historians*, vol. 42, n° 4, déc. 1983, p. 359.
41 Extrait du registre des testaments de l'Office de paix du Cercle de Corsier, BV, Fonds Albert Jeanneret.
42 BV, Fonds Albert Jeanneret.
43 Document chez Jean-Daniel Jeanneret, Service d'urbanisme, La Chaux-de-Fonds.
44 Office du registre foncier de l'arrondissement des Montagnes et du Val-de-Ruz, Le Locle.
45 Information téléphonique de Gilbert Huguenin, Galerie Numaga à Colombier, Neuchâtel, le 3 janvier 2002.
46 Service de la protection des monuments et des sites du canton de Neuchâtel (SPMS).
47 SPMS.
48 SPMS.
49 SPMS, acte notarié du 19 août 1988, Gérard L'Héritier, notaire à La Chaux-de-Fonds, et Extrait du Registre foncier du 13 décembre 1988.
50 SPMS, Marc-André Nardin, notaire à La Chaux-de-Fonds, et Cadastre de La Chaux-de-Fonds – Registre foncier.

Bibliographie

La sélection suivante se limite aux publications concernant la première phase de création de Jeanneret / Le Corbusier, complétée par quelques ouvrages de synthèse sur la vie et l'œuvre de l'architecte ainsi que par une littérature plus large en rapport avec le contexte de la construction de la Villa Jeanneret-Perret.

Publications de Le Corbusier

Ch. E. Jeanneret, *Etude sur le mouvement d'art décoratif en Allemagne*, La Chaux-de-Fonds : Editions Haefeli, 1912

Le Corbusier-Saugnier, *Vers une architecture*, Paris : Crès, 1923

Le Corbusier, *L'Art décoratif d'aujourd'hui*, Paris : Crès, 1925

Le Corbusier, *Urbanisme*, Paris : Crès, 1925

Le Corbusier, *L'Art décoratif d'aujourd'hui*, Paris : Crès, 1925

Le Corbusier, *Almanach d'architecture moderne*, Paris : Crès, 1926

Willy Boesiger, Oscar Stonorov *(éds.)*, *Le Corbusier et Pierre Jeanneret. Œuvre complète, vol. I, 1910–1929*, Zürich : Girsberger, 1937

Le Corbusier, *Une petite maison*, Zürich : Girsberger, 1954

Le Corbusier, *L'Atelier de la recherche patiente / Textes et planches*, Paris : Vincent, Fréal, 1960

Le Corbusier, *Le Voyage d'Orient*, Paris : Forces Vives, 1966

Publications des matériaux d'archives

Le Corbusier Sketchbooks. Vol. 1, 1914–1948, New York : The Architectural History Foundation – Cambridge, MA : The MIT Press, 1981

H. Allen Brooks (éd.), *The Le Corbusier Archive. Vol. I, Early Buildings and Projects, 1912–1923*, New York – London : Garland Publishing – Paris : Fondation Le Corbusier, 1982

Giuliano Gresleri (éd.), *Ch.-E.Jeanneret – Le Corbusier. Voyage d'Orient. Carnets*, Milano : Electa – Paris : Fondation Le Corbusier, 1987

Giuliano Gresleri (éd.), *Ch.-E.Jeanneret – Le Corbusier. Les voyages d'Allemagne. Carnets*, Milano : Electa – Paris : Fondation Le Corbusier, 1994

Stanislaus von Moos (éd.), *Ch.-E. Jeanneret – Le Corbusier. Album La Roche*, Milano : Electa – München : Bangert, 1996/édition anglaise et française sous le même titre (Paris : Gallimard, 1996)

Marie-Jeanne Dumont (éd.), *Le Corbusier. Lettres à ses maîtres 1. Lettres à Auguste Perret*, Paris : Editions du Linteau, 2002

Le Corbusier. Plans 1905–1926, Paris : Echelle-1 – CodexImages – Fondation Le Corbusier, 2005 (DVD)

Marie-Jeanne Dumont (éd.), *Le Corbusier. Lettres à ses maîtres 2. Lettres à Charles L'Eplattenier*, Paris : Editions du Linteau, 2006

Ouvrages de synthèse

Stanislaus von Moos, Le Corbusier. *Elemente einer Synthese*, Frauenfeld – Stuttgart : Huber, 1968 (version française : Stanislaus von Moos, *Le Corbusier, l'architecte et son mythe*, trad. Pierre-A. Emery, Paris : Horizons de France, 1971) / version anglaise, revue : *Le Corbusier. Elements of a Synthesis*, Cambridge MA – London : The MIT Press, 1979

Jean Petit, *Le Corbusier lui-même*, Genève : Rousseau, 1970

Badischer Kunstverein Karlsruhe, Andreas Vowinckel, Thomas Kesseler (éds.), *Le Corbusier. Synthèse des Arts. Aspekte des Spätwerks 1945–1965*, catalogue d'exposition, Badischer Kunstverein Karlsruhe, Berlin : Ernst & Sohn, 1986

Jacques Lucan (éd.), *Le Corbusier. Une encyclopédie*, Paris : Centre Georges Pompidou, 1987

Le Corbusier. Architect of the Century, catalogue d'exposition, Hayward Gallery, London, 1987

Kenneth Frampton, *Le Corbusier. Architect of the Twentieth Century*, New York : Harry N. Abrams, 2002

Jean-Louis Cohen, *Le Corbusier 1887–1965. Un lyrisme pour l'architecture de l'ère mécaniste*, Köln [etc.] : Taschen, 2004

Jean-Louis Cohen, *Le Corbusier. Le planète comme chantier*, Paris : Editions Textuel/ Zoé, 2005

Publications sur les premières œuvres de Le Corbusier

Etienne Chavanne, Michel Laville, *Les Premières constructions de Le Corbusier en Suisse*, Dipl.-Arbeit, EPF Zurich, s. D. [1962]

Etienne Chavanne, Michel Laville, « Les premières constructions de Le Corbusier », *Werk*, 50ᵉ année, cahier 12, 1963, pp. 483–488

Patricia May Sekler, *The Early Drawings of Charles-Edouard Jeanneret (Le Corbusier) 1902–1908*, New York – London : Garland, 1977

Paul Venable Turner, *The Education of Le Corbusier*, New York – London: Garland, 1977 (version française: *La Formation de Le Corbusier. Idéalisme et Mouvement moderne*, Paris : Editions Macula, 1987)

Revue neuchâteloise, 23ᵉ année, nº 91, été 1980 (nº spécial *Le Corbusier pourquoi*)

Archithese, 13ᵉ année, nº 2, mars/avril 1983 : *La Chaux-de-Fonds und/et Jeanneret (Le Corbusier)*

Arthur Rüegg, « Charles-Edouard Jeanneret, architecte-conseil pour toutes les questions de décoration intérieure... », *Archithese*, 13ᵉ année, nº 2, mars/avril 1983, pp. 39–43

Paul Venable Turner, « Frank Lloyd Wright and the Young Le Corbusier », *Journal of the Society of Architectural Historians*, vol. 42, nº 4, déc. 1983, pp. 350–359

Giuliano Gresleri, *Le Corbusier. Viaggio in Oriente. Gli inediti di Charles Edouard Jeanneret fotografo e scrittore*, Venezia : Marsilio, 1984, ²1985 ; ³1995 sous le titre *Le Corbusier. Viaggio in Oriente. Charles Edouard Jeanneret, fotografo e scrittore*

Geoffrey H. Baker, Jacques Gubler, *Le Corbusier. Early Works by Charles-Edouard Jeanneret-Gris*, London – New York : Academy Editions – St.Martin's Press, 1987 (*Architectural Monographs* 12)

Giuliano Gresleri (éd.), *Le Corbusier. Il viaggio in Toscana (1907)*, catalogue d'exposition, Palazzo Pitti, Firenze, Venezia : Marsilio, 1987

La Chaux-de-Fonds et Jeanneret avant Le Corbusier, catalogue d'exposition, Musée des beaux-arts, La Chaux-de-Fonds, 1987

Le Corbusier et la Méditerranée, catalogue d'exposition, Vieille Charité, Marseille : Editions Parenthèses, 1987

Winfried Nerdinger, « Le Corbusier und Deutschland. Genesis und Wirkungsgeschichte eines Konflikts 1910–1933 », *Arch+*, nº 90/91, 1987, pp. 80–86, 97

Werner Oechslin, « Allemagne. Influences, confluences et reniements », dans : Jacques Lucan (éd.), *Le Corbusier. Une encyclopédie*, Paris : Centre Georges Pompidou, 1987, pp. 33–39

Giuliano Gresleri (éd.), *Le Corbusier. Il linguaggio delle pietre*, catalogue d'exposition, Crema, Centro culturale S. Agostino, Venezia : Marsilio, 1988

Pierre Saddy (éd.), *Le Corbusier. Le passé à réaction poétique*, catalogue d'exposition, Hôtel de Sully, Paris : Caisse nationale des Monuments historiques et des Sites – Ministère de la Culture et de la Communication, 1988

Rosario De Simone, *Ch.E. Jeanneret-Le Corbusier. Viaggio in Germania 1910–1911*, Roma : Officina, 1989

Marc E. Albert Emery, *Charles-Edouard Jeanneret. La Construction des villes. Genèse et devenir d'un ouvrage écrit de 1910 à 1915 et laissé inachevé par Charles-Edouard Jeanneret-Gris dit Le Corbusier*, Lausanne : L'Age d'Homme, 1992

Stanislaus von Moos, « Der Fall Le Corbusier. Kreuzbestäubungen, Allergien, Infektionen », dans : Vittorio Magnago Lampugnani, Romana Schneider (éds.), *Moderne Architektur in Deutschland 1900–1950. Expressionismus und Neue Sachlichkeit*, catalogue d'exposition, Deutsches Architektur-museum Frankfurt am Main, Stuttgart : Hatje, 1994, pp. 161–184

Geoffrey H. Baker, *Le Corbusier – The Creative Search. The formative years of Charles-Edouard Jeanneret*, London [etc.] : E & FN Spon (Chapman & Hall), 1996

H. Allen Brooks, *Le Corbusier's Formative Years. Charles-Edouard Jeanneret at La Chaux-de-Fonds*, Chicago – London : The University of Chicago Press, 1997

Stanislaus von Moos, Arthur Rüegg (éds.), *Le Corbusier before Le Corbusier. Applied Arts, Architecture, Painting, Photography, 1907–1922*, New Haven – London : Yale University Press, 2002

Leo Schubert, « Jeanneret, the City, and Photography », dans : Stanislaus von Moos, Arthur Rüegg (éds.), *Le Corbusier before Le Corbusier. Applied Arts, Architecture, Painting, Photography, 1907–1922*, New Haven – London : Yale University Press, 2002, pp. 55–67

Christoph Schnoor, *La Construction des Villes. Charles-Edouard-Jeannerets erstes städtebauliches Traktat von 1910/11*, thèse de doctorat, Technische Universität Berlin, 2002

Arthur Rüegg, « La fin de l'Art nouveau. Perspectives nouvelles : Charles-Edouard Jeanneret », dans : Helen Bieri Thomson (éd.), *Une expérience Art nouveau. Le Style sapin à La Chaux-de-Fonds*, catalogue d'exposition, La Chaux-de-Fonds, Paris : Somogy, 2006, pp. 155–167

Rahel Hartmann Schweizer, « Palimpsest. Le Corbusiers Erstlingswerk dem Vergessen entrissen », *Tec21*, année 132, n° 7, 10 fév. 2006, pp. 4–13

Leo Schubert, *La villa Jeanneret-Perret di Le Corbusier 1912. La prima opera autonoma*, Vicenza : Centro Internazionale di Studi di Architettura Andrea Palladio – Venezia : Marsilio, 2006

Littérature annexe

Paul Schultze-Naumburg, *Kulturarbeiten*, München : Callwey, 1901–1917, édition en 9 vols. (vol. 1 : *Hausbau*, 1901 ; vol. 2 : *Gärten*, 1902 ; *Ergänzungsband zu Band 2*, 1904 ; vol. 3 : *Dörfer und Kolonien*, 1905 ; vol. 4 : Städtebau, 1906 ; vol. 5 : *Das Kleinbürgerhaus*, 1907 ; vol. 6 : *Das Schloss*, 1910 ; vols. 7–9 : *Die Gestaltung der Landschaft durch den Menschen*, 1916–1917)

Hermann Muthesius, *Landhaus und Garten*, München : Bruckmann, 1907

Jean-Paul Zimmermann, *Le Concert sans orchestre*, Neuchâtel – Paris : Attinger, 1937

Jacques Gubler, « La Chaux-de-Fonds », dans : Société d'Histoire de l'Art en Suisse (éd.), *INSA. Inventaire Suisse d'Architecture 1850–1920*, Villes, vol. 3 : Biel, La Chaux-de-Fonds, Chur, Davos, Bern 1982, pp. 127–217

Eduard F. Sekler, *Josef Hoffmann. L'œuvre architectural*, Bruxelles – Liège : Pierre Mardaga, 1986

Nancy J. Troy, *Modernism and the Decorative Arts in France. Art Nouveau to Le Corbusier*, New Haven – London : Yale University Press, 1991

Félix Marcilhac, *André Groult (1884–1966). Décorateur-ensemblier du XXe siècle*, Paris : Les Editions de l'amateur, 1997

Benedetto Gravagnuolo (éd.), *Le Corbusier e l'Antico. Viaggi nel Mediterraneo*, catalogue d'exposition, Palazzo Reale, Napoli : Electa, 1997

Arthur Rüegg, *Polychromie architecturale. Le Corbusiers Farbenklaviaturen von 1931 und 1959 / Le Corbusier's Color Keyboards from 1931 and 1959 / Les claviers de couleurs de Le Corbusier de 1931 et de 1959*, Basel – Boston – Berlin : Birkhäuser, 1997

Gerhard Kaldewei (éd.), *Linoleum. Geschichte, Design, Architektur 1882–2000*, Ostfildern-Ruit : Hatje Cantz, 2000

Bernard Jacqué, *Papiers peints du XXe siècle*, catalogue d'exposition, Musée du papier peint, Rixheim, 2004

Helen Bieri Thomson (éd.), *Une expérience Art nouveau. Le Style sapin à La Chaux-de-Fonds*, catalogue d'exposition, La Chaux-de-Fonds, Paris : Somogy, 2006

Organisation du projet

Maître de l'ouvrage
Association Maison blanche (AMB),
La Chaux-de-Fonds

Comité exécutif
Christophe Stawarz, président
Martine Voumard, vice-présidente
Jean-Daniel Goumaz, secrétaire
Stéphane Beaud, trésorier
Robert Monnier, membre
Boris Evard, membre
Jean-Jacques Noverraz, membre
Pascal Bourquin, membre

Commission des travaux
Robert Monnier, architecte, président
Christophe Stawarz, délégué du Comité exécutif
Martine Voumard, déléguée du Comité exécutif
Arthur Rüegg, prof. Ecole Polytechnique Fédérale, Zurich
Giuseppe Gerster, expert fédéral, Office fédéral de la Culture
Jacques Bujard, conservateur cantonal des Monuments et Sites, Neuchâtel
Denis Clerc, architecte communal de la Ville de La Chaux-de-Fonds
Jean-Daniel Jeanneret, architecte responsable du patrimoine de La Chaux-de-Fonds
Edmond Charrière, conservateur du Musée des beaux-arts de la Ville de La Chaux-de-Fonds
Pierre Minder, maître d'œuvre

Mandataires
Maîtrise d'œuvre, architecture
Pierre Minder, MSBR nouvelle Génération SA, La Chaux-de-Fonds
Histoire de l'architecture
Catherine Courtiau, Genève
Architecture paysagère
Peter Wullschleger, Planum, La Chaux-de-Fonds
Statique de l'édifice
Pierre Beurret, Bureau d'ingénieur, La Chaux-de-Fonds
Chauffage et physique du bâtiment
Pierre Renaud, Planair SA, La Sagne
Conservation-restauration
Elisabeth et Michel Muttner, Atelier Muttner, Le Landeron
Sanitaires
Laurent Geiser, Bureau d'études sanitaires, La Chaux-de-Fonds
Photographie
Eveline Perroud, photographe, La Chaux-de-Fonds

Consultants
Bruno Reichlin, prof. Institut d'architecture, Université de Genève
Roger Simond, expert en maçonnerie et crépis anciens, Tannay

Fournisseurs particuliers
Peintures et couleurs
Katrin Trautwein, kt.COLOR, Uster
Couverture de la toiture
Eternit SA, Payerne
Papiers peints
Geert Wisse, B-Zwalm
Carreaux de sol en ciment
Matériaux Sabag SA, Delémont
Bordurettes de jardin en béton
Créabéton Matériaux SA, Lyss

Dates
31 janv. 2000 Création de l'Association Maison blanche
16 mai 2000 Achat de la maison
sept. 2001 – déc. 2002 Etudes préalables, analyses, sondages
mars 2003 Publication de l'étude préparatoire à la restauration
mai – juillet 2004 Introductions techniques, reprofilage du chemin d'accès
août 2004 Début des travaux de restauration
28 oct. 2005 Inauguration de la maison restaurée

Abréviations

AMB Association Maison blanche, La Chaux-de-Fonds
BN Bibliothèque nationale suisse, Berne
BV Bibliothèque de la Ville, La Chaux-de-Fonds
FLC Fondation Le Corbusier, Paris
IFA Institut français d'architecture (IFA), Paris
MBA Musée des beaux-arts, La Chaux-de-Fonds

Remerciements

Cet ouvrage a pu être réalisé grâce aux donateurs qui ont généreusement répondu aux demandes présentées par l'Association Maison blanche :

L'Office fédéral de la culture, Section patrimoine culturel et monuments historiques
La République et Canton de Neuchâtel, Département de l'éducation, de la culture et des sports
La ville de La Chaux-de-Fonds
La Commission suisse pour l'UNESCO
La Loterie Romande
La Banque Bonhôte & Cie SA, Neuchâtel
L'ECAP (Etablissement Cantonal d'Assurance et de Prévention), Neuchâtel
Holcim Ltd
L'Organisation internationale de la Francophonie
Les Associations romandes d'architectes : FAS/FSAI/GAN/SIA-Ne
Michel Perrenoud, La Chaux-de-Fonds
Paci SA, La Chaux-de-Fonds

Les institutions suivantes ont gracieusement offert leurs droits et prestations :
FLC, Fondation Le Corbusier, Paris
Bibliothèque de la Ville, La Chaux-de-Fonds

A l'occasion de cette publication l'Association Maison blanche réitère ses remerciements à tous les donateurs qui ont permis l'acquisition et la restauration de la Villa Jeanneret-Perret.

www.maisonblanche.ch